第3版
教育の制度と経営　15講

樋口修資　著

明星大学出版部

は し が き

　本書は、教育職員免許法施行規則第6条に定める「教育の基礎理論に関する科目」のうち、「教育に関する社会的、制度的又は経営的事項」に関する事項を取り扱う『教育の制度と経営』のテキストとして執筆されたものです。

　本書は、主に教職を志す学生の利用を想定していることから、教育の制度と経営に関する事柄を、15のテーマに分けて、できるかぎりコンパクトにわかりやすく紹介する内容となっています。

　今日の学校教育は、すべての国民にひとしく「教育を受ける権利」を保障し、「義務教育の無償」を定める日本国憲法の教育条項とそれを受けて教育の理念と教育制度の基本を定める教育基本法に基づき営まれています。学校教育は、国と地方の適切な役割分担と相互の協力の下に、適正に実施されることが重要です。本書では、憲法・教育基本法体制および公教育制度を支える国と地方の教育行政の仕組みを踏まえて、学校制度と就学制度、学校の管理運営と組織編制、教職員の身分・服務と勤務管理や研修制度、学校の説明責任と地域参画の学校づくりなど教育の制度的・経営的事項の全体像を明らかにすることをねらいとしています。また、学校における教育活動の車の両輪ともいうべき、教育課程と生徒指導について取り上げるとともに、安全安心な学校生活を確保するための学校の保健安全管理の事項についても取り上げています。

　さらに、今日の学校教育をめぐる重要なトピックとして、子どもの貧困と就学援助、学校徴収金と私費負担の公会計化、学校選択制と教育バウチャー、いじめ防止と児童虐待防止、特別支援教育とインクルーシブ教育、外国とつながりのある児童生徒の教育などの課題を取り上げ、これらの問題に対する読者の関心と理解を深めていただくことを期待しています。

　教職を志す学生が、上述の学校教育の基本的仕組みとその運用について理解を深め、教職の専門性を磨き、「チーム学校」の一員として学校運営に携わる上で、本書が少しでもお役に立つことができれば幸いです。

　2022年11月

樋口修資

目　　次

目　次

第3版
教育の制度と経営　15講

第1講　憲法と教育

1　憲法の教育条項について

　明治憲法下においては、教育行政は勅令主義にのっとって行われ、憲法上も教育に関する規定は存在しませんでした。戦後、1946（昭和21）年には、「国民主権」、「基本的人権の尊重」、「平和主義」の3大原理を基調とする日本国憲法が制定され、教育に関しては、「国民の教育を受ける権利」（第26条）、「学問の自由」（第23条）など教育に関する直接的な規定が置かれることとなり、教育行政は、「法律主義」の原則に基づいて行われる仕組みとなりました。日本国憲法では、これらの規定のほか、「国の宗教教育の禁止」（第20条第3項）、「公の支配に属しない教育事業への公金支出の禁止」（第89条後段）など、教育にかかわる直接的な規定が設けられているほか、「法の下の平等」（第14条）、「個人の尊重、生命・自由・幸福追求の権利の尊重」（第13条）、「思想及び良心の自由」（第19条）、「表現の自由」（第21条）など、教育にかかわる規定も置かれています。

　このように、わが国の教育、とりわけ、学校教育は、日本国憲法およびこの憲法を頂点として制定されている教育基本法はじめ様々な教育立法に基づき、教育行政が展開されることとなりました。

2　憲法第26条「教育を受ける権利」

　①　すべて国民は、法律の定めるところにより、その能力に応じ

> 　て、ひとしく教育を受ける権利を有する。
> ②　すべて国民は、法律の定めるところにより、その保護する子女
> 　に普通教育を受けさせる義務を負ふ。義務教育は、これを無償と
> 　する。

1）「教育を受ける権利」の意義と性格

　「教育を受ける権利」は、日本国憲法で定める基本的人権のうち、その性質上、「生存権」（第25条）と並び社会的基本権に属します。社会的基本権は、国家に対する請求権の性格を有しており、憲法第26条に定める「教育を受ける権利」を保障するため、国は適切な公教育制度を整備する責務が課されているのです。

　教育を受ける権利については、最高裁判決（1976/昭和51・5・21）において、「国民各自が一個の人間としてまた一市民として、成長発達し、自己の人格を完成実現するために必要な学習をする固有な権利を有すること、特に自ら学習することのできない子どもは、その学習要求を充足するための教育を自己に施すことを大人一般に対して要求する権利」、すなわち、子どもたちの「学習権」の性格を有していることが明らかにされています。

　したがって、子どもの教育は教育を施す者の支配的権能ではなく何よりもまず子どもの学習をする権利に対応し、その充足をはかりうる立場にある者の責務に属するのです。

2）教育を施す権限は誰にあるか

　教育を単なる個人的利益にかかわる「私事」にとどめることなく、社会・国家の共同の利益にかかわる国民的な関心事として、国家的規模で公教育制度を組織し、運営することが要請されています。その際、問題となるのは、憲法第26条に定める「教育を受ける権利」の保障に対応し

て、現行の公教育制度において、一体誰が教育内容や方法を決定する権能や権限（教育権）を持っているのかということです。

　教育権の所在をめぐっては、長らく戦後教育において以下の2つの対立する説が主張されてきました。

① 　国家の教育権説：国民全体の教育意思は議会制民主主義の下では意思決定の唯一のルートである国会の法律制度を通じて具体化されるべきとの立場（議会民主制ルートによる教育意思にかかる国民の負託の具体化）

② 　国民の教育権説：子どもの教育を受ける権利に対応する責務を負うのは、親を中心とする国民全体であり、国の任務は教育外的事項である諸条件の整備に限られ、教育内容・方法の決定はその実施にあたる教師がその教育専門家としての立場から国民全体に対し教育的、文化的責任を負うべきとの立場（文化的ルートによる学校自治的な教育内容の決定）

「教育権」の所在をめぐる問題は、教育内容への国家の関与をどこまで認めるかの程度と限界の問題ととらえることができます。

　このことについて、最高裁判決（1976/昭和51・5・21）では、下級教育機関の教師にも一定の範囲で「学問の自由」による「教育の自由」が認められるが、同時に、国家にも「許容される目的のために必要かつ相当の範囲」で教育の内的事項について決定する権能があるとしています。

　したがって、最高裁判決によれば、各学校で編成される「教育課程」の基準として国が定める「学習指導要領」は、国が全国的な観点から教育の機会均等と教育水準の維持確保を図るために「必要かつ相当の範囲において」定めた教育課程の「大綱的基準」としてとらえることができるのです。

【参考】

●「教育権」に対する判断（1976/昭和51・5・21永山中学校事件最高裁判決）

　　「右の2つの見解はいずれも極端かつ一方的であり、そのいずれをも全面的に採用することができない」、「教育内容の決定につき矛盾、対立する主張の衝突が起きるのを免れることができない。憲法がこのような矛盾対立を一義的に解決すべき一定の基準を明示的に示していないことは、上に述べたとおり」

　　「一般に社会公共的な問題について国民全体の意思を組織的に決定、実現すべき立場にある国は、国政の一部として広く適切な教育政策を樹立、実施すべく、また、しうる者として、憲法上は、あるいは、子供自身の利益の擁護のため、必要かつ相当と認められる範囲において、教育内容についてもこれを決定する権能を有するものと解さざるを得ず、これを否定すべき理由ないし根拠はどこにも見出せない」

3)「能力に応じて、ひとしく」の意義

　憲法第26条に定める「教育を受ける権利」が国民にひとしくあるとするのは、憲法第14条にいう「すべて国民は、法の下に平等であって、人種、信条、性別、社会的身分又は門地により、政治的、経済的又は社会的関係において差別されない」との平等原則を教育においても宣明するものであり、「教育の機会均等の原則」を明らかにするものです。したがって、すべて国民は、教育を受けるに必要な能力とは関係のない理由（人種、信条、性別、社会的身分、経済的地位など）によっては教育上差別されないことを保障しています。

　次に、「能力に応じて」とは、教育を受けるに適するかどうかの能力に応じての意（宮沢俊義『日本国憲法』）とされますが、個々人の能力とは関係のない事情によって差別されないことに留意すべきであって、子ども一人一人の能力発達の保障への努力を考慮すべきといえます。

　このことについては、兼子仁（『教育法』）によれば、「すべての子どもが能力発達の仕方に応じてなるべく能力発達ができるような（能力発達上の必要に応じた）教育を保障されるという意味」と解されなければならないとされます。

　このように、「能力に応じて、ひとしく」教育を受ける権利を保障す

るとは、教育の経済的保障の意味を乗り越え、文化的実質的に教育の機
会均等を捉えなおすことを求めており、とりわけ、障害のある子どもた
ちの教育権を十全に保障することを求めています。

4）「すべて国民は」の意味

　「国民」とは、日本国籍を持つ者を指し、外国人には、憲法第26条の
適用はなく、その保護する子に義務教育を受けさせる義務はありませ
ん。ただし、外国人が日本の公立の義務教育諸学校への就学を希望する
場合には、教育を受ける権利を保障し、日本人と同様に、受け入れるよ
う制度が運用されることとなります（内外人平等の原則）。

【参考】
● 「経済的、社会的及び文化的権利に関する国際規約」(1979/昭和54・8・4条約第
　6号)
　第13条
　「1 この規約の締約国は、教育についてのすべての者の権利を認める。…
　　2 この規約の締結国は、1の権利の完全な実現を達成するため、次のことを認め
　　る。
　　(a) 初等教育は、義務的なものとし、すべての者に対して無償のものとするこ
　　　と。
　　(b) 種々の形態の中等教育は、すべての適当な方法により、特に、無償教育の
　　　漸進的な導入により、一般的に利用可能であり、かつ、すべての者に対し
　　　て機会が与えられるものとすること。
　　(c) 高等教育は、すべての適当な方法により、特に、無償教育の漸進的な導入
　　　により、能力に応じ、すべての者に対して均等に機会が与えられるものと
　　　すること。…」
● 「児童の権利に関する条約」(1994/平成6・5・21条約3号)
　第3条（児童の最善の利益）
　「児童に関するすべての措置をとるに当たっては、…児童の最善の利益が主として
　　考慮されるものとする」

5）「教育を受けさせる義務」とは

　憲法は、保護者に対して、その子に普通教育を受けさせる義務（「教

育義務」）を負わせていますが、具体には、「法律の定めるところにより」（学校教育法）、保護者にその子を義務教育諸学校に就学させる義務（「就学義務」）の履行を求めています。保護者にその子を義務教育諸学校に就学させることにより、その子の教育を受ける権利を保障しようとする趣旨です。

　なお、その子に受けさせる**「普通教育」**とは、専門的な教育や職業的な教育ではなく、その子が将来の社会的自立にとって必要な、その基礎となる共通的な教育を意味するものです。

　「教育義務」と「就学義務」の問題については、たとえば、米国などでは、子どもの義務教育課程の履修は原則学校で担保されるものの、一定の条件の下に家庭等で教育を行う、いわゆる「ホーム・スクーリング」が認められています。日本においても、今日、不登校の児童生徒の増加（約20万人）に伴い、これらの子どもたちに対して学校外での教育（家庭教育やフリースクールなど）を学校教育に代わる代替的な教育（いわゆる「オルタナティブ教育」）として認めるべきとの主張もみられ、今日、「就学義務」の取扱いをどうするかは一つの大きな教育上の課題となっています。

6）義務教育の無償

　憲法第26条第2項で定める「義務教育の無償」の内容としては、①授業料無償説、②修学費無償説がありますが、判例（最高裁判決1964/昭和39・2・26）では、無償とは、授業料の不徴収を意味するとしています。

　ただし、義務教育無償の精神の普及拡大は国政上の責務でもあり、立法政策として、その後、教科書の無償を制度化した「教科書無償措置法」（1963/昭和38年）が制定され、国公私立の義務教育諸学校の教科書が無償となっています。

【参考】
●義務教育費負担請求事件最高裁判決（1964/昭和39・2・26）
　憲法第26条後段の意義は、「国が義務教育を提供するにつき有償としないこと…を定めたものであり、教育提供に対する対価とは授業料を意味するものと認められるから、同条項の無償とは授業料の不徴収の意味と解するのが相当。…国が保護者の教科書等の費用の負担についても、これをできるだけ軽減するよう配慮、努力することは望ましいところであるが、それは、国の財政等の事情を考慮して立法政策の問題として解決すべき事柄であって、憲法の前記法条の規定するところではないというべきである」

3　憲法第23条「学問の自由」

> 学問の自由は、これを保障する。

1）「学問の自由」の範囲

　学問の自由には、①学問的研究の自由、②研究成果の発表の自由、③研究結果の教授の自由の3つが含まれます。
　学問の自由は、広くすべての国民に対して、特に大学における自由（アカデミック・フリーダム）を保障するものとして認められ、大学における学問の自由の保障のために伝統的に「大学の自治」が認められています。

2）「学問の自由」と「教育の自由」とのかかわり

　最高裁判決（1976/昭和51・5・21）では、「知識の伝達と能力の開発を主とする普通教育の場においても、例えば教師が公権力によって特定の意見のみを教授することを強制されないという意味において…教授の具体的内容及び方法につきある程度自由な裁量が認められなければならないという意味においては、一定の範囲における教授の自由が保障されるべき」とされましたが、完全な教授の自由は認められないとも判示さ

れています。

　完全な教授の自由が初等中等教育機関に認められない理由として、最高裁判決では、①普通教育においては、教師の教授内容を批判する能力がなく、教師が児童生徒に対して強い影響力、支配力を有していること、②普通教育においては子どもの側に学校や教師を選択する余地に乏しいこと、③教育の機会均等を図る上からも全国的に一定の水準を確保すべき強い要請があることなどが挙げられています。このことから、普通教育における教師に完全な教授の自由を認めることは到底許されないところとされます。

4　憲法第20条「信教の自由」、「政教分離」

> ①　信教の自由は、何人に対してもこれを保障する。いかなる宗教団体も、国から特権を受け、又は政治上の権力を行使してはならない。
> ②　何人も、宗教上の行為、祝典、儀式又は行事に参加することを強制されない。
> ③　国及びその機関は、宗教教育その他いかなる宗教的活動もしてはならない。

1)「信教の自由」と「政教分離」

　信教の自由は、①信仰の自由（信仰しないことの自由を含む）、②宗教的儀式の自由（儀式に参加することを強制されない自由を含む）、③宗教上の結社の自由の3つです。憲法第20条では、さらに、宗教団体が国から特権を有しないこと、何人も宗教上の儀式に参加することを強制されないことなどを規定するとともに、国およびその機関は宗教教育その他の宗教的活動をしてはならないことを規定しています。

　これらの憲法上の規定は、明治憲法下における国家と神道との結合（国家神道として「国教的地位」を占めていた）を排除し、信教の自由を制度的に保障するため、国家と宗教との分離を図る「政教分離」の原則が定められています。

２）宗教と教育とのかかわり

　憲法第20条第３項では、国およびその機関における宗教教育の禁止を規定しています。これを受けて、教育基本法第15条においては、国公立学校においては、特定の宗教のための宗教教育その他宗教的活動の禁止を定めています。公教育と宗教との分離は、近代教育の基本原理ともいうべき「公教育の世俗性」を明示するものです。たとえば、フランスでは、共和制国家の基本原理として国家の非宗教性の原理（ライシテの原則）に基づき、公教育における宗教教育を禁止しています。

　わが国では、明治憲法下、信教の自由が「安寧秩序を妨げず及び臣民たるの義務に背かざる限りにおいて」（第28条）認められ、教育上も「教育と宗教の分離に関する訓令」（1899/明治32年）において「一般の教育をして宗教の外に特立せしむるは学政上最も必要とす」とされていましたが、国家神道は「宗教にあらず」とされ、神道の宗教的イデオロギーが教育に大きな影響を及ぼしました。

　戦後はこの反省に立って、教育と宗教との分離（国公立学校における一切の宗派的教育の禁止）が徹底されることとなりました。ただし、「親の教育の自由」は、親の子どもに対する「宗教教育の自由」を重要な要素として含んでいますので、その意味では、親の教育の自由の一環としての「私学の自由」＝私学における宗教教育の自由が幅広く認められています。

３）何が宗教活動に該当するか

　憲法第20条第３項で禁止される「宗教的活動」は、「当該行為の目的

が宗教的意義をもち、その効果が宗教に対する援助、助長、促進又は圧迫、干渉等になるような行為」（津地鎮祭最高裁判決1977/昭和52・7・13）をいうものと解されます。

最高裁判決にいう「**目的・効果基準**」の適用に際しては、「当該行為に対する一般人の宗教的評価、当該行為者が当該行為を行うについての意図、目的及び宗教的意識の有無、程度、当該行為の一般人に与える効果、影響等諸般の事情を考慮し、社会通念に従って客観的に判断しなければならない」とされます。

4）親の宗教教育の自由と公教育とのかかわり

宗教は人間の精神生活の究極に連なるものであり、親がその子どもにどのような宗教的信条や情操を育てるかについては親の教育の自由と捉えられ、宗教教育の自由が認められています。

親の教育の自由は、一般的に家庭教育の自由として、家庭においてそれぞれ自由に自己の信念に基づく宗教教育を施す自由が認められています。また、世界人権宣言は「親は子に与える教育の種類を選択する優先的権利を有する」（第26条第3項）と規定し、公教育における宗教教育の選択の自由も想定されています。たとえば、ドイツのように公立学校における「宗派的宗教教育」の選択が認められている場合は別として、公立学校における宗教教育が禁止されているわが国では特定の宗教教育を行う私立学校の選択という形での宗教教育の自由となります。

公立学校の現場において、個人の宗教的価値理念に基づく行為と宗教的中立性を確保すべしという価値理念を掲げる公教育が衝突した事件としては、以下の2つの事例があります。これらのうち、「剣道受講拒否退学処分事件」では、「目的・効果基準」に基づいて法的判断がされていることに留意してください。

【参考】
●「日曜授業参観事件」
「公教育上の特別の必要性がある授業日の振替の範囲内では、宗教集団の集会と抵触することになったとしても、法はこれを合理的根拠に基づくやむをえない制約として容認していると解するべき」(東京地裁1986/昭和61・3・20)
●「剣道受講拒否退学処分事件」
「信仰上の真摯な理由から剣道実技に参加することができない学生に対し代替措置として例えば他の体育実技の履修、レポートの提出等を求めた上でその成果に応じた評価をすることがその目的において宗教的意義を有し、特定の宗教を援助、助長、促進する効果を有するものということはできず…およそ代替措置を採ることがその方法, 態様のいかんを問わず憲法20条3項に違反するという事ができないことは明らかである」(「エホバの証人」高等専門学校生退学処分取消事件最高裁判決1996/平成8・3・8)

5　憲法第89条「公の財産の支出・利用の制限」

公金その他の公の財産は、宗教上の組織若しくは団体の使用、便益若しくは維持のため、又は公の支配に属しない慈善、教育若しくは博愛の事業に対し、これを支出し、又はその利用に供してはならない。

1)「公の財産の支出・利用の制限」の意義

憲法第89条前段は、憲法第20条における国家と宗教との分離を財政制度上保障しようとするものです。また、第89条後段は、国費の濫費防止の観点から、慈善・教育・福祉などの名義の下に国から不当な財政援助がなされないようにし、特に、教育の事業について財政援助の形で国家の支配の下に置かれることを防ぎ、教育の自主性を保障しようとする観点から、「公の支配に属しない」教育の事業への公金の支出・利用の禁止を定めています。

2）「公の支配」と私学助成との関係

　憲法第89条後段に定める「公の支配」に属しない事業とは、「国又は地方公共団体の機関がこれに対して決定的な支配力を持たない事業を意味します。換言すれば「公の支配」に属しない事業とはその構成，人事，内容および財政等について公の機関から具体的に発言，指導または干渉されることなく事業者がみずからこれを行うものをいうのである」（1949/昭和24・2・11法務庁調査二発第八号）とされます。このように、「公の支配に属しない」教育の事業への公金支出は、憲法で禁止されていますが、自主性を尊重すべき私立学校への私学助成をどう考えるかの問題があります。

　これについては、私立学校は、学校教育法、私立学校法、私学振興助成法により所轄庁の監督規定が定められていることから、「公の支配」に属していると解されており、これに対する助成（私学助成）は、憲法第89条に照らし、合憲であるとされます。

教育関係主要法律体系図

日本国憲法

教育基本法

【学校教育に関する法律】

学校教育法（各学校種の目的・目標・修業年限等の学校教育制度の基本や義務教育制度について定める法律）

公立義務教育諸学校の学級編制及び教職員定数の標準に関する法律
公立高等学校の適正配置及び教職員定数の標準等に関する法律
（公立学校の学級編制や教職員定数の標準について定める法律）

学校保健安全法　学校給食法
（学校における保健安全管理、学校給食などについて定める法律）

義務教育諸学校の教科用図書の無償に関する法律
義務教育諸学校の教科用図書の無償措置に関する法律

理科教育振興法　産業教育振興法　へき地教育振興法　高等学校の定時制教育及び通信教育振興法　学校図書館法（その他学校教育の振興について定める法律）

就学困難な児童及び生徒に係る就学奨励についての国の援助に関する法律
（経済的理由により就学困難な児童生徒について就学奨励を行う地方公共団体への国の援助について定める法律）

義務教育費国庫負担法　市町村立学校職員給与負担法　義務教育諸学校等施設費国庫負担法（公立小中学校等の教職員給与等の国庫負担や公立学校の施設整備の促進について定める法律）

教育公務員特例法
（公立学校の教育職員の任免・人事評価・給与・分限・懲戒・服務・研修等について定める法律）

教育職員免許法（教員免許制度について定める法律）

学校教育の水準の維持向上のための義務教育諸学校の教育職員の人材確保に関する特別措置法
公立の義務教育諸学校等の教育職員の給与等に関する特別措置法
（公立学校の教育職員の給与その他の勤務条件の特例を定める法律）

【教育行政に関する法律】

地方教育行政の組織及び運営に関する法律（教育委員会の設置など地方公共団体における教育行政の組織及び運営の基本について定める法律）

第2講　教育基本法と教育

1　教育基本法の制定とその意義

　1947（昭和22）年3月制定された教育基本法は、日本国憲法の基本理念およびこれらの精神に基づき、わが国の教育の理念と教育制度の基本を明らかにした教育の基本法・根本法です。

　教育基本法は、戦後のわが国の政治、社会、文化の各方面における諸改革中最も重要な課題の一つとされていた教育の根本的改革を目途とする諸立法の中で中心的地位を占める法律であり、その後に続く教育関係法令の制定の根拠となる重要な法律です。

　したがって、教育基本法の基本的性格は、「新しい教育理念を宣明する教育宣言であり、今後制定されるすべての教育法令の根拠法、いわば教育憲法ともいうことができる」（辻田力、田中二郎監修　教育法令研究会著『教育基本法の解説』）ものです。

　教育基本法の制定に伴い、戦前期の教育において国民教育の中心的な指導原理の役割を果たしてきた「教育勅語」（1890年）は、1948（昭和23）年6月、新憲法下の国会において、衆議院が「教育勅語等排除に関する決議」を、また、参議院が「教育勅語等の失効確認に関する決議」をそれぞれ行い、ここに、教育勅語は、日本国憲法第98条第1項の規定の趣旨に従い、排除され、その指導原理的性格を一切認めない旨宣言されたのです。

【参考】
●永山中学校事件最高裁判決（1976/昭和51・5・21）
　「教育基本法は…戦後の我が国の政治、社会、文化の各方面における諸改革中最も

重要な問題の一つとされていた教育の根本的改革を目途として制定された諸立法の中で中心的地位を占める法律であることは明らかである。それ故同法における定めは、形式的には通常の法律規定としてこれと矛盾する他の法律規定を無効にする効力をもつものではないけれども、一般に教育関係法令の解釈及び運用については法律自体に別段の規定がないかぎりできるだけ教育基本法の規定及び同法の趣旨、目的に沿うように考慮が払われなければならないというべきである」

2　教育基本法の改正

　教育基本法は、施行以来一度も改正されないまま半世紀を経ており、この間に、社会は大きく変化し、また教育全般に様々な課題が惹起しました。このようなことから、教育基本法を改正し、新しい時代の教育理念を明確にすることで、国民の共通理解を図りつつ、教育改革を着実に進め、わが国の未来を切り開く教育の実現をめざすため、2006（平成18）年12月15日、教育基本法の改正法律案が国会で成立し、同年12月22日、公布・施行されました。

【参考】
●文部科学大臣「教育基本法改正案提案理由説明」
　「国民一人一人が豊かな人生を実現し、わが国が一層の発展を遂げ、国際社会の平和と発展に貢献できるよう、教育基本法の全部を改正し、教育の目的及び理念並びに教育の実施に関する基本を定めるとともに、国及び地方公共団体の責務を明らかにし、教育振興基本計画について定める等、時代の要請にこたえ、わが国の教育の未来を切り拓く教育の基本の確立を図る」

3　改正教育基本法の主要規定について

　教育基本法（全18条）のうち、以下では、初等中等教育段階の学校教育における主な規定を紹介し、解説します。

1）教育の目的（第1条）

> 教育は、人格の完成を目指し、平和で民主的な国家及び社会の形成
> 者として必要な資質を備えた心身ともに健康な国民の育成を期して
> 行われなければならない。

「国家有用の人物を錬成」することを目的とした戦前の偏った国家主
義的教育を改め、教育基本法では、個人の価値を尊重しつつ、「人格の
完成を目指し」て教育を行うことが明記されました。その上に立って、
教育は、「平和的で民主的な国家・社会の形成者」としてふさわしい条
件を備えた心身ともに健康な国民の育成を期して行うことが規定されま
した。改正教育基本法においても、「教育の目的」に関する基本理念は
引き続き規定し、継承されています。

2）教育の目標（第2条）

> 　教育は、その目的を実現するため、学問の自由を尊重しつつ、次
> に掲げる目標を達成するよう行われるものとする。
> 一　幅広い知識と教養を身に付け、真理を求める態度を養い、豊か
> 　　な情操と道徳心を培うとともに、健やかな身体を養うこと。
> 二　個人の価値を尊重して、その能力を伸ばし、創造性を培い、自
> 　　主及び自律の精神を養うとともに、職業及び生活との関連を重視
> 　　し、勤労を重んずる態度を養うこと。
> 三　正義と責任、男女の平等、自他の敬愛と協力を重んずるととも
> 　　に、公共の精神に基づき、主体的に社会の形成に参画し、その発
> 　　展に寄与する態度を養うこと。
> 四　生命を尊び、自然を大切にし、環境の保全に寄与する態度を養
> 　　うこと。
> 五　伝統と文化を尊重し、それらをはぐくんできた我が国と郷土を

> 愛するとともに、他国を尊重し、国際社会の平和と発展に寄与する態度を養うこと。

　第1条に規定する「教育の目的」を実現するために今日重要と考えられる事柄を「教育の目標」として新たに規定しています。

　教育の目標として「豊かな情操と道徳心」、「公共の精神」、「伝統と文化を尊重し、それらをはぐくんできた我が国と郷土を愛する…態度」などが新たに規定されています。

　これらの規定は、憲法が国民に保障する「思想及び良心の自由」（第19条）とのかかわりにおいて問題をはらんでいるとの批判や指摘がなされていることに注意が必要といえます。教育の営みは、人々の内面的価値の形成にかかわる、すぐれて文化的な営みであり、価値観の形成について法律をもって規制することの問題性が指摘される一方、国民教育としての「公教育」は、個人の人格の完成とともに、国家社会の有為な形成者を育成することを要請しており、共同社会を支える一定の文化や規範を子どもたちに育むことは、持続可能性のある社会形成にとって必須であることから、最小限必要な規範意識を学校教育において形成することは妥当であるともいえます。

3）生涯学習の理念（第3条）

> 国民一人一人が、自己の人格を磨き、豊かな人生を送ることができるよう、その生涯にわたって、あらゆる機会に、あらゆる場所において学習することができ、その成果を適切に生かすことのできる社会の実現が図られなければならない。

　本条は、前段において、「生涯学習社会」を実現すべき目的を明らかにしつつ、目指すべき生涯学習社会の内容として、旧法第2条にいう「あらゆる機会に、あらゆる場所において実現されなければならない」

との趣旨を学習者の視点から規定しています。

　また、後段では、「生涯学習社会」が、各個人が単に学習できるのみならず、その成果を適切に生かすことのできる社会であることを規定し、個人の能力の評価が「学（校）歴」という人生の一時期における学習の成果に偏重している状況から脱却し、各個人が人生のいつでも、どこでも学ぶことができ、その成果が適切に評価され、かつ生かされるような社会へ転換していくことが要請されているとしています。

４）教育の機会均等（第４条）

> 1　すべて国民は、ひとしく、その能力に応じた教育を受ける機会を与えられなければならず、人種、信条、性別、社会的身分、経済的地位又は門地によって、教育上差別されない。
> 2　国及び地方公共団体は、障害のある者が、その障害の状態に応じ、十分な教育を受けられるよう、教育上必要な支援を講じなければならない。
> 3　国及び地方公共団体は、能力があるにもかかわらず、経済的理由によって修学が困難な者に対して、奨学の措置を講じなければならない。

　本条第１項は、教育の機会均等の原則を明示しており、日本国憲法第26条第１項に規定する「教育を受ける権利」および憲法第14条第１項に規定する「法の下の平等」の精神を具体化しています。また、憲法第26条にいう「能力に応じてひとしく教育を受ける権利」とは、経済的地位によって教育上差別されないことも含まれることを明らかにしています。

　本条第２項は、新たに設けられた規定であり、第１項においてすべての国民がひとしく教育の機会を与えられ、教育上差別されない趣旨を明らかにしていることを受けて、「障害の有無」による教育上の差別も決

して許されないとしています。障害のある者に対しては、より積極的
に、その障害の状態に応じて、十分な教育が受けられるよう、国や地方
公共団体が必要な支援措置を講ずべき旨を規定していますが、この規定
は、「インクルーシブ教育」（共生教育）の推進を直接的に規定したもの
ではありません。障害の状態に応じた教育を十分受けられるよう、特別
支援学校、小中学校の特別支援学級や通級指導教室など連続的で多様な
学びの場の整備を目指すものです。

　本条第3項では、経済的理由によって修学困難な者に対しては、国・
地方公共団体が積極的に奨学の措置を講じる義務を負うことを規定して
います。

　この規定は、第1項後段にいう「経済的地位」によっても教育上差別
されないことを具体的に担保するために、能力がありながら経済的理由
によって修学困難な者に対して国および地方公共団体は奨学の措置を講
じる義務を負うことを明らかにしています。

5）義務教育（第5条）

> 1　国民は、その保護する子に、別に法律で定めるところにより、
> 普通教育を受けさせる義務を負う。
> 2　義務教育として行われる普通教育は、各個人の有する能力を伸
> ばしつつ社会において自立的に生きる基礎を培い、また、国家及
> び社会の形成者として必要とされる基本的な資質を養うことを目
> 的として行われるものとする。
> 3　国及び地方公共団体は、義務教育の機会を保障し、その水準を
> 確保するため、適切な役割分担及び相互の協力の下、その実施に
> 責任を負う。
> 4　国又は地方公共団体の設置する学校における義務教育について
> は、授業料を徴収しない。

　憲法第26条第2項「すべて国民は、法律の定めるところにより、その保護する子女に普通教育を受けさせる義務を負う。義務教育は、これを無償とする」の規定に対し、旧教育基本法では、義務教育の年限（9年間）を具体的に定め、義務教育無償の意味を明確化していました（国公立学校の授業料の無償）。改正教育基本法第5条第1項では、義務教育の年限については、時代の要請に迅速かつ柔軟に対応することができるよう学校教育法に規定することが適当であることから、「別に法律で定めるところにより」と規定されています。

　改正法第5条第2項では、新たに、「義務教育の目的」として、「各個人の有する能力を伸ばしつつ社会において自立的に生きる基礎を培い、また、国家及び社会の形成者として必要とされる基本的な資質を養う」ことが規定され、これを受けて、学校教育法に新たに「義務教育の目標」が規定されています（従来は小中学校それぞれの教育の目標だけが規定されていました）。

　本条第3項では、義務教育が近代国家における基本的な教育制度として憲法に基づき設けられている制度であり、国民の「教育を受ける権利」を保障するため、国と地方公共団体が適切な役割分担と相互の協力によって義務教育を円滑に実施する責任を有することを明示しています。

　本条第4項では、憲法第26条第2項に定める義務教育の無償は、国公立の義務教育における授業料の不徴収であることを明らかにしています。

6）学校教育（第6条）

> 1　法律に定める学校は、公の性質を有するものであって、国、地方公共団体及び法律に定める法人のみが、これを設置することができる。

> 2　前項の学校においては、教育の目標が達成されるよう、教育を受ける者の心身の発達に応じて、体系的な教育が組織的に行われなければならない。この場合において、教育を受ける者が、学校生活を営む上で必要な規律を重んずるとともに、自ら進んで学習に取り組む意欲を高めることを重視して行われなければならない。

　「法律に定める学校」とは、学校教育法第1条に定める幼稚園から大学までの学校であって、学校教育法第2条により、国（国立）、地方公共団体（公立）、学校法人（私立）のみが設置できると規定されています。学校教育法第1条に定める正規の学校は、「公の性質」を有するとし、学校教育の事業は公共性の高い事業であることを明らかにしています。「公教育」の概念は、国・公・私立の設置者の別を問いません。

　ただし、現在、規制改革の観点から制定された「構造改革特別区域法」により、教育分野の規制改革として、いわゆる「教育特区」において株式会社立・NPO法人立の学校が特例的に認められています。

　また、改正教育基本法（第6条第2項）では、新たに、学校教育において児童生徒が、学校生活を営む上で必要な規律を重んずるとともに、自ら進んで学習意欲を高めることを重視すべきことを規定しています。ただし、この規定は、学習者自身の学習規律や学習態度は、個別具体の学校教育における教育上の課題として取り組むことを要請しているのであって、法的な規範として児童生徒に行為規制を求めるものではありません。

7）教員（第9条）

> 1　法律に定める学校の教員は、自己の崇高な使命を深く自覚し、絶えず研究と修養に励み、その職責の遂行に努めなければならな

> い。
>
> 2　前項の教員については、その使命と職責の重要性にかんがみ、その身分は尊重され、待遇の適正が期せられるとともに、養成と研修の充実が図られなければならない。

　本条は、学校教育の直接の担い手である教員について、その性格、使命、職責等を定めています。「法律に定める学校の教員」とは、学校教育法第1条に定める幼稚園、小学校、中学校、義務教育学校、高等学校、中等教育学校、特別支援学校、大学および高等専門学校の教員を指します。

　教員には、職責遂行上、絶えず研修に励むことが求められています。この規定を受けて、公立学校の教員については、教育公務員特例法第21条第1項において、「教育公務員は、その職責を遂行するために、絶えず研究と修養に努めなければならない」旨規定されており、教員の職責遂行上、研修の果たす役割の重要なことが明らかにされています。

　また、第9条第2項にいう「身分の尊重と待遇の適正」とは、地方公務員法および「教育公務員の職務とその責任の特殊性に基づき、教育公務員の任免、人事評価、給与、分限、懲戒、服務及び研修等」の特例措置を定めている「教育公務員特例法」（1949/昭和24年）により教員の身分が尊重されています。待遇の適正については、「人材確保法」（1974/昭和49年）により「義務教育諸学校の教育職員の給与については、一般の公務員に比較して必要な優遇措置が講じられなければならない」とされるなどの措置が講じられています。

8）政治教育（第14条）

> 1　良識ある公民として必要な政治的教養は、教育上尊重されなければならない。

> 2　法律に定める学校は、特定の政党を支持し、又はこれに反対するための政治教育その他政治的活動をしてはならない。

　民主主義社会にあって、国民は、主権者として国家や社会の形成や諸課題の解決に積極的にかかわっていくことが重要です。

　このため、本条では、良識ある公民として必要な**「政治的教養」**を教育上尊重するとともに、学校教育の政治的中立性を確保するため、学校教育に一党一派の政治的偏見が持ち込まれないよう、学校における「政治教育」の限界として、特定の党派的政治教育を禁止しています。ここにいう「政治教育の禁止」は、国公私立の学校の別を問いません。

　本条第1項にいう**「良識ある公民」**とは、単なる常識以上に十分な知識を持ち、健全な批判力を備えた「公民」の意味であり、この「公民」は、「政治上の能動的地位における国民」（『教育基本法の解説』）を表しており、このような公民たるに必要な「政治的教養」としては、①民主政治、政党、憲法、地方自治など、現代民主政治上の各種制度についての知識、②現実の政治の理解力およびこれに対する公正な批判力、③民主国家の公民として必要な政治道徳および政治信念などがあるとされています。

　なお、2015（平成27）年6月の「公職選挙法の改正」により、選挙年齢が18歳以上に引き下げられたことに伴い、次代の主権者となる子どもたちの政治的教養を高めるための**「主権者教育」**の推進が求められています。

　英国では中等教育において「市民性教育」（citizenship education）が行われていることは、わが国の学校教育においても十分参考にできます。

9）宗教教育（第15条）

> 1　宗教に関する寛容の態度、宗教に関する一般的な教養及び宗教

> 　の社会生活における地位は、教育上尊重されなければならない。
> 2　国及び地方公共団体が設置する学校は、特定の宗教のための宗
> 　教教育その他宗教的活動をしてはならない。

　宗教は、人間としてどうあるべきか、与えられた命をどう生きるかなど個人の生き方にかかわるものであり、教育基本法第1条にいう「人格の完成」のために重要な教育的意義を有するものです。他方、憲法第20条では、「信教の自由」を保障するとともに、**「政教分離の原則」**を明らかにしていることから、本条では、すべての教育を通じて、重んじられるべき最小限可能な「宗教教育」の範囲を示すとともに、憲法の政教分離規定を踏まえ、国公立学校における特定の宗教のための宗教教育等を禁止しています。

　本条第1項は、①宗教に対する寛容の態度、②宗教に関する一般的な教養、③宗教の社会生活における地位について、教育上尊重すべきことを明らかにし、学校教育における宗教の取扱いの可能な範囲を具体的に示しています。なお、可能な宗教教育の範囲に新たに「宗教的情操の涵（かん）養（よう）」を盛り込むことについて議論がなされましたが、「宗教的情操」については、多義的であり、また、特定の宗教宗派を離れて教えることは困難であるとの意見も強く、改正教育基本法には盛り込まれるに至っていません。

　また、特定の宗教のための宗教教育の禁止の規定は、国立・公立学校に適用され、私立学校においては**「宗教教育の自由」**が認められています。これにより、私立学校の教育課程編成において、宗教をもって特別の教科である道徳に代えることができるとされています（学校教育法施行規則第50条②）。

10）教育行政（第16条）

> 1　教育は、不当な支配に服することなく、この法律及び他の法律の定めるところにより行われるべきものであり、教育行政は、国と地方公共団体との適切な役割分担及び相互の協力の下、公正かつ適正に行われなければならない。
> 2　国は、全国的な教育の機会均等と教育水準の維持向上を図るため、教育に関する施策を策定し、実施しなければならない。
> 3　地方公共団体は、その地域における教育の振興を図るため、その実情に応じた教育に関する施策を策定し、実施しなければならない。
> 4　国及び地方公共団体は、教育が円滑かつ継続的に実施されるよう、必要な財政上の措置を講じなければならない。

　本条は、教育行政のあり方、役割を示すものであり、旧教育基本法に引き続き、教育が一部の勢力に介入されることなく、中立的に行われなければならないという、教育の「不偏不党性」の原則を示した上で、国・地方公共団体それぞれの責務を規定するとともに、教育が円滑かつ継続的に実施されるよう、必要な財政上の措置を講じなければならないことを規定しています。

　旧法では、「教育は、不当な支配に服することなく、国民全体に対し直接に責任を負って行われるべきものである」と規定され、教育の中立性、不偏不党性の原則を宣明していました。旧法の規定は、政党、官僚、財界、組合等の国民全体ではない、一部の党派的勢力により教育が不当に支配されることがあってはならないという趣旨を明らかにしており、改正法においてもこの趣旨は引き継がれています。改正法では、国民の意思とはいえない一部の勢力の不当な介入を排除し、教育の中立性、不偏不党性を求める趣旨をより明確にする観点から、**「教育は不当な支配に服することなく」**と規定しつつ、教育が、国民全体の意思が表

される国会において制定される「法律の定めるところにより行われるべきこと」を新たに規定しています。

【参考】
●永山中学校事件最高裁判決（1976/昭和51・5・21）
「国は、国政の一部として広く適切な教育政策を樹立、実施すべく、また、しうる者として、憲法上は，あるいは子ども自身の利益の擁護のため，あるいは子どもの成長に対する社会公共の利益と関心に応えるため、必要かつ相当と認められる範囲において，教育内容についてもこれを決定する権能を有するものと解さ」れるとしつつ、「論理的には、教育行政機関が行う行政でも、右にいう『不当な支配』に当たる場合がありうる」ものの「憲法に適合する有効な他の法律の命ずるところをそのまま執行する教育行政機関の行為がここにいう『不当な支配』となりえないことは明らか」と判示。

11）教育振興基本計画（第17条）

> 1　政府は、教育の振興に関する施策の総合的かつ計画的な推進を図るため、教育の振興に関する施策についての基本的な方針及び講ずべき施策その他必要な事項について、基本的な計画を定め、これを国会に報告するとともに、公表しなければならない。
> 2　地方公共団体は、前項の計画を参酌し、その地域の実情に応じ、当該地方公共団体における教育の振興のための施策に関する基本的な計画を定めるよう努めなければならない。

　本条は、教育改革を実効あるものとするため、わが国の教育の目指すべき姿を国民に明確に提示し、その実現に向けて具体的にどのように教育を振興し、改革していくかを明らかにするため、新たに、国において「教育振興基本計画」を策定するとともに、地方公共団体においても、国の計画を参酌しつつ、基本的な計画の策定に努めるべきことを規定しています。

【参考】
●中央教育審議会答申　「新しい時代にふさわしい教育基本法と教育振興基本計画の

あり方について」(2003/平成15・3・20)

「教育振興基本計画」について、①計画期間は、おおむね5年間とすることが適当、②対象範囲は、原則として教育に関する事項とし、学術、スポーツ、文化芸術教育等の推進に必要な事項も含むこと、③教育振興基本計画では、教育の目標と、その達成のための教育改革の基本的方向を明らかにすること、④計画には、国民にわかりやすい具体的な政策目標・施策目標を明記するとともに、施策の総合化・体系化、重点化に努めること、などが示されています。

※国の教育振興基本計画は、平成20年策定の第1期計画（24年度までの5年計画）、平成25年策定の第2期計画に次いで、平成30年6月第3期計画が策定され、実施されています。

第3講　教育における国と地方の責任と役割分担

1　教育行政の歴史的変遷

1）戦前の教育行政

　1872（明治5）年の近代的学校制度の創設に先立って、1871（明治4）年に文部省が設置され、その翌年の1872（明治5）年に公布された「学制」により、全国民を対象とする単一の学校体系を基本として、学校系統を大学・中学・小学の3段階とする近代的学校制度がスタートしました。これらの学校は、学制第1章において「全国ノ学政ハ之ヲ文部一省ニ統フ」とされ、教育行政の責任は、国とされました。

　1885（明治18）年、内閣制度の発足に伴い、文部大臣は国務大臣（初代文部大臣森有礼）であるとともに、「教育学問ニ関スル事務ヲ管理ス」る行政長官となり（文部省官制）、地方教育行政とのかかわりでは、1885（明治18）年から全国を5地方部に分けるとともに、文部省内の「視学部」に「視学官」5人を置き、各地方部の教育視察と指導とを分担させる仕組みが整備されました。

　他方、1888（明治21）年の市町村制、1890（明治23）年の府県制により地方自治制度が成立し、「地方学事通則」（法律89）および「小学校令」（勅令第215号）が新たに公布され、これにより、教育が市町村の「固有事務」ではなく「国の事務」であることが明確にされました。

　さらに、教員についても、1882（明治15）年の「行政官吏服務紀律」により府県立・市町村立学校の長・教員は「国の官吏」の扱いとされ、中央集権的な教員統制の下に置かれることとなりました。

　明治憲法には何ら教育規定が存せず、議会の関与しない天皇大権とし

ての「勅令」＝教育令により教育行政が行われ、また、国の事務としての教育事業の遂行にあたっては、教育内容などの「内的事項」は国に、施設整備などの「外的事項」は地方の責任とされる仕組みが維持されました。

2）戦後の教育行政

　1947（昭和22）年施行の日本国憲法第92条（地方自治の基本原則）を受けて地方自治法では「住民に身近な行政はできる限り地方公共団体にゆだねることを基本」（同法第1条の2第2項）とすることとされ、教育についても学校教育法において設置者管理主義の原則（同法第5条）の下、小中学校については市町村に設置義務が課されたことから（同法第38条、第49条）、教育事業は基本的に地方の事務と位置付けられました。

　地方の事務（団体自治）とされた教育事業の遂行のため、1948（昭和23）年「教育委員会法」が定められ、教育への民意の反映を目的とする「教育委員会」の制度（住民自治）が導入されました。

　戦後は、教育の「勅令主義」から「法律主義」に転換したことに大きな特色があります。日本国憲法（1946/昭和21年）には、第26条に「教育条項」が盛り込まれるとともに、憲法下における新教育の理念を明らかにする「教育基本法」（1947/昭和22年）が制定されました。戦後の教育は、教育政策として議会により定立された法にのっとり行政主体が教育政策を具体的に実現する作用に変容したのです。国家の教育作用は学校教育法等様々な教育法令を通して実現し、国は自ら設置する学校の運営にあたるほか、基本的に地方における教育事業への指導・助言・援助が期待されました。これは、教育の本質が、「監督」ではなく、「指導」であり、教育行政も、非権力的作用を中心として、行政主体の主体的な責任を待つという自覚を前提としているのです。

　その後、「地方分権一括法」（1999/平成11年）の制定により、教育長の任命承認制の廃止をはじめ国の「機関委任事務」の廃止や国の関与の

新しいルールの確立等が行われ、これらを通じて、国と地方の関係性
は、縦の上下関係から水平的な協働関係に移行され、教育分野の地方分
権がいっそう推進されることとなりました。

　このように、国と地方との関係は、国が「ナショナル・ミニマム」の
責任と役割を果たし、地方が「ローカル・オプティマム」の実現に当た
るという関係性となったのです。

【参考】
　ナショナル・ミニマム：教育など政策分野ごとに達成すべき目標値を設定し、そ
　れをどの地域においても最低限満たすべき基準ととらえ、その達成を目指して事
　業を計画・実施すること。
　ローカル・オプティマム：国の様々な規制や補助金等による関与を廃止・縮減し、
　各地域において地域住民のニーズに応じた最適の政策の形成や統合が可能となる
　ような状態を目指すとともに、地域住民が必要な行政サービスの水準を自ら決定
　し、そのための負担についても決定できるような仕組みを実現すること。

2　国の教育行政の組織

1）文部科学省の設置とその所掌事務

　日本国憲法第65条では、「行政権は内閣に属する」と定め、国の教育
行政に関する行政権も、内閣に属することとされています。そこで、国
は、内閣の統轄のもとに、任務およびこれを達成するため必要となる明
確な範囲の所掌事務を有する行政機関を設けて、行政権の行使に当たら
せるという仕組みを採っています。内閣は、内閣総理大臣および国務大
臣により組織されますが、各大臣は、主任の大臣として行政事務を分担
管理することとされており、国の教育行政に関する事務については、文
部科学大臣がこれを管理執行することとされています（文部科学省設置
法第3条）。

　文部科学省設置法では、文部科学省の任務として、「教育の振興及び
生涯学習の推進を中核とした豊かな人間性を備えた創造的な人材の育

成、学術、スポーツ及び文化の振興…行政事務を適切に行うことを任務とする」と定めています。この任務規定に基づき、文部科学省が実施する初等中等教育に関する行政事務は、以下のとおりです。

① 地方教育行政に関する制度の企画および立案並びに地方教育行政の組織および一般的運営に関する指導、助言および勧告に関すること

② 地方公務員である教育関係職員の任免、給与その他の身分取扱いに関する制度の企画および立案並びにこれらの制度の運営に関する指導、助言および勧告に関すること

③ 初等中等教育の振興に関する企画および立案並びに援助および助言に関すること

④ 初等中等教育のための補助に関すること

⑤ 初等中等教育の基準の設定に関すること

⑥ 学校保健、学校安全、学校給食および災害給付に関すること

2）文部科学省の組織とつかさどる行政事務

　文部科学省の組織は、文部科学省組織令に基づき、大臣官房はじめ、総合教育政策局、初等中等教育局、高等教育局などにより構成（6局）され、そのほか、外局として、スポーツ庁および文化庁が置かれています。

　これらの組織のうち、初等中等教育に関する事務を取り扱っている内部組織には、総合教育政策局（教員の養成・採用・研修に関する事項など）、初等中等教育局、スポーツ庁（学校体育に関する事項）が挙げられます。

3）中央教育審議会の設置とその任務

　文部科学省には、文部科学省組織令に基づき、「中央教育審議会」、「教科用図書検定調査審議会」、「大学設置・学校法人審議会」などが置かれています。これらの審議会のうち、中央教育審議会は、文部科学大

臣の諮問に応じて、初等中等教育から高等教育までの学校教育を中心として生涯学習やスポーツの振興のあり方など幅広く文教政策の課題について調査審議する審議機関です。中央教育審議会には、「教育制度」、「生涯学習」、「初等中等教育」、「大学」、「スポーツ・青少年」の５つの分科会が置かれ、それぞれ当該分野の教育にかかる事項の審議を行うこととされています。また、審議会および分科会には「部会」を置くことができるようになっており、たとえば、初等中等教育関係では、教育課程の基準の改善について継続的に調査審議するため、初等中等教育分科会の下に「教育課程部会」が置かれています。

3　地方教育行政の組織

1）地方教育行政の組織・運営の基本原則

　日本国憲法第92条では、「地方公共団体の組織及び運営に関する事項は、地方自治の本旨に基いて、法律でこれを定める」と規定し、これに基づき地方自治法（1947/昭和22年）が定められています。地方における教育行政についても、地方公共団体の行政として執行される以上、地方教育行政の組織および運営の基本原則は、地方自治法の規定に基づきます。

　地方における教育行政については、地方自治法第180条の５の規定により、「教育委員会」を執行機関として、法律（地方教育行政法）の定めるところにより、すべての都道府県および市町村に置かなければならないとされます。

　地方教育行政法第１条の２では、「地方公共団体における教育行政は、教育基本法の趣旨にのっとり、教育の機会均等、教育水準の維持向上及び地域の実情に応じた教育の振興が図られるよう、国との適切な役割分担及び相互の協力の下、公正かつ適正に行われなければならない」と定め、地方教育行政の基本原則を明らかにしています。

2）地方教育行政の組織と機能

　地方における教育事務は、教育委員会と地方公共団体の長が管理執行する権限を付与されています。地方における教育事務のうち、教育委員会は、公立学校等の教育機関の設置管理などを中心として教育事務を管理執行する権限を有しています。一方、地方公共団体の長（知事・市町村長）は、①大学に関すること、②私立学校に関すること、③教育財産の取得・処分に関すること、④教育委員会の所掌にかかる事項に関する契約を締結することなどの権限を有しています。なお、地方公共団体の長は、教育事務に関する職務権限の特例として、条例の定めるところにより、①スポーツに関すること（学校体育を除く）、②文化に関すること（文化財の保護に関することを除く）、③文化財の保護に関すること、④図書館、博物館、公民館等の社会教育施設のうち条例で定めるものの設置・管理・廃止に関することの事務を管理執行することができます。

4　教育行政における国・地方の役割分担

　日本国憲法第26条に規定する「国民の教育を受ける権利」を具体的に保障することを目的として、全国的な観点から「教育の機会均等」と「教育水準の維持向上」を図るため、国・都道府県・市町村は連携協力しながらそれぞれの責任と役割を果たす必要があります。国・都道府県・市町村の役割分担は、おおむね以下のとおりです。

1）国の役割
　○学校制度等に関する基本的な制度の枠組みの制定
　　・学校教育法などによる学校教育制度（6・3・3・4制や就学義務制度など）の制定や地方教育行政制度（教育委員会の必置とその組織）など
　○全国的な基準の設定

・小・中・高等学校等の設置基準（組織編制、施設設備、カリキュ
　ラム、教員等）
・学習指導要領等の教育課程の基準の設定
・教員免許の基準（免許状の種類、授与権者、効力等）の設定
・学級編制と教職員定数の標準の設定
・教科書検定の実施
○地方公共団体における教育条件整備への支援
　・市町村立小中学校等の教職員給与費等の国庫負担
　・公立学校の校舎の建設等に要する経費の国庫負担・補助
　・教科書の無償給与
○教育事業の適正な実施のための支援措置
　・教育内容や学校運営等に関する指導・助言・援助

2）都道府県の役割
　○広域的な処理を必要とする教育事業の実施、学校等の設置管理
　　・市町村立小中学校等の教職員の任命
　　・高等学校等の設置運営
　○市町村における教育条件整備への支援
　　・市町村立学校等の教職員の給与費の負担
　○市町村における教育事業の適正な実施のための支援
　　・教育内容や学校運営等に関する指導・助言・援助

3）市町村の役割
　○学校等の設置管理
　　・市町村立の小中学校や図書館、博物館、公民館、体育館等の教
　　　育・文化・スポーツ施設の設置管理
　○教育事業の実施
　　・教育・文化・スポーツ等に関する各種の事業実施

学校教育における国・都道府県・市町村の役割分担について

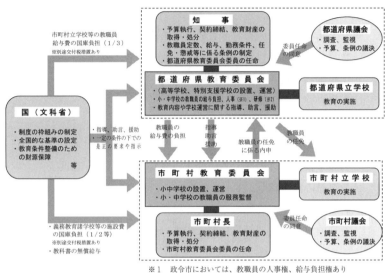

※１　政令市においては、教職員の人事権、給与負担権あり
※２　政令市及び中核市においては、研修を自ら実施

出典：文部科学省作成資料

5　教育委員会制度について

1）教育委員会制度の意義と特性

　住民に身近な地方公共団体が初等中等教育の主体です。地方における教育行政は、教育行政への民意の反映と教育行政の政治的中立性の確保の観点から導入されている合議制の執行機関である教育委員会の制度を十分生かしつつ運営することが求められています。

　戦後の地方教育行政システムは、①教育の民主化、②教育の地方分権化、③教育の自主性保障の理念に立脚した米国の教育委員会制度のモデルをもとに制度設計され、公立学校の設置管理運営に関する教育事務は、すべて教育委員会が担うこととされています。

　教育委員会制度の主たる意義は、①政治的中立性の確保、②継続性・

安定性の確保、③地域住民の意向の反映にあります。教育委員会は、住民の素人統制＝レイマン・コントロールと、教育長の行政的専門性＝プロフェッショナル・リーダーシップにより成り立っているのです。

　教育委員会制度の特性として、①首長からの独立性…行政委員会の一つとして独立した機関を置き、教育行政を担当させることにより、首長への権限の集中を防止し、中立的・専門的な行政運営を担保できること、②合議制…多様な属性を持った複数の委員による合議により、様々な意見や立場を集約した中立的な意思決定を行うこと、③住民による意思決定…住民が専門的な行政官で構成される事務局を指揮監督する仕組み（レイマン・コントロール）により、専門家の判断のみに依らない、広く地域住民の意向を反映した教育行政を実現できること、を挙げることができます。

２）教育委員会制度の仕組み

　教育委員会は、地域の学校教育、社会教育、文化・スポーツ等に関する事務を担当する機関として、すべての都道府県および市町村等に設置されています。教育委員会は、教育の政治的中立性を担保するため、地方公共団体の首長から独立した行政委員会として位置付けられています。

　教育委員会は、教育長および４人の委員をもって組織することが原則とされ、一方、都道府県または市などにあっては教育長および５人以上の委員、町村などにあっては教育長および２人以上の委員をもって組織することができるとされています。

　教育委員会は、教育行政における重要事項や基本方針を決定し、それに基づいて教育長が具体の教育事務を執行することとなります。

　教育委員会会議は、月１〜２回の定例会のほか、臨時会や非公式の協議会が開催されます。

　教育長および教育委員は、地方公共団体の長が議会の同意を得て任命

する（任命同意制）こととされ、任期については、教育長は3年、教育委員は4年で、再任は可とされます。

　教育委員会の権限に属する事務を処理させるため、教育委員会には事務局が置かれ、指導主事、事務職員および技術職員を置くほか、所要の職員を置くとされています。指導主事は、学校における教育課程、学習指導その他学校教育に関する専門的事項の指導に関する事務に従事する職員であり、教育委員会の執行すべき教育事務において重要な役割を果たしています。

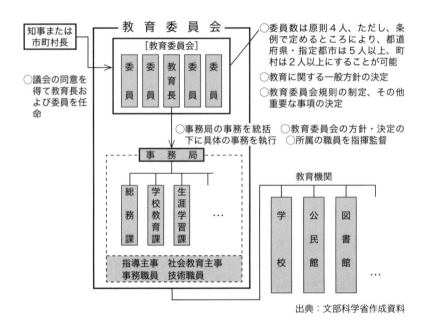

出典：文部科学省作成資料

6　教育委員会制度の「改革」

　2014（平成26）年、「地方教育行政法」が改正され、教育委員会制度の大幅な改革が行われました。改正法では、「教育の政治的中立性、継

続性・安定性を確保しつつ、地方教育行政における責任の明確化、迅速な危機管理体制の構築、首長との連携の強化を図るとともに、地方に対する国の関与の見直しを図るため、地方教育行政制度の改革を行う」と改正の趣旨を明らかにしています。

○改正法の概要
1　教育行政の責任の明確化
　・教育委員長と教育長を一本化した新たな責任者（「新教育長」）を置く。
　・教育長は、首長が議会の同意を得て、直接任命・罷免を行う。
　・教育長は、教育委員会の会務を総理し、教育委員会を代表する。
　・教育長の任期は、3年とする（教育委員は4年）。
　・教育委員から教育長に対し教育委員会議の招集を求めることができる。また、教育長は、委任された教育事務の執行状況を教育委員会に報告する。
2　「総合教育会議」の設置、大綱の策定
　・首長は、「総合教育会議」を設ける。会議は、首長が招集し、首長、教育委員会により構成。
　・首長は「総合教育会議」において、教育委員会と協議し、教育基本法第17条に規定する基本的な方針（国の教育振興基本計画のこと）を参酌して、教育の振興に関する施策の大綱を策定する。
　・会議では、①大綱の策定、②教育条件の整備等重点的に講ずべき施策、③緊急の場合に講ずべき措置（例：いじめ等の重大事態への対応）について協議・調整を行う。会議において協議し、教育委員会と調整のついた事項については、教育委員会は調整の結果を尊重して、事務を執行しなければならない。
3　国の地方公共団体への関与の見直し
　・いじめによる自殺の防止等、児童生徒の生命または身体への被害の

拡大または発生を防止する緊急の必要がある場合に、文部科学大臣
が教育委員会に対し指示ができることを明確化するため、第50条
（是正の指示）を見直す。

7　改正地方教育行政法下の教育委員会制度の運用

1）新「教育長」の設置とその権限・役割について

　改正前の地方教育行政法では、教育長は、「教育委員会の指揮監督の
下に、教育委員会の権限に属する事務をつかさどる」（第17条）とされ
ていましたが、改正法では、教育長は執行機関である教育委員会の「代
表者」であることから、教育委員会による指揮監督権は規定されていま
せん。ただし、合議体の意思決定に基づき事務を執行する立場に変わり
はなく、合議体の意思決定に反する事務執行を行うことはできないとさ
れます。教育長は、首長から任命されますが、首長から独立した行政委
員会である教育委員会の一員であり、首長から指揮監督を受ける立場で
はなく、いわゆる首長の「部下」（首長の補助機関）ではありません。
このことは、教育委員についても同様です。
　首長による教育長の罷免要件については、首長から独立した行政委員
会を設置した趣旨にかんがみ、身分保障という観点から、「心身の故障
の場合」や「職務上の義務違反その他教育長たるに適しない非行がある
場合」に限定されています。この「職務上の義務違反」については、た
とえば、いじめ防止対策推進法上のいじめによる重大事態が発生した旨
の学校からの報告を、教育長が自らの判断で首長に報告しない場合や首
長と教育委員会の調整のついた大綱の記載事項を尊重せず、正当な理由
なく全く無視した場合などが該当する可能性があります。
　教育長は、「教育行政に識見を有するもの」のうちから任命すること
とされていますが、これは教育委員会事務局職員や教職員経験者に限ら
ず、行政法規や組織マネジメントに識見があるなど、教育行政を行うに

あたり、必要な資質を備えていれば、幅広く該当するとされます。

　教育長は、従来に比べその職責が重くなることから、その資質・能力を議会において丁寧にチェックすることが必要とされ、議会同意にあたって、教育長候補者が所信表明を行うことなど丁寧な手続きを定めることが一つの方策とされます。

２）教育委員会・首長・議会による教育長へのチェック機能の強化

　改正後も、教育委員会は合議制の執行機関として、その意思決定は、教育長および教育委員による会議において、出席者の多数決によって決せられることから、教育委員の役割は引き続き重要です。教育委員の３分の１以上の委員から会議の招集を請求された場合には、教育長は遅滞なく会議の招集をしなければならないこと、また、教育長が教育委員会から委任された事務の管理・執行状況について、報告をしなければならないことが規定されています。

　教育委員会は、必要に応じて、教育長に委任した事項についての方針を定めることや、委任した事務について教育長から報告を求め、教育委員会で議論し、必要に応じて事務の執行を是正し、または委任を解除することが可能です。

　首長や議会のチェック機能を強化する観点から、教育長の任期を首長よりも１年短い３年としているほか、総合教育会議という公開の場で、首長が民意を反映した方向性を示すことにより、教育長へのチェック機能が働くとされます。

３）「総合教育会議」の設置について

　首長と教育委員会が、相互の連携を図りつつ、よりいっそう民意を反映した教育行政を推進していくため、すべての地方公共団体に「総合教育会議」を設置することとされました。「総合教育会議」は、首長が設置し、首長が招集することとされていますが、この会議は、首長と教育

委員会という対等な執行機関同士の協議および調整の場という位置付けとなっています。したがって、会議において調整がついた事項については、それぞれが尊重義務を負うものの、首長と教育委員会のそれぞれの執行権限の一部を会議に移して会議の場で決定を行うものではないため、「決定機関」ではなく、また、首長の諮問に応じて審議を行う「諮問機関」でもありません。教育委員会は、協議する必要があると思料するときは、総合教育会議の招集を求めることができます。

　総合教育会議の協議・調整の対象事項は、①大綱の策定、②教育を行うための諸条件の整備その他の地域の実情に応じた教育、学術および文化の振興を図るため重点的に講ずべき施策、③児童生徒等の生命または身体に現に被害が生じ、またはまさに被害が生ずるおそれがあると見込まれる場合等の緊急の場合に講ずべき措置の３つに限定されています。この場合、「教育を行う諸条件の整備」について協議し、調整を行う事項は、教育委員会の権限に属する事務のうち、予算の編成・執行や条例提案などの首長の権限にかかる事項に限られます（たとえば、①学校等の施設の整備、教職員の定数等の教育条件整備に関する施策など、予算の編成・執行権限や条例の提案権を有する首長と教育委員会が調整する必要がある事項、②保育所と幼稚園、青少年健全育成と生徒指導、放課後子どもプランのように首長と教育委員会が調整する必要がある事項など）。また、教科書の採択や個別の教職員人事等については、予算等の首長の権限に関わらない事項であり、調整の対象にはなりません。こうした政治的中立性の要請が高い事項については、教育委員会制度を設けた趣旨から、協議題として取り上げるべきではないとされます。ただし、それらの方針や基準については調整の対象とはならないものの、意見交換することはできるものとされます。

　総合教育会議は、首長と教育委員会が重点的に講ずべき施策等について協議・調整する場であり、両者が教育施策の方向性を共有し、一致して執行に当たることが期待されることから、どちらかが決定権者という

ものではなく、あくまで調整を尽くすことを目指すものです。総合教育
会議において、首長と教育委員会が協議・調整し、調整がついた事項に
ついては、調整の結果を尊重しなければならないこととなります。その
際、教育委員会の職務権限に属する事項の管理執行については、教育委
員会が最終責任者であり、また、教育に関する予算の編成・執行等につ
いては首長が最終責任者となります。

4）教育に関する「大綱」の策定について

　首長は、教育基本法第17条第1項に規定する基本的な方針を参酌し、
その地域の実情に応じ、当該地方公共団体の教育の振興に関する総合的
な施策の「大綱」を定めるものとされています（大綱の期間は、おおむ
ね4、5年を想定）。この大綱は、当該地方公共団体の教育の振興に関
する総合的な施策について、その目標や施策の根本となる方針を定める
ものです。したがって、教育基本法に基づき国の教育振興基本計画の
「基本的な方針」を参酌して策定するものであり、詳細な施策の策定ま
で求めるものではありません。

　また、大綱に定める事項としては、主として、教育委員会の権限に属
する事項が対象となりますが、たとえば、「目標年度までに全学校の耐
震化を推進すること」、「学校の統廃合を推進すること」、「少人数教育を
推進すること」、「幼稚園・保育所・認定こども園を通じた幼児教育・保
育の充実を図ること」など、予算等の首長の権限にかかる事項が考えら
れます。

　首長は、大綱を定め、または変更しようとするときは、あらかじめ、
総合教育会議において協議するものとされており、教育委員会と十分に
協議し、調整を尽くした上で策定することが重要です。教育委員会と協
議の上、調整のつかない事項を、首長が大綱に記載した場合、権限を持
つ教育委員会が執行しない事項を記載することとなります。そのような
記載は意味がないものであるため、そうしたことがないよう十分な協

議・調整が求められます。大綱に記載された事項を執行する責任は、あくまでもそれぞれの執行機関にあり、教育委員会の職務権限である事務の管理・執行については教育委員会が責任者であることから、教育委員会の教育事務につき調整がつかなかった事項が大綱に記載された場合、その事項を執行するかどうかは、権限を持つ教育委員会が判断する必要があることとなります。

　大綱は、教育の目標や施策の根本となる方針を定めるものであり、教科書の採択や個別の教職員人事は、大綱の対象とはなりません。ただし、教科書採択や人事異動の方針などは、施策の根本となるものとして位置付けることも考えられるため、教育委員会が適切と判断した場合には、首長が大綱に記載することは妨げられません。なお、市町村において、自らが設置する学校の全国学力・学習状況調査の結果の公表について、教育委員会が大綱に記載してもよいと判断した場合には記載されることもありえます。ただし、都道府県の大綱の記載事項としてなじまないことは当然です。

　首長と教育委員会は、策定された大綱の下に、それぞれの所管する事務を執行することとなります。

地方教育行政制度の変遷（主な制度改正）

教育委員会制度創設（昭和23年）

○教育の地方分権　○教育行政への民意の反映(教育委員公選制)
・全ての市町村に教育委員会を設置(昭和27年)

教育委員公選制等見直し（昭和31年）

○教育委員の公選制廃止(任命制の導入)
　⇒教育委員会に党派的対立が持ち込まれる弊害を解消
○教育長の任命承認制度の導入
　⇒教育長の任命にあたって、国や都道府県教委が承認
○教育委員会による予算案・条例案の議会提案権の廃止
　⇒一般行政との調和

教育における「団体自治」を強化（平成11年法改正）

○教育長の任命承認制度の廃止
　⇒地方の責任による教育長の任命
○市町村立学校に関する都道府県の基準設定権の廃止
　⇒地方の主体性の尊重

教育における「住民自治」を強化（平成13年法改正）

○教育委員の構成の多様化
　⇒地域の多様な意向の反映
(委員の年齢、性別、職業等に著しい偏りが生じないよう配慮すること、
　保護者が含まれるよう努めることを規定)
○教育委員会会議の原則公開
　⇒教育行政の説明責任を果たす

学校運営協議会（平成16年法改正）

○学校運営協議会を設置可能に
　⇒地域住民、保護者等が学校運営に参画可能に
　学校運営協議会の権限：
　①学校運営の基本方針の承認
　②学校運営について教育委員会または校長に意見
　③教職員の任用について、教育委員会に意見

国、教育委員会の責任を明確化（平成19年法改正）

○教育委員会の責任体制の明確化
○教育委員会の体制の充実
○教育における地方分権の推進
○教育における国の責任の果たし方
○私立学校に関する教育行政

教育行政の責任の明確化、総合教育会議の設置、大綱の策定（平成26年法改正）

地域の意向を反映した主体的な教育行政の推進

地方公共団体の責任の拡大（地方分権）

出典：文部科学省作成資料

第4講　わが国の学校制度

1　学校の意義・役割

　憲法第26条において基本的人権の一つとして「国民の教育を受ける権利」が位置付けられ、「すべて国民は、その能力に応じて、ひとしく教育を受ける権利を有する」と明示されています。この権利に対応して、国は、学校制度を整備確立し、適切に運用することにより、この権利の実現を保障する責務があります。

　公教育を担う「学校」については、法律上の定めはありませんが、講学上の定義としては、以下のように整理できます。

　「学校とは、校長、教員等の人的要素と校舎、校具等の物的要素の統一体で、一定の場所において、一定期間、一定の課程により、継続的に特定多数の児童・生徒に対して教育を行う公設又は公認の機関である」（木田宏『教育行政法』）

　学校は、教育基本法第6条の定めるところにより、「公の性質を有する」ものであり、その設置と運営は国家社会として責任をもって取り組むべき極めて公共性の高いものです。このため、法律に定める学校は、国、地方公共団体と法律に定める法人（私立学校法に定める学校法人のこと）のみがこれを設置することができるとされています。なお、「構造改革特別区域法」（2002/平成14年）により、いわゆる「教育特区」においては、「地域の特性を生かした教育の実施の必要性、地域産業を担う人材の育成の必要性その他の特別の事情に対応するための教育又は研究」を行うため、あるいは、「不登校児童生徒を対象とする特別の需要に応ずるための教育」を行うため、学校教育法の特例として、「株式会

社立学校」や「特定非営利活動法人立学校」を実験試行的に設置することができる制度が設けられています。

2　学校制度について

　わが国の学校制度は、全学校体系が、主に年齢を基準として段階的に構築された単一の学校系統によって構成されている、いわゆる「**単線型学校制度**」（6－3－3－4制）です。戦前の学校制度は、中等教育から分岐する「**複線型学校制度**」（欧州型）でしたが、戦後教育改革においては、米国で典型的に発展してきた単線型学校制度を新たに導入したところです。この単線型学校制度は、進学途上における多くの袋小路や制度上の隘路_{あいろ}を除去し、進学希望者が、その意欲と能力に応じて高等教育までの各段階の学校に進むことのできる、教育の機会均等を保障する学校制度です。

　わが国の学校は、学校教育法第1条に定める幼稚園、小学校、中学校、義務教育学校、高等学校、中等教育学校、特別支援学校、大学および高等専門学校の9種類の「**正規の学校**」により構成されています。学校教育法第1条に定める学校は、正規の学校体系に属し、教育基本法等に定められた学校教育の目的・目標に即して、学校段階に応じ、その目的・目標や入学資格・修業年限などについて学校教育法等で体系的に定められています。学校教育法では、法律に定める学校以外の者が、小学校・中学校・高校などの名称を用いてはならない、いわゆる「名称規制」（学校教育法第135条）が定められています。名称規制に違反した者は、10万円以下の罰金に処することも定められています（学校教育法第146条）。

　また、学校教育法では、第1条に定める正規の学校のほか、「非1条校」として、「専修学校」（職業若しくは実際生活に必要な能力を育成し、又は教養の向上を図ることを目的として組織的な教育を行う（第

124条））、「各種学校」（学校教育に類する教育を行う（第134条））が定められています。これらの学校は、正規の学校とは対照的に、入学資格、修業年限、教育内容などが異なる非常に幅広い分野の教育を行う専門的・実際的教育機関であり、学校法人以外でも設置が可能である点が大きく異なります。

　専修学校の場合、①中学校卒業者を受け入れる「高等課程」、②高等学校卒業者を受け入れる「専門課程」、③高等課程または専門課程の教育以外の教育を行う「一般課程」の3つの課程が設けられています。専修学校と正規の学校との接続については、高等課程を設置する専修学校（高等専修学校）の修了者への大学入学資格の付与（学校教育法施行規則第150条）、あるいは、専門課程を設置する専修学校（専門学校）の修了者への大学編入学資格の付与（学校教育法第132条）など、非1条校と1条校との接続が進んでいます。

3　学校の目的・入学資格・修業年限・教育内容など

　学校教育法に定められている正規の学校の目的・入学資格・修業年限・教育内容などについては、以下のとおりです。ここでは、初等中等教育段階の学校についてその目的・入学資格をはじめとした事項について解説します。

1）幼稚園
　義務教育およびその後の教育の基礎を培うものとして、幼児を保育し、幼児の健やかな成長のために適当な環境を与えて、その心身の発達を助長することを目的としています（学校教育法第22条）。入園資格は、満3歳から小学校就学の始期に達するまでの幼児とされます。

　幼稚園における教育内容は、文部科学大臣が定める「幼稚園教育要領」によることとなります。なお、幼稚園教育要領は、小学校のように

教科、学年ごとの指導内容ではなく、幼稚園教育のねらいと教育内容等が包括的に示されています。

　幼稚園と同様に就学前の幼児を対象とする施設として、保育所があります。保育所は、児童福祉法に基づく児童福祉施設であり、「保育に欠ける」乳幼児から就学年齢前までの幼児を、保護者の委託を受けて保育する施設です。

　2006（平成18）年には、幼稚園教育と保育サービスの一体的な提供を図る観点から、「認定こども園法」が制定され、認定こども園制度がスタートしました。認定こども園は、従来の幼稚園が4時間の標準教育時間終了後、新たに引き続き保育所と同様の保育を行う場合、あるいは、従来の保育所において新たに幼稚園と同様の教育活動を実施しようとする場合、その保育、教育の内容や施設、人員の配置等について都道府県知事が条例で定める基準を満たすと認定されることにより、「認定こども園」と認められることとなります。認定こども園は、幼稚園、保育所それぞれに対する運営費や施設費の補助をあわせて受けることができます。

　また、2012（平成24）年には、認定子ども園法等が改正され、幼稚園機能と保育所機能の両方の機能をあわせ持つ「幼保連携型認定こども園」の制度が創設されました。

2）小学校

　心身の発達に応じて、義務教育として行われる普通教育のうち基礎的なものを施すことを目的としています（学校教育法第29条）。入学資格は、満6歳に達した日の翌日以後の最初の学年の初めから、満12歳に達した日の属する学年の終わりまで就学することとされます（修業年限は6年間）。ただし、満12歳に達した日の属する学年の終わりまでに小学校の課程を修了しないときは、満15歳に達した日の属する学年の終わりまでとされます。

　このように、学校教育法上は、義務教育において課程の修了により卒業するという「**課程主義**」、「**修得主義**」の原則に立っており、単なる「**年数主義**」「**履習主義**」の考えに立っていません。義務教育における課程の修了・卒業の認定については、学校教育法施行規則（第57条）において「各学年の課程の修了又は卒業を認めるに当たっては、児童の平素の成績を評価してこれを定めなければならない」とされており、成績評価の結果によっては「**原級留置**」（いわゆる「**落第**」）が認められています。しかしながら、実際の制度運用においては、不登校児童生徒や学習が遅れがちな児童生徒を救済するために「年数主義」「履習主義」により進級・卒業させるという取扱いがなされています。

　小学校における教育内容は、文部科学大臣が定める「小学校学習指導要領」によることとなります。小学校における教育課程の編成の領域は、国語、社会、算数、理科、生活、音楽、図画工作、家庭、体育および外国語の各教科、特別の教科である道徳、外国語活動、総合的な学習の時間並びに特別活動の5領域により編成されます。

3）中学校

　小学校における教育の基礎の上に、心身の発達に応じて、義務教育として行われる普通教育を施すことを目的としています（学校教育法第45条）。入学資格は、小学校の課程、義務教育学校の前期課程または特別支援学校の小学部の課程を修了した日の翌日以後における最初の学年の初めから就学することとなります（修業年限は3年）。

　学齢生徒が、満15歳に達した日の属する学年の終わりまでに中学校を卒業できない場合には、保護者にはその子を引き続き就学させる義務はありませんが、生徒が在学し、引き続き教育を受ける権利は保障されます。

　2016（平成28）年、「**義務教育の段階における普通教育に相当する教育の機会の確保等に関する法律**」が制定され、すべての都道府県および

市町村に対して、夜間中学等の設置を含む就学機会の提供その他の必要な措置を講ずることが義務付けられました（第14条）。夜間中学は、義務教育を終了しないまま学齢期を経過した者や、不登校など様々な事情により十分な教育を受けられないまま中学校を卒業した者、外国籍の者などの教育を受ける機会を保障するために重要な役割を果たすものです。夜間中学は、2022（令和4）年現在全国で15都府県34市区に40校が設置されています。国としては、教育機会の確保等を推進するため、夜間中学の設置・充実に向けて、すべての都道府県に少なくとも1つは夜間中学を設置するよう、夜間中学の設置・充実を求めています。

　中学校における教育内容は、文部科学大臣が定める「中学校学習指導要領」によることとなります。中学校における教育課程の編成領域は、国語、社会、数学、理科、音楽、美術、保健体育、技術・家庭および外国語の各教科、特別の教科である道徳、総合的な学習の時間並びに特別活動の4領域により編成されます。

4）義務教育学校

　心身の発達に応じて、義務教育として行われる普通教育を基礎的なものから一貫して施すことを目的としています（学校教育法第49条の2）。その修業年限は9年間とされ、義務教育学校の課程は、前期6年の前期課程、後期3年の後期課程に区分されます。

　義務教育学校は、2015（平成27）年の学校教育法の一部改正により、新たに、「学校教育制度の多様化及び弾力化を推進するため、小中一貫教育を実施することを目的」として設けられたものです（2016/平成28年4月より施行）。義務教育学校は、保護者がその子を就学させる義務を果たすための学校種として追加され、国公立の小中学校と同様、授業料は不徴収とされています。また、市区町村は、教育上有益かつ適切であると認めるときは、義務教育学校の設置をもって小学校および中学校の設置に代えることができます。

　義務教育学校の目標は、小学校教育および中学校教育と同様に、学校教育法第21条に規定する「義務教育の目標」を達成するよう行われるものとし、義務教育学校の前期課程および後期課程の教育課程については、文部科学大臣が定める小学校学習指導要領および中学校学習指導要領をそれぞれ準用します。

　義務教育学校の制度化については、①６・３制義務教育を「複線化」することにより教育の機会均等の原則に抵触するおそれがあること、②「中１ギャップ解消」を主たるねらいとして小中一貫教育の制度化を図ることの意義と必要性が乏しいこと、③教員免許・教員養成の実効性ある制度設計を欠いていることなどの問題点が指摘されています。

　義務教育学校の創設に際しては、衆議院（文部科学委員会）および参議院（文教科学委員会）において、「小学校および中学校は児童生徒に対する教育施設であるだけでなく、各地域のコミュニティの核としての性格を有することを踏まえ、市町村教育委員会は、義務教育学校の設置に伴い、安易に学校統廃合を行わないこと」（衆議院）、「義務教育学校の設置に当たっては、わが国の教育の基本原則である機会均等を確保するとともに、既存の小学校および中学校との間の序列化・エリート校化・複線化等により児童生徒の学びに格差が生じることのないよう、万全を期すること」（参議院）といった「学校教育法等の一部を改正する法律案に対する附帯決議」が出され、特段の配慮を求めています。

5）高等学校

　中学校における教育の基礎の上に、心身の発達および進路に応じて、高度な普通教育および専門教育を施すことを目的としています（学校教育法第50条）。入学資格は、中学校もしくはこれに準ずる学校を卒業した者等であり、その修業年限は、全日制課程では３年、定時制・通信制課程では３年以上とされます。

　高等学校は、高等学校設置基準に基づき、①普通教育を主とする学

科、②専門教育を主とする学科、③普通教育および専門教育を選択履修を旨として総合的に施す学科により構成されます。③のいわゆる「総合学科」は、1994（平成 6）年度から施行され、高校教育の多様化・個性化を進めるもので、学年枠のない単位制を原則とし幅広い選択科目群が開設され、生徒の能力・適性・興味・関心等に即して生徒選択の教育課程を組めるなどの特色を有しています。

　高等学校における教育内容は、文部科学大臣が定める「高等学校学習指導要領」によります。高等学校における教育課程の編成領域は、教科・科目（普通教育に関する教科、専門教育に関する教科）、総合的な探究の時間、特別活動の 3 領域で編成されます。

6）中等教育学校

　小学校における教育の基礎の上に、心身の発達および進路に応じて、義務教育として行われる普通教育並びに高度な普通教育および専門教育を一貫して施すことを目的としています（学校教育法第63条）。入学資格は、小学校の課程を修了した日の翌日以後における最初の学年の初めから就学し、その修業年限は 6 年とされます。中等教育学校の課程は、前期 3 年の前期課程、後期 3 年の後期課程に区分されます。

　中等教育学校は、1998（平成10）年の学校教育法の改正により、生徒の能力・適性等の多様化に対応した中等教育の多様化を推進するため、6 年制の中高一貫教育を行う学校種として創設された学校制度です（1999/平成11年 4 月より施行）。中等教育学校は、現行の義務教育制度を前提としつつ、中学校と高等学校の制度に加えて、新たな学校種として中等教育学校を創設するものであることから、地方公共団体の判断により選択的に導入されることとなります。このため、市町村が中等教育学校や併設型中学校・高等学校を設置する場合には、中学校の設置義務の履行とは位置付けられていません。

　なお、中等教育学校のほかに、中高一貫教育を行うものとして、同一

の設置者が併設する中学校および高等学校（「併設型の中学校・高等学校」）においては、それぞれが独立した学校でありながらも、中等教育学校に準じて、中学校教育と高等学校教育を一貫して施すことができることとされています。

　また、中等教育学校と併設型の中学校・高等学校に加えて、学校教育法施行規則第75条では、いわゆる「連携型中高一貫教育」が定められています。これは、中学校を設置する市町村と高等学校を設置する都道府県という異なる設置者間において、相互に協議して教育課程を編成し、実施することを通じて、中学校と高等学校の一貫性に配慮した教育を実施するものです。

　中等教育学校制度の導入に際しては、国会の附帯決議において、中高一貫校がいわゆる「受験エリート校」化することがあってはならないことや、受験競争の低年齢化を招くことのないよう、公立学校の場合には入学者の決定にあたって学力試験を行わないことなど特段の配慮をすることが求められています。

　中等教育学校における教育内容については、中等教育学校の前期課程および後期課程は、それぞれ基本的に「中学校学習指導要領」および「高等学校学習指導要領」によるものとされます。

7）特別支援学校

　視覚障害者、聴覚障害者、知的障害者、肢体不自由者、病弱者に対して、幼稚園、小学校、中学校または高等学校に準ずる教育を施す（「**準ずる教育**」）とともに、障害による学習上または生活上の困難を克服し自立を図るために必要な知識技能を授ける（「**自立活動**」）ことを目的としています（学校教育法第72条）。

　特別支援学校には、小学部および中学部を置かなければならないこととされ、これらのほか幼稚部または高等部を置くことができます（第76条）。

　2007（平成19）年4月から、従来の盲学校、聾学校、養護学校は、児童生徒の障害の重複化に対応した適切な教育を行うため、特別支援学校に一本化されました。障害のある幼児児童生徒一人一人の教育的ニーズに応じた指導・支援をいっそう推進するため、障害種別を超えた特別支援学校が新たに設けられたところです。教員免許状についても、従来の

日本の学校制度

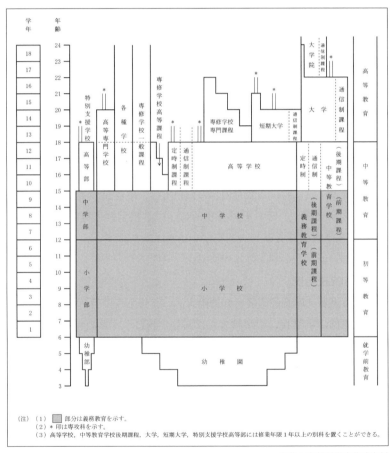

（注）（1）　■部分は義務教育を示す。
　　　（2）　＊印は専攻科を示す。
　　　（3）　高等学校，中等教育学校後期課程，大学，短期大学，特別支援学校高等部には修業年限1年以上の別科を置くことができる。

出典：文部科学省作成資料

わが国初等中等教育の学校数、在学者数、教員数（2021年5月1日現在）

区分	学校数（校）				在学者数（人）				教員数（人）	
	計	国立	公立	私立	計	国立	公立	私立	計	うち女性
幼稚園	9,420	49	3,103	6,268	1,009,008	4,902	128,562	875,544	90,173	84,235
認定こども園	6268	–	862	5,406	796,882	–	96,451	700,431	129,100	122,305
小学校	19,336	67	19,028	241	6,223,394	36,171	6,107,701	79,522	422,864	263,796
中学校	10,076	68	9,230	778	3,229,698	27,267	2,957,186	245,245	248,253	109,322
義務教育学校	151	5	145	1	58,568	3,894	54,480	194	5,382	2,866
高等学校	4,856	15	3,521	1,320	3,008,172	8,254	1,989,287	1,010,631	226,721	74,589
中等教育学校	56	4	34	18	32,756	2,886	23,000	6,870	2,721	945
特別支援学校	1,160	45	1,100	15	146,285	2,905	142,525	855	86,141	53,646

出典：令和3（2021）年度学校基本調査結果より筆者作成

（参考）　諸外国の学校制度（初等中等教育）

国名	英国	ドイツ	フランス	米国	フィンランド
学制	6年－5年－2年	4年－5/6/8/9年、6年－4/6/7年 ※州や学校種により異なる	5年－4年－3年	5－3－4、4－4－4、6－3－3、6－2－4、6－6、8－4など ※学区により異なる	6年－3年－3年
義務教育期間	5〜16歳 （11年間）	6〜15歳（16歳） （9〜10年間） ※州により異なる	6〜16歳 （10年間）	5〜8歳から16〜18歳まで（10〜13年） ※州により異なる。義務教育期間の延長の方向	7〜16歳 （9年間）
学校教育における無償期間	5〜18歳まで （初等中等教育）	5歳（6歳）から高等教育段階まで無償 ※州により異なる	すべての教育段階で公教育は原則無償	5〜18歳（幼稚園（5歳児）〜ハイスクール）	6歳から高等教育段階まで無償
職業教育を主とする学校が登場する教育段階	後期中等教育	後期中等教育	後期中等教育	後期中等教育	後期中等教育

出典：文部科学省作成資料

障害種別のものから、特別支援学校の教員免許状に一本化されました。

　特別支援学校の教育課程は、幼稚園、小学校、中学校または高等学校に準じて、文部科学大臣が定めることとされます（第77条）。

4　入学資格の弾力化と修業年限の緩和

　学校体系における下位の学校から上位の学校への入学資格についても、近年、弾力化が進められています。

　高等学校入学に関しては、中学校卒業者以外には、①外国において学校教育における9年の課程を修了した者、②中学校の課程と同等の課程を有するものとして文部科学大臣が認定した在外教育施設の当該課程を修了した者、③就学義務猶予免除者等を対象とする「中学校卒業程度認定試験」合格者、④その他高等学校において、中学校卒業者と同等以上の学力があると認めた者などに高等学校入学資格が与えられます（学校教育法第57条の規定による学校教育法施行規則第95条に基づくもの）。

　大学入学に関しては、高等学校や中等教育学校の卒業者以外には、①外国において学校教育における12年の課程を修了した者、②高等学校の課程と同等の課程を有すると文部科学大臣が認定した在外教育施設の当該課程を修了した者、③文部科学大臣が指定する専修学校の高等課程を修了した者、④「高等学校卒業程度認定試験」に合格した者、⑤大学において個別の入学審査により、高等学校を卒業した者と同等以上の学力があると認めた者で18歳に達したもの（正規の学校ではない、いわゆる「民族学校」の高等学校相当の課程修了者などを対象）、⑥わが国において高等学校に対応する外国の学校の課程と同等の課程を有するものとして当該外国の学校教育制度において位置付けられた教育施設の当該課程を修了した者で18歳に達したもの、⑦国際バカロレア資格・ドイツのアビツーア資格・フランスのバカロレア資格を有する者で18歳に達したもの、⑧わが国において外国人を対象に教育を行うことを目的として設置

された教育施設であって、その教育活動について一定水準の団体
（European Council of International Schoolsなど）の認定を受けたもの
に置かれる12年の課程を修了した者で18歳に達したもの、などに大学入
学資格が与えられます（学校教育法第90条の規定による学校教育法施行
規則150条等の規定に基づく）。

　このように、国際化の進展等に伴い、あるいは、正規の学校体系から
外れた者の救済の観点から、入学資格の緩和による学校制度の接続の弾
力化が逐次図られています。

　また、わが国の学校制度においては、それぞれの学校の種類ごとに修
業年限が定められ、その課程を修了した者に上級学校への入学資格を付
与することが基本となっています。ただし、数学、物理などをはじめ大
学の定める分野において特に優れた資質を有すると認める者を、高等学
校に2年以上在学していれば、当該大学に入学させることができる、い
わゆる「飛び入学」が制度化（学校教育法第90条第2項）され、飛び入
学の対象分野は、今や数学、物理に限らず、全分野に広がっています。
さらに、大学における3年卒業の特例（学校教育法第89条）や大学院修
士課程の修了要件の一つとして、2年以上の在学要件を1年以上在学す
れば足りるとする特例あるいは大学院博士課程の修了要件の一つとし
て、5年以上の在学期間を3年以上在学すれば足りるとする特例（大学
院設置基準第16条、第17条）など修業年限の緩和も進められています。

※「飛び入学」と「飛び級」：「飛び入学」とは、学校教育法第90条第2項により、
　高等学校に2年以上在学した者であって、当該大学の定める分野において特に優
　れた資質を有すると認めるものを、当該大学に入学させることができるという、
　大学への早期入学の特例です。これに対して、「飛び級」とは、小・中・高等学校
　の各学校段階内において、学年を飛び越すという、教育上の特例措置をいいます。
　こうした「飛び級」は、いわゆる「受験エリート」を育成するために活用され、
　保護者間に無用の焦りを招いたり、受験競争を激化させたりするおそれが強く、
　また、子どもたちの心理状況として、学校内で「飛び級」をすることが様々な問
　題を引き起こすおそれがあることなどから、義務教育段階の小中学校では、「飛び

級」を行わないとされています。また、高等学校でも、学年を越えた「飛び級」
は同様の問題から実施されていません。

5　学校の設置認可と設置義務

1）学校の設置認可

　学校教育法第1条に定める正規の学校を設置することのできる者を限
定しているのは、学校が公の性質を有するからであり、学校の設置者に
ついては、組織、資産等の面で学校の設置運営にふさわしい永続性・確
実性・公共性を担保するため、それぞれ学校種および設置形態に応じ
て、文部科学大臣、都道府県知事、都道府県教育委員会の認可を受けな
ければなりません（学校教育法第4条）。

① 　文部科学大臣は、公立または私立の大学および高等専門学校の設置
　認可を行います。

② 　都道府県教育委員会は、市町村の設置する高等学校、中等教育学校
　および特別支援学校を設置認可します（ただし、指定都市の設置する
　高等学校、中等教育学校および特別支援学校については、設置にあた
　って、あらかじめ都道府県の教育委員会に届け出なければならないと
　されています）。

③ 　都道府県知事は、私立の幼稚園、小学校、中学校、義務教育学校、
　高等学校、中等教育学校および特別支援学校を設置認可します。

　　学校の設置認可を受けるにあたっては、学校種別ごとの**「学校設置
基準」**（文部科学省令）等の認可条件を充足していることが必要です。

2）学校の設置義務

　国民の「教育を受ける権利」を保障するため、義務教育段階の学校に
ついては、地方公共団体に学校の設置義務を課しています。

　まず、市町村は、その区域内にある学齢児童生徒を就学させるに必要

な小学校および中学校を設置しなければなりません（学校教育法第38
条・第49条）。ただし、教育上有益かつ適切であると認めるときは、義
務教育学校の設置をもってこれに代えることができます。

　また、都道府県は、その区域内にある学齢児童生徒のうち、視覚障害
者、聴覚障害者、知的障害者、肢体不自由者または病弱者で、その障害
が第75条の政令で定める程度のもの（学校教育法施行令第22条の3の表
に定められている）を就学させるに必要な特別支援学校を設置しなけれ
ばなりません（学校教育法第80条）。

　なお、学校教育法第38条および第49条により小中学校の設置義務を負
う市町村の設置する小中学校および学校教育法第80条により特別支援学
校の設置義務を負う都道府県の設置する学校については、国立学校と同
じく、設置認可を受ける必要はありません。また、市町村立幼稚園の設
置廃止等については、2011（平成23）年の「地域改革整備法」の制定に
より、都道府県教育委員会に対する「認可」から「届出」に変更されま
した。

第5講　就学義務と就学制度

1　保護者の就学義務

　憲法第26条で定める「国民の教育を受ける権利」を保障するため、保護者に対してその子を義務教育諸学校に就学させる義務を課しています。

　学校教育法第17条では、「保護者は、子の満6歳に達した日の翌日以後における最初の学年の初めから、満12歳に達した日の属する学年の終わりまで、これを小学校、義務教育学校の前期課程又は特別支援学校の小学部に就学させる義務を負う」と定めるとともに、「保護者は、子が小学校の課程、義務教育学校の前期課程又は特別支援学校の小学部の課程を修了した日の翌日以後における最初の学年の初めから、満15歳に達した日の属する学年の終わりまで、これを中学校、義務教育学校の後期課程、中等教育学校の前期課程又は特別支援学校の中学部に就学させる義務を負う」と定めています。

　保護者の就学義務の不履行に対しては、学校教育法第144条により保護者に対する罰則規定をもって履行を強制する仕組みを設けています。保護者の就学義務とのかかわりで、いわゆるインターナショナル・スクールなどへの入学や不登校による実質的不就学への対応が課題となっています。わが国の学校教育制度は、保護者の子に対する教育上の義務は、法律の定めるところにより、具体の義務教育諸学校への就学により履行されるとの原則に立っており、家庭教育によって代行させたり（ホーム・スクーリング）、学校以外の正規でない教育施設（フリースクールなど）において教育を行ったりすることは、就学義務の履行とは認め

られていません。

　学校教育法第18条では、市町村の教育委員会は、病弱、発育不完全その他やむを得ない事由のため、就学困難と認められる者の保護者に対しては、就学義務を猶予または免除できる旨定めています。学齢児童生徒で、病弱、発育不完全その他やむを得ない事由があるときは、その保護者は、就学義務の猶予または免除を市町村の教育委員会に願い出ることとされ、この場合、当該市町村の指定する医師その他の者の証明書等その事由を証するに足る書類を添えなければならないこととされています（学校教育法施行規則第34条）。「その他やむを得ない事由」による就学義務の猶予・免除の場合とは、児童生徒の失踪などが挙げられ、経済的事由によるものは含まれません。就学義務の猶予・免除の規定は、就学義務の規定（学校教育法第17条）の例外的規定であり、憲法第26条で定める子どもの「教育を受ける権利」の保障の妨げとなってはなりません。戦後、小中学校の義務化（1947/昭和22年）にはるかに遅れ、養護学校の義務化（1979/昭和54年）が図られるまで、知的障害などの重い障害のある児童生徒の就学が十分に保障されなかった経緯を踏まえ、医療的ケアを優先する必要がある子どもを除いては、安易に就学義務の猶予・免除を適用することなく、小中学校等への就学を保障しなければなりません。

　なお、就学義務を猶予・免除された子について、当該猶予の期間が経過し、または当該猶予または免除が取り消されたときは、校長は、当該の子を、その年齢および心身の発達状況を考慮して、相当の学年に編入することができることとされています（学校教育法施行規則第35条）。

※　2021年度「学校基本調査」の結果では、就学免除者2,851名、就学猶予者1,107名の合計3,958名が就学義務の免除・猶予を受けています。

2　就学制度

1）就学事務

　就学事務は、市町村教育委員会が行う事務（地方の自治事務）です。

　学校教育法施行令第1条では、市町村の教育委員会は、当該市町村の区域内に住所を有する学齢児童および生徒について、学齢簿を編製しなければならないとされ、当該の学齢簿の編製は、当該市町村の住民基本台帳に基づいて行うものとされています。

　学齢簿は、毎学年の初めから5月前までに、文部科学省令で定める日現在（10月1日現在）において、当該市町村に住所を有する者で前学年の初めから終わりまでの間に満6歳に達する者について、あらかじめ、作成しなければならないとされます（施行令第2条）。

※　DV（家庭内暴力）により住民票を残したまま、住所を有する当該市町村を離れた母子の場合の住民基本台帳への未登録の問題が発生し、就学事務の手続きに問題が生じています。住民基本台帳に記載されていない者であっても、当該市町村に学齢期の児童生徒が居住していれば、学齢簿を編製し、就学の通知等の手続きをとることとされています。

　市町村の教育委員会は、学齢簿編製後、翌学年の初めから小学校、義務教育学校の前期課程または特別支援学校の小学部に就学させるべき者で、当該市町村の区域内に住所を有するものの就学にあたって、その健康診断を行わなければならないとされています（学校保健安全法第11条）。これが「就学時健康診断」と呼ばれるもので、この結果に基づき、治療を勧告し、保健上必要な助言を行い、また、特別支援学校への就学指導あるいは就学義務の猶予・免除など適切な措置をとらなければなりません（第12条）。

2）就学通知と就学すべき学校の指定

　市町村教育委員会は、就学予定者のうち、「認定特別支援学校就学者」
以外の者については、その保護者に対し、翌学年の初めから2月前（1
月31日）までに、小学校、中学校または義務教育学校の入学期日を通知
することとされています（学校教育法施行令第5条第1項）。ここにい
う「認定特別支援学校就学者」とは、視覚障害者、聴覚障害者、知的障
害者、肢体不自由者または病弱者（身体虚弱者を含む）で、その障害の
程度が学校教育法施行令第22条の3の表に規定する程度のもののうち、
当該市町村の教育委員会が、その者の障害の状態、その者の教育上必要
な支援の内容、地域における教育の体制の整備の状況その他の事情を勘
案して、その住所の存する都道府県の設置する特別支援学校に就学させ
ることが適当であると認める者をいうとされます。

　就学すべき学校については、市町村に小学校および義務教育学校また
は中学校および義務教育学校がある場合であって、2以上あるときは、
市町村の教育委員会は、就学通知において、当該就学予定者の就学すべ
き小学校、中学校または義務教育学校を指定しなければならないとされ
ます（第5条第2項）。

　また、保護者が子を住所の存する市町村の設置する小学校、中学校ま
たは義務教育学校以外の小学校、中学校、義務教育学校または中等教育
学校に就学させようとする場合には、その保護者は、就学させようとす
る小学校、中学校等が市町村または都道府県の設置するものであるとき
は当該市町村または都道府県教育委員会の、その他のものであるときは
当該小学校、中学校等における就学を承諾する権限を有する者の承諾を
証する書面を添え、その旨をその児童生徒等の住所の存する市町村の教
育委員会に届け出なければならないとされます（施行令第9条）。これ
が、「区域外就学等」に当たるものです。

　さらに、認定特別支援学校就学者については、市町村教育委員会は都
道府県の教育委員会に対し、翌学年の初めから3月前（12月31日）まで

に、その氏名および特別支援学校に就学させるべき旨を通知しなければ
ならないとされます（施行令第11条）。市町村教育委員会の通知を受け
て、都道府県教育委員会は、通知を受けた児童生徒に対し、翌学年の初
めから2月前までに、特別支援学校への入学期日を通知しなければなり
ません（施行令第14条第1項）。入学期日の通知にあたり、特別支援学
校が2以上ある場合には、都道府県の教育委員会は、当該児童生徒を就
学させるべき特別支援学校を指定しなければなりません（第14条第2
項）。

3）障害のある児童生徒の就学の手続き

　2007（平成19）年3月の学校教育法施行令の改正により、これまで、
障害のある児童生徒の就学先を決定する際には、市町村教育委員会が専
門家の意見を聞いて（「就学指導委員会」）決定することとされていまし
たが、この改正により、新たに、保護者の意見を聞くことが法令上義務
付けられる（学校教育法施行令第18条の2）など、特別支援学校への就
学指導のあり方が見直されました。

　また、2013（平成25）年の学校教育法施行令の改正により、学校教育
法施行令第22条の3の表に規定する障害の程度に該当する児童生徒につ
いては、特別支援学校への就学を原則としつつも、例外的に「認定就学
者」として小中学校への就学を認める現行規定を改め、個々の児童生徒
の障害の状態等を踏まえ、市町村教育委員会が総合的な観点から就学先
を決定する仕組みに変更されました。市町村が就学すべき学校を指定す
るにあたっては、保護者の意見聴取義務（学校教育法施行令第18条の
2）が課されるとともに、**「障害者基本法」**第16条により、可能な限り
その意向を尊重しなければならないこととされています。最終的には、
市町村教育委員会に設置される**「就学・教育支援委員会」**の判断を踏ま
え、市町村教育委員会が決定する仕組みとなっています。

　さらに、2016（平成28）年4月から**「障害者差別解消法」**が施行さ

れ、法においては、①障害を理由とする不当な差別的取扱いの禁止、②「合理的配慮」の提供義務などが定められています。合理的配慮とは、「障害のある子供が、他の子供と平等に「教育を受ける権利」を享有・行使することを確保するために、学校の設置者および学校が必要かつ適当な変更・調整を行うことであり、障害のある子供に対し、その状況に応じて、学校教育を受ける場合に個別に必要とされるもの」（2012/平成24年中教審報告）と定義され、「インクルーシブ教育システム」が目指されているといえます。

障害のある児童生徒の就学先決定について

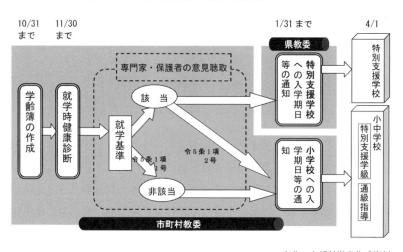

出典：文部科学省作成資料

3　通学区域と学校選択制

1）通学区域制度

　わが国の学校制度においては、義務教育諸学校への就学事務は、市町村の事務とされ、学校教育法施行令第5条に基づき、市町村の教育委員

会は、就学予定者の保護者に対し、翌学年の初めから2月前までに、小学校、中学校または義務教育学校の入学期日を通知しなければならないこととされています。また、就学の通知に際し、当該市町村の設置する小学校および義務教育学校が2校以上ある場合、または中学校および義務教育学校が2校以上ある場合においては、市町村の教育委員会は、入学期日の通知において当該就学予定者の就学すべき小学校、中学校または義務教育学校を指定しなければならないこととされています。

　同一市町村内にその設置する小学校および義務教育学校が2校以上、またはその設置する中学校および義務教育学校が2校以上ある場合に、指定される学校をあらかじめ住民に了知させるために、小学校または中学校等の「通学区域」が定められるのが通例となっています。これは、就学すべき学校を指定するために市町村教育委員会が定めている区域区分であり、教育委員会規則により定められています。この通学区域制度は、義務教育について、その適正な規模の学校と教育内容を保障し、これによって教育の機会均等とその水準の維持向上を図るという趣旨から行われている制度です。

2）通学区域制度の見直し

　通学区域制度については、「教育改革」のあり方を審議した臨時教育審議会（1984/昭和59〜1987/昭和62年）において取り上げられ、「現在公立小中学校について、就学すべき学校が、原則として、教育委員会から一方的に指定され、いわば強制的なものとなっており、保護者や子どもの入学する学校を選択する自由を制限している現行の通学区域制度にも一因があるとの意見が強く、そのあり方について改めて見直す必要がある」（『審議経過の概要（その4）』）との認識が示されました。臨時教育審議会においては、「教育の自由化論者」の委員からは、「親の持っている希望や意見を尊重し、子どもにとって適切な教育の機会を与えるという配慮に立った視点から、学校選択の自由を積極的に考える必要があ

る」とし、「たとえば、小学校の通学区域を中学校区の範囲まで拡大するなど、学校選択の自由を認めること等により学校間の競争原理を導入していくことが、学校教育の荒廃を立て直し、その活性化を図ることにつながる」との意見が強く出された経緯（『審議経過の概要（その４）』）があります。

　これらを受けて、臨時教育審議会は、その第３次答申（1987/昭和62年４月１日）において、「通学区域」に関し、「就学すべき学校について、事実上単なる機械的、硬直的な指定となり、選択の機会に対する配慮に欠ける状況がみられる」と指摘した上で、「ア．現行の市町村教育委員会の学校指定の権限は維持しつつ、各教育委員会が地域の実情に即し、可能な限り、子どもに適した教育を受けさせたいという親（保護者）の希望を生かすための工夫を行う方向で改革するとともに、様々な改革プログラムの総合的検討を進める。イ．学校選択の機会を漸進的に拡大していくため、当面具体的には、調整区域の設定の拡大、学校指定の変更・区域外就学のいっそうの弾力的運用、親の意向の事前聴取・不服申し立ての仕組みの整備など多様な方法を工夫すべきである」と提言しました。

　この臨時教育審議会答申を受けて、文部省は、通学区域制度の見直しについて、1987（昭和62）年に通知を発出し、この通知において、「現行の通学区域制度は、義務教育について、その適正な規模とその水準の維持向上を図るという趣旨から行われてきた制度であるが、今次答申において、現行の市町村教育委員会の学校指定の権限は維持しつつ、地域の実情に即し、可能な限り、子どもに適した教育を受けさせたいという保護者の希望を生かすために、当面、具体的には調整区域の設定の拡大、学校指定の変更・区域外就学の一層の弾力的運用、親の意向の事前聴取・不服申し立ての仕組みの整備など多様な方法を工夫することが提言されていることにかんがみ、この際、各市町村教育委員会においては、就学すべき学校の指定に係る市町村教育委員会の権限と責任に基づ

き、地域の実情に即してこの制度の運用について検討する必要があること」と通学区域制度の弾力化の方針が示されました。

さらに1996（平成8）年、政府の行政改革委員会の「規制緩和の推進に関する意見（第2次）」において、保護者の意向に対する十分な配慮や選択機会の拡大の重要性、学校選択の弾力化に向けた取組みなどについて提言がなされたことを受けて、「通学区域制度の弾力的運用について」とする文部省通知が出されました。この通知では、①行政改革委員会の「規制緩和の推進に関する意見（第2次）」の趣旨を踏まえ、各市町村教育委員会において、地域の実情に即し、保護者の意向に十分配慮した多様な工夫を行うこと、②就学すべき学校の指定の変更や区域外就学については、市町村教育委員会において、地理的な理由や身体的な理由、いじめの対応を理由とする場合のほか、児童生徒等の具体的な事情に即して相当と認めるときは、保護者の申し立てにより、これを認めることができること、③通学区域制度や就学すべき学校の指定の変更、区域外就学の仕組みについては、入学期日等の通知など様々な機会を通じて、広く保護者に対して周知すること、また、保護者が就学について相談できるよう、各学校に対してもその趣旨の徹底を図るとともに、市町村教育委員会における就学に関する相談体制の充実を図ることなどが示されました。

※いじめ問題と学校指定の変更：1996（平成8）年の「いじめの問題に関する総合的な取り組みについて」（文部省初等中等教育局長・生涯学習局長通知）では、「いじめられる児童生徒には、保護者の希望により、関係学校の校長などの関係者の意見も十分に踏まえて、就学すべき学校の指定の変更や区域外就学を認める措置について配慮する必要があること」が示され、いじめにより児童生徒の心身の安全が脅かされるような場合はもちろん、いじめられる児童生徒の立場に立って、いじめから守り通すため必要があれば、弾力的に対応するよう教育委員会の取組みを促しています。

さらに、2000（平成12）年12月には、「教育改革国民会議」による報告において、通学区域のいっそうの弾力化を含め、学校選択の幅を広げ

ることが提言されるとともに、2001（平成13）年12月には、「総合規制
改革会議」から出された「規制改革の推進に関する第1次答申」におい
て、保護者や児童生徒の希望に基づく就学校の選択を適切に促進する観
点から、各市町村教育委員会の判断により学校選択制を導入できること
や、導入した市町村にあっては、その手続きを明確にするとともに、就
学校の変更要件や手続き等について明確にすべきとの提言がなされ、こ
れらを受けて、2005（平成17）年6月、「経済財政運営と構造改革に関
する基本方針2005」において、「学校選択制について、地域の実情に応
じた導入を促進し、全国的な普及を図る」との閣議決定がなされるに至
ったのです。

3）学校選択制の導入

　2003（平成15）年3月、学校教育法施行規則の一部改正が行われ、①
市町村教育委員会が就学すべき小学校または中学校を指定するにあたっ
て、あらかじめ保護者の意見を聴取できることを明確化したこと、②そ
の場合、意見の聴取の手続きに関し必要な事項を市町村教育委員会が定
め、公表するものとしたこと、③市町村教育委員会が指定した就学校に
対する保護者の申し立てに基づき、市町村教育委員会が就学指定校を変
更する際の要件および手続きに関し、必要な事項を定め、公表するもの
としたことが規定されました（同法施行規則第32条・第33条）。
　学校教育法施行規則第32条では、市町村の教育委員会は、就学すべき
学校を指定するにあたっては、あらかじめ、その保護者の意見を聴取す
ることができるとされています。これが「**学校選択制**」です。学校選択
制は、市町村教育委員会の判断により可能となっています。
　さらに、2006（平成18）年3月の学校教育法施行規則の改正により、
市町村の教育委員会は、就学すべき学校の指定にかかる通知において、
その指定の変更についての保護者の申し立てができる旨を示すものとさ
れ（学校教育法施行規則第32条第2項）、就学校指定の変更の場合とし

て、たとえば、いじめへの対応、通学の利便性、部活動等の学校独自の活動等を理由とする場合等、地域の実情に応じて市町村教育委員会が判断することを要請しています。

　現在実施されている学校選択制のタイプとしては、①**自由選択制**：当該市町村内のすべての学校のうち、希望する学校に就学を認めるもの、②**ブロック選択制**：当該市町村内をブロックに分け、そのブロック内の希望する学校に就学を認めるもの、③**隣接区域選択制**：従来の通学区域は残したままで、隣接する区域内の希望する学校に就学を認めるもの、④**特認校制**：従来の通学区域は残したままで、特定の学校について、通学区域に関係なく、当該市町村内のどこからでも就学を認めるもの、⑤**特定地域選択制**：従来の通学区域は残したままで、特定の地域に居住する者について、学校選択を認めるもの、などがあります。

　「総合規制改革会議」では、「選択制の何よりの意義は、供給者の側に立って児童生徒・保護者をいわば教育行政の対象ととらえるのではなく、国民一人一人の教育を受ける権利を守ることにある。問題は、学校

学校選択制の実施状況

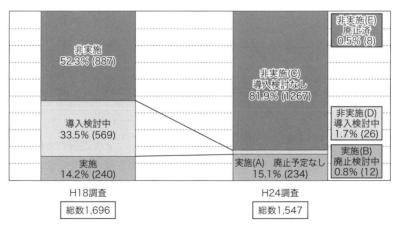

出典：文部科学省作成資料

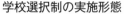

学校選択制の実施形態

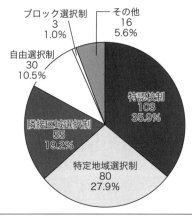

自由選択制	当該市町村内の全ての学校のうち、希望する学校に就学を認めるもの
ブロック選択制	当該市町村内をブロックに分け、そのブロック内の希望する学校に就学を認めるもの
隣接区域選択制	従来の通学区域は残したままで、隣接する区域内の希望する学校に就学を認めるもの
特認校制	従来の通学区域は残したままで、特定の学校について、通学区域に関係なく、当該市町村内のどこからでも就学を認めるもの
特定地域選択制	従来の通学区域は残したままで、特定の地域に居住する者について、学校選択を認めるもの
その他	上記以外のもの

○ 一つの設置者が複数の制度を導入している場合があるため、学校選択制を実施している設置者数の計と各形態を実施している設置者数の計は一致しない。
○ 下段は、各形態を実施している設置者数の計に対する各形態の割合。

出典：文部科学省作成資料

選択制の採用を市町村教育委員会に委ねるか、国として一律に決定するかではなく、児童生徒・保護者に本来あたえられるべき選択権が与えられていないことである」（2005/平成17・12・21第2次答申）との認識から、学校選択制の全国一律導入を提言していますが、学校選択制は、国による全国一律導入ではなく、それぞれの市町村教育委員会が地域の実情に応じて、その判断により導入を進めていくことが基本の法制的仕組みとなっています。

　学校選択制の課題としては、①学校と地域との結びつきが弱くなり、地域に根ざした学校づくりが困難となるおそれ、②学校選択の前提としての「学校間競争」により学校間の格差が拡大するおそれ、③学校選択制度の導入を通じて、就学する児童生徒数が逐年増減することから、計画的に学校経営を推進することが困難となったり、施設・教員等の効果的な投資が阻まれるおそれ、④学校選択により、児童生徒数が極端に減

少した学校が統廃合に追い込まれることとなり、その結果、地域の子ど
もたちの生活の範囲に適切な教育の機会を保障することができなくなる
おそれ、などが挙げられます。学校選択制の普及は、漸進的に、課題を
解決する仕組みを整備しながら進められる必要があるといえます。

4）教育バウチャー

　学習者の選択に基づき児童生徒数に応じた予算配分を行う方式とし
て、米国などにおいて実験的に行われている「教育バウチャー」の導入
の検討が規制改革の観点から要望されました。2005（平成17）年12月21
日の規制改革・民間開放推進会議（第2次答申）では、「教育バウチャ
ー構想」について、「現在、教育の公的助成は学級数・教員数を基準と
する機関補助となっており、学校で実際に提供されている教育サービス
の質及びそれに対する児童生徒・保護者の評価が反映されず、学校側に
は改善努力のインセンティブが働きにくい。また、児童生徒一人当たり
で見た場合、国公立学校に対して私立学校を大きく上回る公的助成が行
われており、それが授業料の格差にも反映されている。…我が国におい
ても、特区での実験的導入の可能性も視野に入れ、児童生徒数を基準と
する予算配分方式に転換することが急務である」と提言されました。

　義務教育の実施については、市町村が児童生徒数をもとに学級を編制
した上で、都道府県が学校ごとに必要な教職員を配置し、国が教職員の
給料等の実支出額の3分の1を負担しており、現行制度においても学校
ごとの児童生徒数をもとに、教育条件や児童生徒の状況に応じた適切か
つ必要な負担・助成が実施されています。すなわち、教育の機会均等を
支える教育財政のシステムとして機能しています。

　教育バウチャーのメリットとしては、①学校選択の幅が拡大するこ
と、②学校間における競争原理の導入により教育の質の向上が期待され
ること、③国公立学校と私立学校との間の公的支援の格差が是正される
こと、などが挙げられています。

　これに対し、教育バウチャーのデメリットとしては、①地域間・学校間の教育水準に格差が生じ、教育における公平性の面で問題が生じること、②現在の財政状況の下では、公私立間の格差の是正により、公立学校への財政支出が大幅に減少し、公立学校の教育水準が低下するおそれがあること、③学校の維持運営は児童生徒数にかかわらず、一定の運営に要する経費が必要であって、たとえば、過疎地では児童生徒数が少ないことからバウチャーによる財政支援だけでは学校が維持できなくなるおそれがあること、④バウチャーの前提となる「学校選択」により、学校の児童生徒数の見通しが逐年変化することから、中長期的な学校経営の計画が立てられなくなり、安定的・継続的な教育の提供が困難となるおそれがあること、⑤私立学校を含めたバウチャーの実施は、私立学校に対するカリキュラムへの公的規制や児童生徒の入学制限の撤廃などを求めることとなり、私学の自主性を尊重する観点からも問題となること、⑥バウチャーにより恩恵を受けるのは、これらの情報にアクセスしやすい高所得・高学歴層であり、導入により格差が増大するおそれがあること等が挙げられます。

　教育バウチャーは、米国の一部の州や都市で行われ、しかも貧困児童生徒の学力向上対策として試行されているなど、限定的な仕組みであり、その成果の検証も十分でないまま、わが国に導入することについては、慎重な対処が求められます。

4　就学援助制度

　日本の子どもの貧困率は、OECD諸国の平均より高く、しかも年々増加傾向にあり、2012（平成24）年には16.3％となっています（ただし、2017/平成29年には13.9％に減少）。特にひとり親家庭に限ると50.8％（2009/平成21年）と高く、OECD諸国の中で最も高くなっています。

　このような社会的趨勢の中で、就学援助制度は、義務教育の機会均等

要保護および準要保護児童生徒数の推移（H7～R2）

○ 令和2年度要保護及び準要保護児童生徒数（以下「就学援助対象者数」という。）は、**1,324,739人**（対前年度▲18,863人）で9年連続減少。
○ 令和2年度就学援助率は**14.42%**（対前年度▲0.1ポイント）で8年連続減少。
○ 就学援助対象者数の主な減少要因としては、「児童生徒数全体の減少」に加え、「経済状況の変化」と回答した市町村が多い。

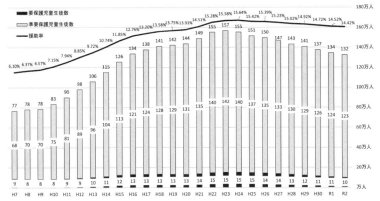

※ 要保護児童生徒数 ： 生活保護法に規定する要保護者の数
※ 準要保護児童生徒数 ： 要保護児童生徒に準ずるものとして，市町村教育委員会がそれぞれの基準に基づき認定した者の数

（文部科学省調べ）

出典：文部科学省作成資料

を保障する要ともいえる制度であり、憲法、教育基本法に従い、「学校教育法」や「就学困難な児童及び生徒に係る就学奨励についての国の援助に関する法律」により、就学困難な学齢児童生徒に対して、市町村は必要な経済的援助を与えなければならないとされています。この就学援助の対象となる児童生徒数は、1995（平成7）年には約77万人でしたが、その後増加し、2020（令和2）年には、約132万人に上っています。就学援助の対象者の内訳は、①要保護者（生活保護法に規定する「要保護者」）が約10万人、②準要保護者（市町村が生活保護法に規定する要保護者に準ずる程度に困窮していると認める者）が約123万人です。

　要保護者にかかる支援については、国は、「就学困難な児童及び生徒に係る就学奨励についての国の援助に関する法律」「学校給食法」「学校保健安全法」等に基づき、市町村に対し必要な支援を行っています。その補助対象費目は、学用品費、体育実技用具費、新入学児童生徒学用品

費等、通学用品費、通学費、修学旅行費、校外活動費、医療費、学校給
食費、クラブ活動費、生徒会費、PTA会費で、国は、市町村に対し2
分の1を補助しています。また、準要保護者に対しては、2005（平成
17）年度より国の補助が廃止され、各市町村が単独で就学援助を実施し
ています。準要保護者の認定基準は、各市町村の判断と責任で行われま
すが、市町村が実施する準要保護就学援助では、多くの市町村で複数の
認定基準を設定しており、認定基準の主なもののうち、「生活保護の基
準額に一定の係数を掛けたもの」は全体の75.2%が設定しています。ま
た、学用品費、新入学児童生徒学用品費等、修学旅行費については、ほ
とんど（97%以上）の市町村が支給費目に設定しており、2010（平成
22）年度より「要保護児童生徒援助費補助金」の対象費目に追加された
クラブ活動費、生徒会費、PTA会費については、年々設定率が増加し
ています。

準要保護認定基準の概要（令和3年度就学援助実施状況調査）

○市町村が実施する準要保護への就学援助では、多くの市町村で複数の認定基準を設定している。
○主な認定基準のうち、「生活保護の基準額に一定の係数を掛けたもの」を認定基準としている自治体は75.2%。
○「生活保護の基準額に一定の係数を掛けたもの」では、生活保護基準の1.2倍を超え、1.3倍以下と回答した市町村の割合が最も多い。

認定基準の主なもの	R3自治体数（複数回答）	
生活保護法に基づく保護の停止または廃止	1,285	(72.8 %)
生活保護の基準額に一定の計数を掛けたもの	1,328	(75.2%)
児童扶養手当の支給	1,308	(74.1%)
市町村民税の非課税	1,281	(72.6%)
市町村民税の減免	1,067	(60.5%)
国民健康保険法の保険料の減免または徴収の猶予	1,063	(60.2%)
国民年金保険料の免除	1,060	(60.1%)

自治体における基準の倍率	R3自治体数	
～　1.1倍以下	148	(8.4%)
～　1.2倍以下	222	(12.6%)
～　1.3倍以下	726	(41.1%)
～　1.4倍以下	50	(2.8%)
～　1.5倍以下	173	(9.8%)
1.5倍超	9	(0.5%)
計	1,328	(75.3%)

※パーセンテージは、回答市町村数（1,765）に対する割合である。

出典：文部科学省作成資料

2021（令和3）年度市町村による就学援助費の支給の例（東京都日野市）

単位：円

	【要保護】生活保護受給中の方		【準要保護】生活保護受給中の方以外で、認定となった方						
	小学校	中学校	小学校				中学校		
			就学前	1年	2～5年	6年	1年	2年	3年
学用品費・通学用品費（前期分7月末、後期1月末）	–	–		年額 11,630	年額 13,900		年額 22,730	年額 25,000	
入学時学用品費（新小1は入学前の3月頭 新中1は入学前の2月末）	–	–（併給不可）	64,300	–	–	81,000	–	–	–
新入学学用品費（入学後の7月末）				64,300	–	–	81,000	–	–
入学準備金（6年時の3月末）	18,000		–	–	–	18,000	–	–	–
卒業アルバム代（3月末～5月末）	–	–	–	–	–	11,000 以内	–	–	10,290 以内
校外活動費・移動教室費	–	–	–	実費額			実費額		
修学旅行費	実費額（上限有）		–	–	–	実費額（上限有）	–	–	実費額（上限有）
体育実技用具費	–	–	–	–	–	–	実費額（上限有）柔道 7,650 以内 剣道 52,900 以内 スキー 38,030 以内 スケート 11,810 以内		
学校給食費	–	–	–	実費額			実費額		

※ 実費額の費目に関しては、支給時期は実施後に学校と教育委員会間で費用を確認次第、順次支給しております。

※ 修学旅行費費の上限額に関しては、市内小学校中学校においては上限額は設けておりません。
市内小中学校における支給額平均を、区域外小中学校において上限額としています。

出典：日野市HP「就学援助」

　義務教育の機会均等を保障する要ともいうべき就学援助が市町村の財政力や事業の位置付け等により大きな格差を生み出している現状は問題であり、国の責任で制度の整備充実を図っていくことが求められています。市町村による就学援助事業については、「三位一体改革」前のように準要保護世帯への就学援助を国庫補助事業として復活させることや市町村における就学援助受給認定基準にばらつきがある現状を是正し、国が「標準的受給認定基準」、たとえば、生活保護受給認定基準の1.3倍とするなどの基準を設定するとともに、標準の補助対象費目を設定するなど、市町村の就学援助事業を政策的に誘導するなどすべきといえます。

5　子どもの貧困対策と教育支援

　2013（平成25）年、「子どもの貧困対策の推進に関する法律」が制定されました。この法律は、「子供の将来がその生まれ育った環境によって左右されることのないよう、貧困の状況にある子どもが健やかに育成される環境を整備するとともに、教育の機会均等を図るため、子どもの貧困対策を総合的に推進すること」を目的としています。

　同法に基づき策定されている「子どもの貧困対策に関する大綱」では、教育の支援に関する事項が定められ、「学校をプラットフォームとした総合的な子どもの貧困対策の展開」を行うほか、「就学援助の充実（義務教育段階の就学支援の充実など）」が重要施策として盛り込まれています。

　上記の「子どもの貧困対策に関する大綱」を受けて、すべての意志ある生徒が高等学校教育を安心して受けられるよう、2014（平成26）年度以降の入学生を対象として「高等学校等就学支援金制度」が設けられています。この制度は、国公私立を問わず、高等学校等に通う所得等要件を満たす世帯（モデル世帯で年収約910万円未満）に対して、授業料に充てるため、国において、高等学校就学支援金を支給するものです。公

立学校については、生徒一人あたり年額11万8,800円（＝授業料不徴収）、また、私立高校については、世帯の経済状況によって、支援額が11万8,800～29万7,000円支給されます。

　また、低所得世帯の生徒に対する支援として創設された「**高校生等奨学給付金制度**」では、生活保護世帯、住民税所得割非課税世帯を対象に、授業料以外の教科書費、教材費等として3万～14万円が支給されます。義務教育段階の就学援助制度の高校版の役割を担っています。

　さらに、2019（令和元）年5月には、「**改正子ども・子育て支援法**」および「**大学等修学支援法**」が成立し、幼児教育および高等教育の無償化が開始（幼児教育は2019/令和元年10月、高等教育は2020/令和2年4月から施行）されることとなりました。

　これによって、幼児教育については、幼稚園、保育所、認定こども園等を利用する3～5歳のすべての子どもたちの利用料が無償化（上限月額2.57万円）されることとなりました。また、0～2歳の子どもたちの利用料については、住民税非課税世帯を対象に無償化されることとなりました。

　高等教育については、低所得世帯（住民税非課税世帯およびそれに準ずる世帯）を対象に大学など高等教育にかかる授業料を無償化するとともに、あわせて、返済が不要な給付型奨学金が支給されることとなりました。

第6講　学校の適正配置と学級編制・教職員定数

1　学校の適正規模と適正配置について

1) 学校の適正規模の考え方

　学校の設備、編制その他設置に関する事項は、「学校設置基準」の定めるところによるとされています（学校教育法施行規則第40条）。学校教育法施行規則では、小学校および中学校の学級数は、12学級以上18学級以下を標準とするとされています。ただし、地域の実態その他により特別の事情のあるときは、この限りではないとされます（第41条、第79条）。

　また、小学校または中学校の分校の学級数は，特別の事情のある場合を除き、それぞれ5学級以下または2学級以下とされています（第42条、第79条）。

　一方、義務教育諸学校等の施設費の国庫負担等に関する法律施行令（第4条）では、国庫負担の対象となる学校の適正規模の条件を定めており、具体的には、次のとおりです。

①　学級数がおおむね12学級から18学級までであること

②　通学距離が、小学校にあってはおおむね4キロメートル以内、中学校にあってはおおむね6キロメートル以内であること

　このように、児童生徒が集団の中で、多様な考えに触れ、認め合い、協力し合い、切磋琢磨することを通じて一人一人の資質や能力を伸ばしていくという学校の特質を踏まえると、小中学校では、一定の集団規模が確保されることが望ましいとされます。そして、こうした学校教育を十全に行うためには、一定の規模の児童生徒集団が確保されていること

はもとより、経験年数や専門性、男女比などについてバランスのとれた
教職員集団が配置されていることが望ましいと考えられることから、一
定の学校規模を確保することが重要と考えられます。

　戦後の小中学校の学校規模の状況は以下のとおりであり、小中学校数
の減少とともに、標準学級数の学校数が依然として相当の割合を占めて
いることがわかります。

公立小中学校の学校規模の推移

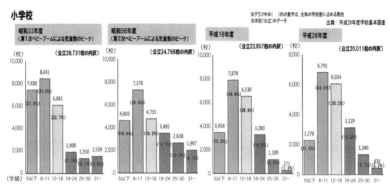

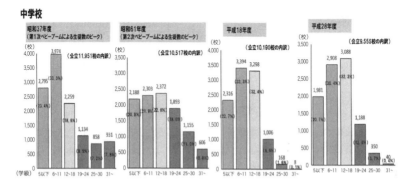

出典：文部科学省作成資料

２）学校の統廃合の歴史的変遷

学校の規模については、昭和や平成の市町村合併に伴う学校の効率的な設置管理の要請や近年の少子化による学齢児童生徒数の減少により、学校の統廃合が大きな問題となってきています。

戦後の学校の統廃合をめぐる歴史を俯瞰すると、以下のようになります。

①　昭和の大合併を契機とする大規模な学校統廃合

戦後、新制中学校の設置管理は市町村の事務とされ、こうした行政事務の能率的処理のためには「規模の合理化」が必要とされました。1953（昭和28）年の町村合併促進法では、「町村はおおむね、8,000人以上の住民を有するのを標準」とすること、また、1956（昭和31）年の新市町村建設促進法により、「町村数を約３分の１に減少することを目途」とする「町村合併促進基本計画」（1953/昭和28年）の達成が図られました。約8,000人という数字は、新制中学校１校を効率的に設置管理していくために必要と考えられた人口規模であって、この合併促進により、1961（昭和36）年までに、1万以上あった市町村数は、3,472にまで減少することとなりました。

こうした市町村合併の動向の中で、1956（昭和31）年の文部省中央教育審議会の「公立小中学校の統合方策についての答申」では、「公立小中学校のうち、小規模学校の占める割合は大きく、これらの小規模学校は教員組織の充実と施設設備等の拡充を図る上に困難を伴うことが多いので、これを適正規模まで統合することは義務教育水準の向上と学校経費の合理化のため極めて重要」と指摘し、「国及び地方公共団体は、前文の趣旨に従い、学校統合を奨励すること」と提言されました。

この答申では、学校統合の基準の一つとして、「児童生徒の通学距離は、通常の場合、小学校児童にあっては、４キロメートル、中学校生徒にあっては６キロメートルを最高限度とすることが適当と考えられる」

としています。

　こうした文部省の学校統廃合の促進策を受けて、小中学校の急速な統廃合が進められることとなりました。

②　学校統廃合の見直し

　急速な統廃合の実施により表面化した様々な社会的問題に対応するため、1973（昭和48）年には、**文部省通達「公立小中学校の統合について」**が出され、学校統廃合の見直しが行われました。この通達では、「学校規模を重視する余り無理な学校統合を行い、地域住民等との間に紛争を生じたり、通学上著しい困難を招いたりすることは避けなければならない」、「小規模学校には教職員と児童生徒との人間的ふれあいや個別指導の面で小規模学校としての教育上の利点も考えられるので、総合的に判断した場合、なお小規模学校として存置し充実するほうが好ましい場合もあること」に留意する必要があることなどが指摘されています。この通達を受けて、学校統廃合はいったん大きく減少することとなりました。

③　平成の大合併による学校統廃合促進

　1999（平成11）年以来、基礎自治体の行財政基盤確立のため、全国的に市町村合併が推進され、合併特例債の創設など手厚い財政措置により、市町村数は、1999（平成11）年の3,232から、2014（平成26）年には1,718にまで減少し、合併が進捗することとなりました。

　こうした動向の中で、学校統廃合についても、2008（平成20）年7月閣議決定の「教育振興基本計画」では、「学校の適正配置は、それぞれの地域が実情に応じて判断することが基本であるが、国は望ましい学校規模等について検討し、学校の適正配置を進め、教育効果を高める」とし、学校の統廃合の促進が図られました。また、2015（平成27）年には、文部科学省から「公立小学校・中学校の適正規模・適正配置等に関

する手引き」が出され、学校の適正規模に基づく学校の統廃合の推進を
行う方針が示されることとなりました。この「手引き」では、「小中学
校では一定の集団規模が確保されていることが望ましい」としつつ、学
級数が少ないことによる学校運営上の課題を摘示し、小学校では1学年
2学級以上、中学校では全体で9学級以上を「望ましい学級数」として
示しています。その上で、「適正規模」に満たない規模の学校について、
「学校統廃合等により適正規模に近づけることの適否を速やかに検討す
る必要がある」とし、その際、通学条件についても、通学距離による従
来の考え方（小学校4キロメートル、中学校6キロメートル）を見直
し、「通学時間による考え方」として、適切な手段によりおおむね1時
間以内を目安とするという考え方が示されています。

　ここで、2002（平成14）年以降の公立学校の年度別廃校発生数につい
て見ると、以下のような数字となっています。これを見ると、平成の大合

公立学校の年度別廃校発生数（平成14～平成27年度）

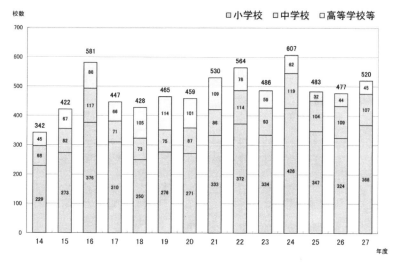

出典：文部科学省作成資料

併の進行と少子化により、2003（平成15）年以降、毎年400校以上が廃校
となるなど、一貫して、小中高等学校の統廃合が続いていることがわか
ります。

3）学校統廃合の問題をどう考えるか

　人口減少が進む中で、市町村合併、過疎地域の広がりと児童生徒数の
減少などにより、学校統廃合が進められ、2002（平成14）年以降、毎年
400～600校前後の小中学校が消滅しています。人口減少と市町村合併な
どにより地域と集落の崩壊が進む中で、地域コミュニティの拠点として
の学校の存続が危ぶまれ、地域と学校との関係が加速度的に危機に瀕す
る状況にあります。

　日本国憲法第26条が保障する国民の教育を受ける権利は、教育の機会
均等原則に基づき、全国いかなる市町村・地域に居住していても、「国
民のすべてに対しその妥当な規模と内容とを保障する」（義務教育費国
庫負担法第1条）ことが国の責任であるとしています。「学校経費の合
理化」など財政の論理による学校統廃合の推進は、義務教育における教
育の機会均等および教育水準の維持向上を図り、子どもたちの学習権を
保障するという基本原則に反するといえます。公立小中学校の配置は、
市町村の判断と責任で行われるべきものであり、国が小規模学校の統廃
合を財政措置も含め政策誘導することは適切ではありません。学校規模
に基づく機械的な対応ではなく、あくまでも児童生徒の教育条件の改善
を優先して、教育のあり方を検討すべきといえます。

　また、学校は、子どもたちの教育の場であるだけでなく、地域コミュ
ニティの核・拠点としての性格を有し、地域防災、地域交流の場などの
機能を有します。学校の設置を考える上では、「地域とともにある学校
づくり」の視点が重要といえましょう。

2　学級編制と教職員配置について

1）学級編制・教職員配置の考え方

　まとまった人数の児童生徒がいる場合、いくつかの学習集団、すなわち「学級」ごとに児童生徒を分けて教育活動を行うことが必要となります。学級規模の決定に際しては、合理的な理由なく、ある学級だけを小規模にしたり、大規模にしたりするということは考えられず、たとえば「1学級あたり40人を上限とする」といった何らかの基準に従って、児童生徒を学級ごとに分ける必要があるのです。

　このように、児童生徒を、ある基準に従って、学級単位に組織することを「学級編制」といいます。公立義務教育諸学校の場合、学級編制の標準は、**「公立の義務教育諸学校の学級編制及び教職員定数の標準に関する法律」**（いわゆる「義務標準法」）で定められています。学級編制によって、各学校の学級数が決まれば、それに基づいて教職員数の算定ができることになります。義務標準法は、教職員定数の算定の考え方を明らかにしており、各都道府県は、この算定に基づいて、都道府県内の小中学校の教職員の総数を算定し、その数を「標準」として、教職員定数を条例で定めます。

　教職員のうち、義務標準法で算定されるのは、「必置の教職員」（校長、教頭、教諭、養護教諭、事務職員）が中心です。なお、栄養教諭・学校栄養職員については、学校に必置とされていませんが、その役割の重要性にかんがみ配置基準が定められています。

　各学校には、校長が必ずいることが前提とされ、教頭（または副校長）も、小規模校を除けば必ずいることとなります。教諭の数については、小学校の場合、1学級に1人の学級担任が配置されるよう教職員数が算定され、そのほか「学級担任外教員」も配置されます。これら教諭の数は、学校の学級数に「一定の係数」を掛け合わせた数となっています。中学校の場合には、1学級に1人の学級担任が配置されることはも

とより、小学校と異なり、教科担任制が採用されていることから、教科ごとに必要となる教職員数を算定することとなります（したがって、係数は小学校に比べ中学校のほうが大きくなります。例：1学級の場合、小学校1、中学校の場合4）。

2）学級編制・教職員配置における国と地方の役割

　国は、義務教育水準の維持向上に資することを目的として、公立義務教育諸学校の学級規模と教職員の配置の適正化を図るため、学級編制および教職員定数の「標準」について必要な事項を「義務標準法」において定めています。また、都道府県教育委員会は、国が定めた「標準」を拠り所にして、学級編制の「基準」を設定することとされています。その理由は、学級編制のあり方と実際に必要となる教職員の人数は密接に関係しており、都道府県教育委員会が、義務教育段階の教職員（いわゆる「県費負担教職員」）について、人事権とともに給与を負担する権限をあわせ持っているため、学級編制に関与する必要があるからです。

　国が定める学級編制の標準は、①同学年編制による学級編制、②1学級40人を標準とすることを基本的な内容とするものですが、都道府県教育委員会は、児童生徒の実態を考慮して特に必要があると認める場合は、40人を下回る基準（35人学級や30人学級）を独自に定めることも可能です。現在、すべての都道府県で何らかの少人数学級編制が実施されている状況にあります。

　また、市町村では、公立小中学校の設置者として、当該市町村教育委員会は、都道府県教育委員会が定めた学級編制の「基準」を「標準」として、公立小中学校の学級編制を行うこととなります。これまで都道府県教育委員会が設定した「基準」は、「従うべき基準」として位置付けられていましたが、2011（平成23）年に義務標準法が改正され、2012（平成24）年度からは「基準」を「標準」として扱い、各学校の児童生徒の実態を考慮して弾力的に行うこととされました。ただし、都道府県

教育委員会が定める学級編制の基準を基礎として算定された市町村別の
教職員定数等の範囲内で実施することが求められています。

　さらに、市町村教育委員会が学級編制を行うにあたっては、都道府県
教育委員会と協議を行い同意を得ることが従来は必要とされていました
が、2012（平成24）年度からは、この協議・同意の制度が廃止され、事
後の届け出制度に変更されました。これは、学級編制に対する都道府県
教育委員会の関与のあり方を見直すことによって、公立小中学校の設置
者である市町村教育委員会が、自らの判断で弾力的な学級編制を行うこ
とができるようにすることがねらいです。

3）学級編制・教職員定数の算定の原則と算定
（1）学級編制の算定

　学級編制の原則の第一は、同学年の児童生徒で編制することであり、
異学年から成る「複式学級」は、児童生徒数が著しく少ないなど特別の
事情がある場合にのみ例外的に認められています。

　学級編制の原則の第二は、学級規模の上限に関するもので、小中学校
設置基準では、国公私立の学校を通じて、1学級の児童生徒数は40人以
下と定められています。ただし、公立学校については、別途、義務標準
法により、学級編制の標準が定められており、これまで公立小中学校の
通常の児童生徒数の標準は、義務標準法により40人とされてきました
が、少人数学級を推進するために義務標準法が改正され、2011（平成
23）年度から公立小学校1年生で編制する学級についてはその標準が40
人から35人に下げられたところです。また、2012（平成24）年度から
は、公立小学校2年生でも35人以下の少人数学級の実現が図られまし
た。さらに、2021（令和3）年3月には、義務標準法が改正され、公立
の小学校における35人学級の編制が実施されることとなりました（2021/
令和3年4月1日施行）。この法改正により、一人一人の教育的ニーズ
に応じたきめ細かな指導を可能とする指導体制と、安全・安心な教育環

境を整備するため、公立小学校の学級編制の標準が、小学校第2学年か
ら学年進行により5年をかけて段階的に40人から35人に引き下げること
となりました。
　公立の小中学校および特別支援学校における学級編制の標準をまとめ
ると、以下のようになります。

◆小学校の場合
　①　同学年の児童で編制する学級は、1学級35人を標準とする
　②　2の学年の児童で編制する学級は、1学級の標準は16人（ただ
　　　し、第1学年の児童を含む学級にあっては8人）
　③　特別支援学級は、1学級の標準は8人

◆中学校の場合
　①　同学年の生徒で編制する学級は、1学級40人を標準とする
　②　2の学年の生徒で編制する学級は、1学級の標準は8人
　③　特別支援学級は、1学級の標準は8人

◆特別支援学校小中学部の場合
　①　1学級の児童生徒数は6人を標準とする
　②　ただし、障害を2以上併せ有する児童生徒で学級を編制する場合
　　　にあっては、3人

　1学級の児童生徒数は、上に掲げる数を標準として、都道府県・指定
都市の教育委員会が定めること（基準設定）とされますが、児童生徒の
実態を考慮して特に必要があると認める場合（たとえば、「小1プロブ
レム」や「中1ギャップ」への対応のための少人数学級編制など）に
は、この数を下回る数を定めることができます。このように、国が定め
る「標準」は、上限規制の規範（1学級40人を上回ることはできないと

学級編制の仕組みと運用について（義務）

○学級編制の標準

<小・中学校>

	小学校	中学校
同学年の児童で編制する学級	35人	40人
複式学級（2個学年）	16人 （1年生を含む場合8人）	8人
特別支援学級	8人	8人

<特別支援学校（小・中学部）>

6人 （重複障害 3人）

《参考》
○小学校設置基準（文部科学省令）
（一学級の児童数）
第四条 一学級の児童数は、法令に特別の定めがある場合を除き、四十人以下とする。ただし、特別の事情があり、かつ、教育上支障がない場合は、この限りでない。

（学級の編制）
第五条 小学校の学級は、同学年の児童で編制するものとする。ただし、特別の事情があるときは、数学年の児童を一学級に編制することができる。

○学級編制の考え方

原則として、学級は同学年の児童生徒で編制するもの。ただし、児童生徒数が著しく少ないか、その他特別の事情がある場合においては、数学年の児童生徒を1学級に編制することができる。
学級編制の標準は、1学級あたりの人数の上限を示したもの。
したがって、各学年ごとの児童生徒数を標準の人数で除して得た数（1未満の端数切り上げ）が当該学年の学級数になる。

(例)35人の学年 → 1学級 〔35人〕
　　65人の学年 → 2学級 〔32人、33人〕
　　122人の学年 → 4学級 〔30人、30人、31人、31人〕

○個別の学校の実情に応じた学級編制の弾力的運用

学級編制は、通常、年度始めの都道府県が定める基準日における児童生徒数に基づいて行われるが、個別の学校ごとの実情に応じて、児童生徒に対する教育的配慮の観点から、市町村別の教職員定数等の範囲内で学級編制の弾力的な運用が可能。

(例)
①中学校2年時に生徒数が81人で3学級としていたところ、進級時に1人が転出してしまうため2学級となるところを、教育的配慮から3学級を維持する場合
②小学校5年時に児童数が80人で2学級としていたところ、進級時に1人が転入してきたことにより3学級となるところを、卒業を控えていることへの教育的配慮から2学級のまま据え置き、教員1人を少人数指導等に活用する場合
③小学校第1学年の児童数が36人～40人の学校において、その学校の児童の状態に応じた教育的配慮から学級を分割しないで、ティーム・ティーチングなど他の指導体制の充実により対応する場合

出典：文部科学省作成資料

されます）としての性格を有していますが、一方、標準の数を下回る「少人数学級編制」（たとえば、35人学級や30人学級の編制）については許容されています。

(2) 教職員定数の算定
　学級編制によって各学校の学級数が決まれば、それに基づいて教職員

教職員定数の算定について（義務）

> **義務標準法に基づく標準定数は、都道府県ごとに置くべき義務教育諸学校の教職員の総数を算定するもの（義務標準法第6条等）。**都道府県は、これを標準として、校長、副校長、教頭、主幹教諭、指導教諭及び教諭等、養護教諭、栄養教諭等、事務職員、特別支援学校の教職員の定数を条例で定める。

小・中学校

○校長　学校に1人

○教諭等（副校長・教頭・主幹教諭・指導教諭を含む）
　①学級数に応じて、必要となる学級担任、教科担任の教員数を考慮して、学校規模ごとに学級数に乗ずる率を設定。例えば、3学級の中学校には9人の教員（校長を含む。）が配置できるよう計数を設定している。

　　（乗ずる率の例）

小学校		中学校	
1学級及び2学級の学校の学級総数	× 1.000	1学級の学校の学級総数	× 4.000
3学級及び4学級の学校の学級総数	× 1.250	2学級の学校の学級総数	× 3.000
5学級の学校の学級総数	× 1.200	3学級の学校の学級総数	× 2.667
：		：	

　②教頭（副校長）の複数配置
　　小学校　27学級以上の学校に＋1人
　　中学校　24学級以上の学校に＋1人

　③生徒指導担当
　　小学校　30学級以上の学校数に1/2人
　　中学校　18〜29学級以上の学校数に1人
　　　　　　30学級以上の学校数に3/2人

　④分校の管理責任者　分校に1人

　⑤寄宿舎舎監
　　寄宿児童生徒数　40人以下　の学校に1人
　　　　〃　　　　　41〜 80人の学校に2人
　　　　〃　　　　　81〜120人の学校に3人
　　　　〃　　　　　121人以上 の学校に4人

○養護教諭
　①原則学校に1人（3学級以上の学校）
　②複数配置
　　小学校　児童数851人以上の学校に＋1人
　　中学校　生徒数801人以上の学校に＋1人

○栄養教諭・学校栄養職員
　①給食単独実施校　児童生徒数550人以上の学校に1人
　　　　　〃　　　　549人以下の学校に1/4人
　②共同調理場　　　児童生徒数に応じて1〜3人

○事務職員
　①原則学校に1人（4学級以上の学校）
　　※3学級の学校には3/4人
　②複数配置
　　小学校　27学級以上の学校に＋1人
　　中学校　21学級以上の学校に＋1人

特別支援学校

○校長　学校に1人

○教諭等（副校長・教頭・主幹教諭・指導教諭を含む）
　①学級数に応じた定数
　　小・中学校に準拠
　②教頭（副校長）の複数配置・生徒指導担当
　　小・中学校計27学級以上の学校に＋2人
　　中学部18学級以上の学校に＋1人
　③教育相談担当教員
　　児童生徒数に応じて1〜3人
　④自立活動担当教員
　　障害種別に学級数に応じて加算
　⑤分校の管理責任者　分校に1人
　⑥寄宿舎舎監
　　寄宿舎児童生徒数 80人以下 の学校に2人
　　　　〃　　　　　81〜200人の学校に3人
　　　　〃　　　　　201人以上の学校に4人

○養護教諭
　①学校に1人
　②複数配置
　　児童生徒数61人以上の学校に＋1人

○寄宿舎指導員
　　寄宿児童生徒数 × 1/5人
　　（肢体不自由は1/3人）

○栄養教諭・学校栄養職員
　　給食実施校に1人

○事務職員
　　小学部を置く学校に1人
　　中学部を置く学校に1人

出典：文部科学省作成資料

数の算定がなされることとなります。義務標準法は、教職員定数の算定の考え方を明らかにしており、都道府県ごとの小中学校等に置くべき教職員の総数の標準を定めています。

　そして、市町村立学校に勤務する教職員（県費負担教職員）の市町村別の学校種ごとの定数については、都道府県教育委員会が、児童生徒の実態や学級編制の事情を総合的に勘案して定め、その際、市町村教育委員会の意見を聴き、十分に尊重しなければならないとされます（地方教育行政法第41条）。

　義務標準法で定められている教職員定数は、①**基礎定数**（学級数等に応じて機械的に算定されるもの）約63.3万人、②**加配定数**（政策目的に応じて配分されるもの。例：習熟度別指導のための少人数指導やTTの実施、あるいはいじめや不登校等児童生徒支援、通級指導など特別支援教育、研修等定数など）約5.4万人、計約68.7万人（2020/令和２年度）となっています。

　なお、2017（平成29）年の義務標準法の改正により、新たに、①障害に応じた特別の指導（通級による指導）のための基礎定数の新設（児童生徒13人に１人を措置）、②日本語能力に課題のある児童生徒への指導のための基礎定数の新設（児童生徒18人に１人を措置）が図られています。

４）教職員定数改善計画

　教職員定数については、1958（昭和33）年に義務標準法が制定され、1959（昭和34）年から第一次教職員定数改善計画（昭和34〜38年）が実施されました。第１次改善計画では、１学級編制の標準が50人と定められたことを契機として、順次学級編制の標準が改善されてきました。第２次定数改善計画（昭和39〜43年）では、45人学級の実施、第３次改善計画（昭和44〜48年）では、４個学年以上の複式学級の解消、第４次改善計画（昭和49〜53年）では、３個学年複式学級の解消と栄養職員・教

頭の定数化など、第5次改善計画（昭和55〜平成3年）では、40人学級編制の実施等、第6次改善計画（平成5〜12年）では、指導方法改善のための定数配置等（TT）、第7次改善計画（平成13〜17年）では、少人数による授業（習熟度別指導）などが実施されてきました。

　定数改善計画は第7次改善計画をもって中断しましたが、その後、2011（平成23）年度に小学校第1学年のみ学級編制の標準を35人としたほか、2012（平成24）年度には小学校第2学年の36人以上学級の解消（加配措置による）が図られました。

　さらに、2021（令和3）年度から、新たに公立小学校の35人学級編制を段階的に実施する教職員定数の改善が図られることとなりました。

教職員定数改善の経緯

区分	改善増	改善の内容	学級編制の標準	区分	改善増	改善の内容	学級編制の標準
第1次 34'〜38' [5年計画]	34,000人	学級編制及び教職員定数の標準の明定	50人	25'	1,400人	いじめ問題への対応、特別支援教育、小学校における専科指導	
第2次 39'〜43' [5年計画]	61,683人	45人学級の実施及び養護学校教職員の定数化等	45人	26'	703人	小学校英語の教科化への対応、いじめ・道徳教育への対応、特別支援教育の充実	
第3次 44'〜48' [5年計画]	28,532人	4個学年以上複式学級の解消等	↓	27'	900人	授業革新等による教育の質の向上、チーム学校の推進、個別の教育課題への対応、学校規模の適正化	
第4次 49'〜53' [5年計画]	24,378人	3個学年複式学級の解消及び教頭・学校栄養職員の定数化等	↓	28'	525人	創造性を育む学校教育の推進、学校現場が抱える課題への対応、チーム学校の推進	
第5次 55'〜59' [12年計画]	79,380人	40人学級の実施等	40人	29'	868人	<基礎定数化> ①通級による指導、②外国人児童生徒等教育、 ③初任者研修、④少人数教育 <加配定数改善> 小学校専科指導充実、統合校・小規模校支援、共同事務実施体制強化（事務職員）、貧困等に起因する学力課題の解消　等	
第6次 5'〜12' [6〜8年計画]	30,400人	指導方法の改善のための定数配置等		30'	1,595人	<基礎定数化等> 小学校英語専科指導の充実、中学校生徒指導体制の強化、共同事務体制制化（事務職員）、貧困等に起因する学力課題の解消、統廃合・小規模校への支援　等	
第7次13'〜17' [5年計画]	26,900人	少人数による授業、教頭・養護教諭の複数配置の拡充等		R1'	1,456人	<加配定数改善> 小学校英語専科指導の充実、中学校生徒指導体制の強化、共同学校事務体制制化（事務職員）、貧困等に起因する学力課題の解消、統廃合・小規模校への支援　等 <基礎定数化の着実な推進>	
18'	0人						
19'	0人			R2'	3,726人※1 1,726人※2	<加配定数改善> 小学校英語専科指導の充実、義務教育9年間を見通した指導体制への支援、中学校生徒指導体制の強化、共同学校事務体制制化（事務職員）、貧困等に起因する学力課題の解消、統廃合・小規模校への支援　等 <基礎定数化の着実な推進>	
20'	1,195人	主幹教諭、特別支援教育、食育					
21'	1,000人	主幹教諭、特別支援教育、教員の事務負担軽減等		R3'	3,141人※1 1,141人※2	<加配定数改善> 少人数によるきめ細かな指導体制の計画的な整備> 小学校35人学級を段階的に実施（R3年度は小2） 義務教育9年間を見通した指導体制への支援 <基礎定数化の着実な推進>	小：35人 中：40人
22'	4,200人	理数教科の少人数指導、特別支援教育、外国人児童生徒等への日本語指導等					
23'	4,000人	小1のみ学級編制の標準を35人	小1：35人 小2〜小3：40人				
24'	2,900人	小2の36人以上学級解消、様々な児童生徒の実態に対応できる加配定数措置					

（※1）配置の見直し2,000人を含む。（※2）配置の見直し2,000人を除く。

出典：文部科学省作成資料

5）学級編制・教職員定数の算定とその財源措置

　憲法第26条が保障する国民の教育を受ける権利を具現化するため、とりわけ義務教育については、「義務教育無償の原則に則り、国民のすべてに対しその妥当な規模と内容とを保障するため、国が必要な経費を負担することにより、教育の機会均等とその水準の維持向上とを図ることを目的」（義務教育費国庫負担法第1条）として「義務教育費国庫負担法」が制定されています。国が義務教育諸学校の教職員給与の3分の1を負担する仕組みです。

　公立小中学校の設置者は市町村ですが、市町村間に財政力の格差があることから、全国どこにおいても良質な義務教育の水準を担保するため、教育水準の維持向上に直接かかわる教職員の数と質の確保を図ることをねらいとして、都道府県が市町村立学校の教職員給与を負担する仕

学級編制と教職員定数の関係

学級編制の標準
小学校：35人　中学校：40人

『EDUPONT』Vol.3（社会応援ネットワーク）P12より転載/イラスト：ワタナベケンイチ

組みが採られています（**市町村立学校職員給与負担法第1条**）。国の負
担以外の部分は、都道府県の負担となりますが、この負担分について
は、全国の各都道府県で確実に教職員給与が措置されるよう、地方交付
税措置によって財源措置されています。各都道府県の財政事情を踏まえ
て、公立学校の教職員の給与や学校を管理運営するための経費を、地方
交付税措置で財源を保障するという仕組みです（高校の場合は、全額地
方交付税措置がなされています）。

　国は、義務標準法で定める学級編制の標準に基づき、教職員定数とし
て算定された教職員の給与の3分の1を負担するものとされており、義
務標準法は、義務教育費国庫負担金の算定基準としての性格をもってい
るのです。

　学級編制や教職員定数の標準を定める「義務標準法」、学級数等に応
じて算定された教職員の給与の3分の1を国が負担する「義務教育費国
庫負担法」、市町村立小中学校の教職員の給与を都道府県が負担する
「県費負担教職員制度」の3つが相まって、学級編制や教職員の配置に
かかわる法制度が構成されているのです。

6）諸外国と比較したわが国の教育投資

　学校教育費の大宗は学校の教職員の給与費（約4分の3）が占めてい
ます。学校運営にかかる経費を見ると、わが国の公財政教育支出の対
GDP比は、OECD平均4.1％に対し、2.9％となっており、OECD加盟国
中下から2番目です（OECD『図表で見る教育（2020年版）』）。

　1学級あたり児童生徒数の国際比較で見ると、初等教育においては
OECD平均21.0人のところ、わが国は27.2人、また、前期中等教育にお
いてはOECD平均23.2人のところ、わが国は32.1人であり、OECD平均
を上回り、1学級あたり児童生徒数が最も多い国の一つです（同上）。

　教員1人あたりの児童生徒数で見ると、初等教育ではOECD平均14.6
人のところ、わが国では16.2人、前期中等教育ではOECD平均13.0人の

ところ、わが国は13.0人であり、初等教育ではOECD平均を上回っています（同上）。

　このように、わが国の学校の学級規模は、先進国の事実上の標準である「1学級あたり20人台」よりも大規模です。より充実した教育を行うためには、先進国の標準にできるだけ近づけて、1学級あたりの人数を少なくし、少人数学級を実現することが望まれます。

1学級当たり児童生徒数［国際比較］

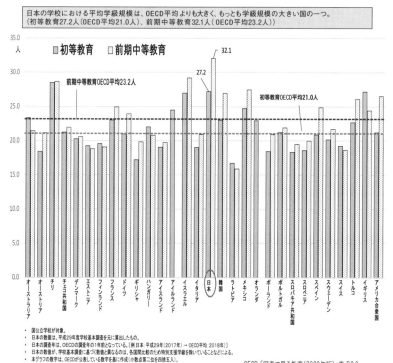

日本の学校における平均学級規模は、OECD平均よりも大きく、もっとも学級規模の大きい国の一つ。
（初等教育27.2人（OECD平均21.0人）、前期中等教育32.1人（OECD平均23.2人））

- 国公立学校が対象。
- 日本の数値は、平成29年度学校基本調査を元に算出したもの。
- 日本の調査年は、OECDの調査年の1年前となっている。〔例 日本：平成29年（2017年）→ OECD平均：2018年〕
- 日本の数値が、学校基本調査に基づく数値と異なるのは、各国間比較のため特別支援学級を除いていることなどによる。
- 本グラフの数字は、OECDが公表している数字を基に作成（小数点第二位を四捨五入）。

OECD「図表で見る教育（2020年版）」表 D2.3.

出典：文部科学省作成資料

第7講　学校の設置管理

1　学校の設置管理の仕組みについて

1）学校設置の原則

　学校教育法第2条に基づき、国、地方公共団体および私立学校法第3条に規定する学校法人のみが学校を設置することができる仕組みが設けられています（設置者限定主義の原則）。義務教育段階の学校については、国民の教育を受ける権利を保障するため、地方公共団体に学校設置義務を課しており、具体的には、市町村は小中学校の設置義務を、また、都道府県は特別支援学校の設置義務を負っています（学校教育法第38条、第49条、第80条）。

　学校を設置しようとする者は、学校の種類に応じ、文部科学大臣の定める設備、編制その他に関する設置基準に従い、これを設置しなければならない（学校教育法第3条）こととされ、学校設置の基準は、学校の種類に応じて、幼稚園設置基準、小学校設置基準、中学校設置基準、高等学校設置基準などが設けられています。

　なお、特別支援学校については、これまで設置基準が設けられていませんでしたが、在籍者数の増加により慢性的な教室不足が続いている特別支援学校の教育環境を改善する観点から、2021（令和3）年9月24日、特別支援学校設置基準（令和3年文部科学省令第45号）が公布され、総則および学科にかかる規定については2022（令和4）年4月1日から、編制並びに施設および設備にかかる規定については2023（令和5）年4月1日から施行されることとなりました。特別支援学校設置基準は、学校教育法第3条に基づき制定されるもので、制定に当たって

は、特別支援学校を設置するために必要な最低限の基準とするとともに、地域の実態に応じた適切な対応が可能となるよう、弾力的かつ大綱的な規定となっています。

2）学校設置基準

　学校を設置するにはどのような条件を充足する必要があるのか、小学校設置基準（文部科学省令）を例にして見ることとします。

　小学校設置基準の第1条では、設置基準制定の趣旨として、「小学校は、学校教育法その他の法令の規定によるほか、この省令の定めるところにより設置するものとする」と定められています。また、「この省令で定める設置基準は、小学校を設置するのに必要な最低の基準とする」と規定し、設置基準の最低基準性の性格を明らかにしています。このため、「小学校の設置者は、小学校の編制、施設、設備等がこの省令で定める設置基準より低下した状態にならないようにすることはもとより、これらの水準の向上を図ることに努めなければならない」と定めているのです。

　小学校設置基準では、以下のように、1学級の児童数、学級の編制、教諭の数等、校舎および運動場の面積等、校舎に備えるべき施設その他の施設、校具および教具などについて具体に定めています。

第4条（1学級の児童数）
　1学級の児童数は、法令に特別の定めがある場合を除き、40人以下とする。ただし、特別の事情があり、かつ、教育上支障がない場合は、この限りでない。

第5条（学級の編制）
　小学校の学級は、同学年の児童で編制するものとする。ただし、特別の事情があるときは、数学年の児童を1学級に編制することができ

る。

第6条（教諭の数等）

　小学校に置く主幹教諭、指導教諭及び教諭の数は、1学級あたり1人以上とする。

　②　教諭等は、特別の事情があり、かつ、教育上支障がない場合は、校長、副校長若しくは教頭が兼ね、又は助教諭若しくは講師をもって代えることができる。

　③　小学校に置く教員等は、教育上必要と認められる場合は、他の学校の教員等と兼ねることができる。

第7条（一般的基準）

　小学校の施設及び設備は、指導上、保健衛生上、安全上及び管理上適切なものでなければならない。

第8条（校舎及び運動場の面積等）

　校舎及び運動場の面積は、法令に特別の定めがある場合を除き、別表

校舎の面積

児童数	面積（平方メートル）
1人以上40人以下	500
41人以上480人以下	500＋5×（児童数－40）
481人以上	2700＋3×（児童数－480）

運動場の面積

児童数	面積（平方メートル）
1人以上240人以下	2400
241人以上720人以下	2400＋10×（児童数－240）
721人以上	7200

に定める面積以上とする。ただし、地域の実態その他により特別の事情があり、かつ、教育上上支障がない場合は、この限りでない。

② 校舎及び運動場は、同一の敷地内又は隣接する位置に設けるものとする。ただし、地域の実態その他により特別の事情があり、かつ、教育上及び安全上支障がない場合は、その他の適当な位置にこれを設けることができる。

第9条（校舎に備えるべき施設）

校舎には、少なくとも次に掲げる施設を備えるものとする。

　　一　教室（普通教室、特別教室等とする。）

　　二　図書室、保健室

　　三　職員室

② 校舎には、前項に掲げる施設のほか、必要に応じて、特別支援学級のための教室を備えるものとする。

第10条（その他の施設）

小学校には、校舎及び運動場のほか、体育館を備えるものとする。ただし、地域の実態その他により特別の事情があり、かつ、教育上支障がない場合は、この限りでない。

第11条（校具及び教具）

小学校には、学級数及び児童数に応じ、指導上、保健衛生上及び安全上必要な種類及び数の校具及び教具を備えなければならない。

② 前項の校具及び教具は、常に改善し、補充しなければならない。

第12条（他の学校等の施設及び設備の使用）

小学校は、特別の事情があり、かつ、教育上及び安全上支障がない場合は、他の学校等の施設及び設備を使用することができる。

3）学校の管理

　学校教育法第5条の定めるところにより、「学校の設置者は、その設置する学校を管理し、法令に特別の定のある場合を除いては、その学校の経費を負担する」とされています。設置者については、学校を管理し、その学校の経費を負担するという**「設置者管理負担主義」**の原則が定められています。

　学校の管理とは、学校教育という事業を経営する作用をいうとされ、具体的には、以下に大別できます。

① **人的管理**

　　学校の人的要素である教職員に対して行う管理であり、職員の任免・服務監督その他の取扱い、研修等に関すること

② **物的管理**

　　学校の物的要素である施設・設備・教材等に対して行う管理であり、これらの維持・修繕・管理等に関すること

③ **運営管理**

　　学校の活動に対する管理であり、児童生徒の入学・転学、教育課程、学習指導、生徒指導、児童生徒の保健安全等に関すること

　また、設置者が学校の経費を負担するとは、学校の教職員の給与費や運営費など学校運営に必要な経費を負担することを意味しますが、「法令に特別の定めのある場合」には、設置者が学校の経費を負担することはありません。**「市町村立学校職員給与負担法」**では、市町村立の小学校、中学校、義務教育学校、中等教育学校の前期課程および特別支援学校の校長および教職員の給与等は、都道府県の負担とする（第1条）と定められており、市町村立学校の設置者である市町村の経費負担は生じない取扱いとされています。この取扱いは、市町村間の財政力格差が、義務教育の教育格差につながらないようにすることをねらいとしています。

2　教育委員会と公立学校との関係について

1）公立学校の管理

　地方公共団体が設置する「公立学校」は、地方自治法上、「住民の福祉を増進する目的をもってその利用に供するための施設」（第244条）と位置付けられ、「公の施設」と呼ばれます（第244条）。公立学校の設置、管理、廃止に関する事項は、条例でこれを定めることとされていますので（第244条の2第1項・第2項）、設置者の判断だけで、学校を設置したり、廃止したりすることはできません。学校の設置・廃止等は、地域住民の教育意思を代表する地方議会が制定する学校設置・廃止に関する条例の定めるところにより行われます。

　公立学校は、公の施設として法令に基づき教育活動を行う専門的機関であり、その学校運営は、校長を中心として、すべての教職員がその職務と責任を自覚して、一致協力して取り組むことが求められています。

　学校は、人的要素と物的要素を備え、継続的に教育活動を行うものですが、学校自体には「法人格」が付与されておらず、学校が行う教育活動の事業主体は、その設置者となります。設置者が、その設置する学校を管理するとは、設置者が当該学校に一般的な支配権をもって学校の存立を維持し、かつ、その本来の目的をできるだけ完全に達せしめるために必要な一切の行為をなすことをいうとされます。地方公共団体の設置する公立学校については、地方教育行政法により、公立大学については地方公共団体の長が、また、大学以外の公立学校については、教育委員会が学校の管理に当たることと定められています（地方教育行政法第21条、第22条）。

2）公立学校に対する教育委員会の権限

　公立学校の管理機関である教育委員会は、地方教育行政法第21条により、

① 教育委員会の所管に属する学校その他の教育機関の設置、管理および廃止に関すること
② 学校その他の教育機関の用に供する財産（「教育用財産」）の管理に関すること
③ 教育委員会および学校その他の教育機関の職員の任免その他の人事に関すること
④ 学齢児童生徒の就学並びに生徒・児童・幼児の入学、転学および退学に関すること
⑤ 学校の組織編制、教育課程、学習指導、生徒指導および職業指導に関すること
⑥ 教科書その他の教材の取扱いに関すること
⑦ 校舎その他の施設および教具その他の設備の整備に関すること
⑧ 校長、教員その他の教育関係職員の研修に関すること

　など、学校の人的・物的・運営管理の一切を行う包括的な管理権を有するとされます。

3）学校管理規則の意義

　学校管理においては、複雑かつ多岐にわたる学校の教育活動のすべてを教育委員会が直接管理・執行することは実際上困難であるとともに、効果的であるともいえないこと、さらには、学校の教育活動において学校の自主性・自律性や創意工夫を尊重することが必要であることから、学校という教育機関の長である校長に、教育委員会の学校管理権限の相当部分が委ねられています。

　このように、公立学校がその自主性を発揮しつつ、学校本来の目的を効果的に達成できるよう、学校の管理運営についての教育委員会と学校の役割分担の基本的なあり方を定めているのが、「学校管理規則」（教育委員会規則）です。

　地方教育行政法第33条では、「教育委員会は、法令又は条例に違反し

教育委員会と校長との職務権限の比較の概要

	教育委員会の職務	校長の職務
組織編制・教育課程関係	・教育課程の管理 ・教科書その他の教材の取扱い ・休業日、学年および学期の期間の決定 ・学校評議員の委嘱 ・その他学校の組織編制、教育課程、学習指導等に関すること	・教育課程の編成 ・年間指導計画の策定等 ・学習帳など補助教材の選定 ・授業始業時刻の決定 ・時間割の決定 ・修学旅行、対外試合等学校行事の実施 ・校務分掌の決定 ・学校評議員の人選
児童生徒関係	・就学事務（学齢簿の編製、区域外就学に関する協議、入学期日の通知、就学校の指定、就学義務の猶予・免除、出席の履行督促、就学援助） ・児童生徒の出席停止（性行不良）	・入学・転学の許可、退学、休学の許可 ・指導要録の作成 ・出席簿の作成、出席状況の把握 ・課程修了および卒業の認定 ・卒業証書の授与 ・児童生徒の懲戒 ・高校進学に際しての調査書等の送付
保健安全関係	・就学時健康診断の実施 ・職員の健康診断の実施 ・学校給食の実施 ・感染症予防のための臨時休業	・児童生徒の健康診断 ・感染症防止のための出席停止 ・非常変災等による臨時休業の決定
教職員関係	・学校の職員の任免その他の人事 ・教職員の服務監督 ・人事評価に関すること ・研修に関すること	・所属職員の監督 ・教職員の人事に関する意見の具申 ・非常勤講師の人選 ・職員の休暇の承認 ・職員の出張命令 ・職務専念義務免除研修の許可
学校施設関係	・校舎および設備の整備	・施設設備の管理 ・学校施設の目的外使用の許可
予算関係	・学校の予算の配分（査定）	・予算書の作成 ・備品購入計画の作成 ・物品購入の決定 ・旅費・設備費その他の運営経費の執行

出典：文部科学省作成資料を修正して作成

ない限度において、その所管に属する学校その他の教育機関の施設、設備、組織編制、教育課程、教材の取扱その他学校その他の教育機関の管理運営の基本的事項について、必要な教育委員会規則を定めるものとする」と定められており、設置者である地方公共団体の教育委員会と公立学校との事務分担・責任分担を明らかにするため、学校の管理運営の基本的事項を必ず教育委員会規則で定めるよう法律上義務付けています。

　学校管理規則の内容には、①施設設備、②組織編制、③教育課程、④教材の取扱い、⑤教職員の管理に関する事項、⑥児童生徒の管理に関する事項、⑦保健安全に関する事項、⑧学校給食の運営に関する事項などが含まれます。学校管理規則は、これら学校の管理運営の各事項について、誰が権限と責任を持っているかを明らかにするものです。

　中教審答申「今後の地方教育行政の在り方について」（1998/平成10年）では、「実際の学校管理規則においては、許可・承認・届け出・報告等について詳細に教育委員会の関与を規定し、学校の自主性を制約しているものが少なくない」とした上で、学校管理規則については、教育委員会と学校との基本的権限関係全体を明らかにするとともに、教育委員会の関与を整理縮小し、学校の裁量権限を拡大する観点から、学校管理規則の在り方についてその運用を含め幅広く見直すことが必要である旨提言しており、この趣旨に沿った改善が図られるべきです。

3　学校徴収金について

1）無償の義務教育と学校徴収金の関係

　義務教育の無償は憲法第26条第2項に定められており、「無償の範囲」については最高裁判決により「授業料の不徴収」とされています。また、教科書は「義務教育諸学校の教科用図書の無償に関する法律」（1963/昭和38年）により国公私立を問わず義務教育諸学校の児童生徒に無償で給付される取扱いとなっています。

　しかし、義務教育にはほかにも様々な費用がかかります。その経費は、「**受益者負担**」の取扱い、すなわち、在学する児童生徒の保護者が負担する場合があります。ただし、保護者が修学に要する経費をすべて負担するのは大変なことから、様々な制度により、国、地方自治体から公費が支出されています。このように、学校教育には、税金を財源とする「公費」と、保護者の支出による「私費」により、義務教育に必要な修学費用が賄われているのです。

2）公費・私費の負担区分

　学校教育の実施のために支出される「公費」には、教職員の人件費、学校の管理運営費、学級・学年・学校単位で共用または備え付けとするもの、その他管理・指導のための経費に充てられるものが含まれます。
　一方、保護者がその子の学校教育のために負担する「私費」は、公費以外の経費が該当し、学校徴収金や各家庭での購入などにより負担されることとなります。
　公費・私費の負担区分については、地方自治体ごとに異なりますが、おおむね私費による負担は以下の4点に整理できます。
① 　児童生徒個人の所有物で学校でも家庭でも使用できるもの（ドリルなどの副教材、書道セット、制服等）
② 　教育活動の結果として直接的利益が児童生徒に還元されるもの（給食、修学旅行、卒業アルバム等）
③ 　生徒会・部活動などの費用
④ 　PTA会費など

※2018年度文部科学省「子供の学習費調査」では、小学校の学校教育費（修学旅行、図書・学用品・実習材料費等）が6万3,102円、学校給食費4万3,728円で合計10万6,830円、中学校では合計18万1,906円。義務教育期間中でも、1人あたり年間10万円以上の保護者負担が発生しています。

就学経費の内訳イメージ

＊上の項目はイメージです。実際の経費区分、公費私費の区分は自治体によって異なります。

『EDUPONT』Vol.8（社会応援ネットワーク）P8より転載/イラスト：ワタナベケンイチ

3）学校徴収金とは

　学校徴収金とは、私費のうち、各学校の裁量で保護者から徴収するものであり、「学校預り金」とも呼ばれています。学校徴収金の主な対象費目としては、①学校給食費、②修学旅行費、③教材費、④実習費、⑤学年・学級費、⑥部活動費、⑦PTA会費などを挙げることができます。

　学校徴収金の使途や金額の決定、集金まですべて学校が主体的・裁量的に行う仕組みとなっており、その費目や金額の基準は特になく、学校により徴収金額はそれぞれ異なります。

　学校徴収金は、学校長の責任のもとで運用される「私費会計」ですが、その性格上、公費に準じた取扱いが求められます。会計上の不正な

どを防ぐため、地方自治体の中には、「学校徴収金取り扱い要綱」など
を作成し、透明性のある会計処理を行うよう定めているところもありま
す。

4）学校徴収金の課題

　学校への修学に要する経費を保護者に負担させる「学校徴収金」につ
いては、以下のような課題が指摘できます。

　第一に、学校徴収金は、公費の補完的・代替的財源となり、公費・私
費負担の負担区分を曖昧にしています。

　本来、義務教育期間中の学校教育活動は、公費による対応を原則と
し、安易に保護者負担に頼るべきではありません。それでも私費負担が
必要な場合には保護者の経費負担の軽減を図りながら、適正な会計処理
を行い、保護者への説明責任を果たすことが必要です。

　第二に、学校徴収金にかかる集金や未納などの実務上の問題がありま
す。

　学校徴収金の集金方法は、今日、現金徴収から口座振込、口座振替な
どに移りつつありますが、どの方法でも未納は発生しうることとなりま
す。その際、保護者への督促など個別の対応は教員が担わざるを得ない
状況にもあります。学校徴収金の集金事務等については、時間面のみな
らず、精神面でも教員には大きな負担となっています。

　第三に、未納による欠損への対処も大きな課題となっています。

　2005（平成17）年度文科省「学校給食費の徴収状況に関する調査」で
は、全国の児童生徒の1％に当たる約10万件が未納との結果が報告され
ています。実際には、未納家庭の子どもにだけ給食を提供しないわけに
はいかないことから、食材費を削る、他の経費で補填するなどして対処
している現状にあります。

5）課題解決の糸口

　学校徴収金にかかる課題を解決するために、以下のような取組みが求められています。

① 学校徴収金の「公会計化」

　「公会計化」により、学校徴収金の徴収・管理業務を地方自治体が担うことで、教員の時間的・精神的な負担が大きく減少し、子どもたちの教育指導に専念できるようになります。

　学校徴収金の「公会計化」については、文部科学省の「学校における働き方改革にかかる緊急提言」（2017/平成29年）において、給食費の公会計化や学校徴収金を教員の業務としないことなどが提言されています。2016（平成28）年の文部科学省調査では、39.7％の自治体ですでに学校給食費の公会計化が実施されています。ただし、給食費の徴収・管理業務を主に地方公共団体が行っている割合は17.8％であり、学校側の負担が解消されていないという問題があります。

② 無償化の推進

　近年、学校徴収金にかかる費目についての無償化の措置も拡大してきており、すでに82の自治体で給食費が無償化されています（2019/平成31年度）。そのうち、山梨県早川町など7自治体では、教材費や修学旅行費なども含めて、すべて税金で賄う完全無償化が実現されています。この流れをさらに拡大し、公会計化とともに、学校徴収金の完全無償化を推進する必要があるといえます。

学校給食費の無償化を実施している自治体（市町村別）

【小学校・中学校とも無償化を実施している76市町村】

都道府県	市町村名	開始年度	都道府県	市町村名	開始年度
北海道	福島町	平成28	長野県	売木村	平成27
	木古内町	平成27		天龍村	平成29
	赤井川村	平成27		王滝村	平成22
	浦臼町	平成28	岐阜県	岐南町	平成25
	北竜町	平成28		揖斐川町	平成29
	上川町	平成29	京都府	伊根町	平成27
	美瑛町	平成25	兵庫県	相生市	平成23
	清里町	平成29	奈良県	御杖村	平成29
	小清水町	平成27		黒滝村	平成19
	西興部村	平成28		野迫川村	平成25
	雄武町	平成29		上北山村	平成24
	大空町	平成28	和歌山県	高野町	平成25
	足寄町	平成27		古座川町	平成28
	陸別町	平成27		北山村	平成27
	浦幌町	平成27	島根県	吉賀町	平成27
青森県	七戸町	平成25	広島県	神石高原町	平成28
	東北町	平成29	山口県	和木町	昭和22
	六ヶ所村	平成26	佐賀県	上峰町	平成29
	南部町	平成27		江北町	平成29
	新郷村	平成25		太良町	平成27
宮城県	七ヶ宿町	平成28	熊本県	水上村	平成27
秋田県	八郎潟町	平成24		山江村	平成26
	東成瀬村	平成26	宮崎県	諸塚村	平成21
山形県	鮭川村	平成29	鹿児島県	南さつま市	平成29
福島県	金山町	平成26		長島町	平成29
茨城県	大子町	平成29		南種子町	平成29
栃木県	大田原市	平成24		宇検村	平成28
群馬県	渋川市	平成29	沖縄県	金武町	平成29
	みどり市	平成29		嘉手納町	平成23
	上野村	平成23		粟国村	平成26
	神流町	平成23		渡名喜村	平成24
	南牧村	平成22		多良間村	平成26
	嬬恋村	平成28		与那国町	平成26
	草津町	平成29			
	板倉町	平成29			

【小学校のみ無償化を実施している4市町村】

都道府県	市町村名	開始年度
北海道	三笠市	平成18
長野県	平谷村	平成28
滋賀県	長浜市	平成28
京都府	笠置町	平成29

【中学校のみ無償化を実施している2町】

都道府県	市町村名	開始年度
千葉県	大多喜町	平成28
富山県	朝日町	平成29

（左表続き）

都道府県	市町村名	開始年度
埼玉県	滑川町	平成23
	小鹿野町	平成27
千葉県	神崎町	平成29
東京都	利島村	平成27
	御蔵島村	昭和51
福井県	永平寺町	平成25
山梨県	早川町	平成24
	丹波山村	平成24

出典：文部科学省作成資料

第8講　学校の組織編制と運営

1　学校に置かれる職員とその職務内容

1）学校の人的構成

　学校は、校長をトップとして、一定の範囲で自律的に運営されている一つの組織体であり、学校運営に必要な業務（校務）を円滑に実施するためには、教員を中心として多様な多くの職員が役割分担しながら業務処理しています。

　学校に置かれる職員は、法令により学校に必ず置かなければならない職員（必置職員）と、そうでない職員（任意設置職員）に分けられます。これらの職員の法的位置付けとその主な職務は、学校教育法等で定められています。

　まず、学校には、必置職員として、校長、教頭、教諭、養護教諭、事務職員を置かなければならないとされています（学校教育法第37条1項）。

　これらの職員のほか、学校には、副校長、主幹教諭、指導教諭、栄養教諭その他の任意設置の職員を置くことができます（同法第37条2項）。

　また、学校には、非常勤の職員ですが、学校医、学校歯科医、学校薬剤師の「学校三師」を置くとされています（学校保健安全法第23条）。

　さらに、学校図書館法では、司書教諭を置くとともに、学校司書を置くよう努めるものとされています（学校図書館法第5条・第6条）。

　なお、学校給食法では、学校給食の栄養に関する専門的事項をつかさどる学校栄養職員を置くことと定められています（学校給食法第7条）。

２）必置職員の職務内容

　小・中・高等学校のすべての学校種において必置とされる教職員とその職務内容は以下のとおりです（学校教育法第37条）。

① **校長**　校務をつかさどり、所属職員を監督する

② **教頭**　校長を助け、校務を整理し、必要に応じて児童の教育をつかさどる

③ **教諭**　児童の教育をつかさどる

④ **養護教諭**　児童の養護をつかさどる

⑤ **事務職員**　事務をつかさどる

　校長の職務権限に定められている**「校務」**とは、①教育課程の編成や生徒指導などの学校教育の管理、②教職員の人事管理、③学校の施設などの管理、④学校事務の管理などを含む、学校運営に必要な一切の業務を指します。また、校務を**「つかさどる」**とは、一定の業務を自己の担当として処理することを表します。

【校長の職務】

　校長は、学校の運営に必要な一切の業務を掌握し、処理する権限と責任を持っています。しかし、校長が自ら校務のすべてを行うことは不可能であることから、所属の教職員に校務を分担させ、処理させることとなります。このように校務を個々の教職員に分担処理させることを**「校務分掌」**といいます。

　次に、校長は、学校に所属するすべての職員に対して、職務・行動を監視し、必要に応じて指示・命令を出すなどの「監督権」があります。

　具体には、①勤務時間中における職務専念義務の監督などの「職務上の監督」、②勤務時間の内外を問わない、信用失墜行為の禁止などの「身分上の監督」の権限があります。

【教頭の職務】

　教頭は、校長が校務について判断処理する際に、学校全体の業務である「校務」を整理することなどによって、校長を補佐する職です。校務を整理する一つの形態として、教頭が校長の行う「所属職員の監督の職務」を補佐することもあり、その意味で、教頭は、所属職員を監督することのできる管理職の立場にあり、所属職員に対して自ら「職務命令」を出すことも可能です。

※職務命令：地方公務員法第32条の、「職員は、…上司の職務上の命令に忠実に従わなければならない」との規定に基づくものです。職務命令の成立要件は、①職務上の上司から発せられるもの（県費負担教職員の場合は、市町村教委のほか、所属学校の校長、副校長、教頭、主幹教諭が該当）、②部下職員の職務の範囲に関するもの、③法律上または事実上の不能を命じるものでないこと、の３つとなります。

　また、教頭は、必要に応じ児童生徒の教育をつかさどるとされますが、「必要に応じ」とされていることにより、「校長を助け、校務を整理」する職務に比重が置かれていることがわかります。

※教頭が教育をつかさどる場合には、教頭の資格要件（民間人登用が可能）とはかかわりなく、各相当学校の相当教科の教員免許状が必要です。

【教諭の職務】

　教諭は、児童生徒の教育をつかさどると定められ、教育活動に関する事項をその主たる職務内容としています。教諭の職務内容を教育活動の面から整理すると、①最も基本的な教諭の職務である、綿密な指導計画に基づく授業の実施、②学級経営、③学年経営などが中心となります。

　しかし、教諭の職務は、これらの教育活動のみに限定されるものではなく、教育活動以外の事項であっても、校長などから命じられた学校運営に必要な校務は、教諭の職務として取り組む必要があります。

※校長は、その権限と責任において、校務分掌の仕組みを整え、「教務主任」や「学年主任」を命じるなど、職務命令をもって、それぞれの教諭に対して学校運営に必要な業務を分けてつかさどらせることとなります。

【養護教諭の職務】

　養護教諭は、「児童の養護をつかさどる」と定められており、救急処置、健康診断、疾病予防などの保健管理、保健教育、健康相談活動、保健室経営、保健組織活動などに当たります。

　養護教諭は、学校保健活動の推進にあたって中核的な役割を果たしており、今日、メンタルヘルスやアレルギー疾患などの子どもの現代的な健康課題の解決に向けて重要な責務を担っています。1995（平成7）年からは、「保健主事」に幅広く人材を求める観点から、教諭に限らず、養護教諭も充てることができるようになり、養護教諭が学校全体のいじめや不登校対策等において積極的な役割を果たせるようになりました。

　また、2008（平成20）年の学校保健安全法の改正により、養護教諭その他の職員が相互に連携し、日常的な健康観察等を通じて、児童生徒の心身の状況を把握し、健康上の問題があると認めるときは、必要な指導を行うとともに、必要に応じ、保護者に助言を行うことや、地域の医療機関その他関係機関との連携を図るよう努めることとされました。

※なお、高等学校では、養護教諭は、任意設置の職員とされていますが、高等学校設置基準上は、「養護教諭を置くよう努めなければならない」と規定し、設置の努力義務を課しています。

【事務職員の職務】

　これまで、事務職員は「事務に従事する」とされてきましたが、2017（平成29）年の学校教育法の一部改正により、その職務は、「事務をつかさどる」に改められました。この改正は、学校におけるマネジメント機能を十分に発揮できるようにするため、学校組織における唯一の総務・

財務等に通じる専門職である事務職員の職を見直すことにより、管理職や他の教職員との適切な業務の連携・分担の下、その専門性を生かして学校事務を一定の責任をもって自己の担任事項として処理することとし、より主体的・積極的に校務運営に参画することを目指すものとされます。

※学校教育法施行規則第46条では、小学校等には、事務長または事務主任を置くことができるとされ、これらの職には、事務職員をもって充てるとされます。事務長は、「校長の監督を受け、事務職員その他の職員が行う事務を総括する」とされ、事務主任は、「校長の監督を受け、事務に関する事項について連絡調整及び指導助言に当たる」とされます。

3）任意設置職員の職務内容

　小・中・高等学校において任意に設置できる教職員とその職務内容は以下のとおりです。

① 　副校長　　校長を助け、命を受けて校務をつかさどる
② 　主幹教諭　　校長および教頭を助け、命を受けて校務の一部を整理し、並びに児童の教育をつかさどる
③ 　指導教諭　　児童の教育をつかさどり、教諭その他の職員に対して、教育指導の改善および充実のために必要な指導および助言を行う
④ 　栄養教諭　　児童の栄養の指導および管理をつかさどる
⑤ 　学校栄養職員　　義務教育諸学校または共同調理場において、学校給食の栄養に関する専門的事項をつかさどる
⑥ 　助教諭　　教諭の職務を助ける
⑦ 　養護助教諭　　養護教諭の職務を助ける

※高等学校には、「実習助手」（実験または実習について教諭の職務を助ける）、「技術職員」（技術に従事する）を置くことができます。さらに、特別支援学校に「寄宿舎」を設ける場合には、「寄宿舎指導員」（寄宿舎における幼児、児童または生徒の日常生活上の世話および生活指導に従事する）を置かなければならないとされています。

【副校長の職務】

　学校教育法の改正（2007/平成19年）により、学校における組織運営体制の充実を図るため、小中学校等に置くことができる職として設けられました。副校長は、校長を補佐し、校長から命を受けた範囲で校務の一部を処理できる職として、地域や学校の実情に応じて置かれます。

　副校長が担う具体の職務としては、①教職員の休暇の承認や出張命令などの服務管理、②一定金額以下の学校予算の執行、③一定の学校行事の承認などが考えられます。

　副校長は必置の職ではないことから、これを設置するかどうかは、任命権者（教育委員会）の判断となります。なお、副校長を置く場合、教頭を置かないことができます。

※副校長と教頭の職務の相違：いずれも校長を補佐する職ですが、教頭があくまで校務を整理するのにとどまるのに対し、副校長は自らの権限で学校の業務の一部を処理することができる点が異なります。

【主幹教諭の職務】

　主幹教諭も、2007（平成19）年の学校教育法の改正により、学校の組織運営体制を充実するため、小中学校等に置くことができる職として、新たに設けられました。主幹教諭の職務は、校長、（副校長）、教頭の職務を補佐するとともに、校長の命を受けて担当する校務の一部について、校長等が判断処理できるよう取りまとめて整理するほか、児童生徒の教育をつかさどることとされます。

　主幹教諭が校長等の命により担当できる具体の校務としては、①教育計画の企画・立案など教務に関する校務、②生徒指導計画の立案など生徒指導に関する校務、③学校の保健安全に関する校務などが考えられます。

※主幹教諭と主任との職務の相違：主幹教諭は任命権者の任命行為に基づく「職」

であるのに対し、主任は職務命令による「職務」の付加であって「職」ではないこと。また、主幹教諭は、校長等を補佐する立場から、命を受けた校務について職員に対し自ら職務命令を発することができるのに対し、主任は、教員間の連絡調整や指導助言の立場にとどまること。

【指導教諭の職務】

　学校教育法改正（2007/平成19年）により、児童生徒の教育をつかさどるとともに、教諭その他の職員に対して教育指導の改善充実のために必要な指導助言を行う職として、新たに設置されたものです。指導教諭は、学校の教員として自ら授業を持ち、所属する学校の児童生徒の実態等を踏まえ、他の教員に対して教育指導に関する指導助言を行うものであり、実践的指導力に優れ、他の教員に対する指導助言を行う能力を有する者が登用されることが想定されています。

　指導教諭は、教科指導、学習指導にとどまらず、生徒指導や進路指導を含め、学校教育活動全体における指導の改善充実を図ることを目的として設置されます。

※指導教諭と主幹教諭の職務の相違：指導教諭は、主幹教諭とは異なり、「指導及び助言」を行う者であることから、主幹教諭のように、自ら職務命令を出すことはできません。

【栄養教諭および栄養職員の職務】

　学校給食法に基づき学校給食を実施する小中学校（共同調理場を含む）には、学校給食の栄養に関する専門的事項をつかさどる「学校栄養職員」が配置されていますが、2004（平成16）年の学校教育法の改正により、新たに栄養教諭制度が設けられました。この「栄養教諭」は、児童生徒に対する食に関する指導と学校給食の管理を一体的に行う職です。

　栄養教諭の具体の職務内容は、食に関する指導として、①児童生徒に対する栄養に関する個別的な相談指導、②学級担任、教科担任等と連携

して関連教科や特別活動等において食に関する指導を行うこと、また、学校給食の管理としては、①学校給食を教材として活用することを前提とした給食管理、②児童生徒の栄養状態等の把握、③食に関する社会的問題等に関する情報の把握などです。

※学校保健安全法の改正（2008/平成20年）により、学校における「食育」推進を図る観点から、学校給食法上に、栄養教諭がその専門性を生かして学校給食を活用した食に関連する指導を行うことなどが新たに規定されました（第10条）。

4）その他必要な職員とその職務内容

　学校教育法第37条で規定される学校に置かれる職員については、「必置職員」、「任意設置職員」以外にも、「その他必要な職員」を置くことができるとされています。その主なものとしては、

① 　講師　教諭または助教諭に準ずる職務に従事する
② 　スクールカウンセラー　児童の心理に関する支援に従事する
③ 　スクールソーシャルワーカー　児童の福祉に関する支援に従事する
④ 　学校用務員　学校の環境の整備その他の用務に従事する
⑤ 　部活動指導員　中学校におけるスポーツ、文化、科学等に関する教育活動（教育課程として行われるものを除く）にかかる技術的な指導に従事する
⑥ 　教員業務支援員　教員の業務の円滑な実施に必要な支援に従事する
⑦ 　特別支援教育支援員　教育上特別の支援を必要とする児童の学習上または生活上必要な支援に従事する
⑧ 　情報通信技術支援員　教育活動その他の学校運営における情報通信技術の活用に関する支援に従事する
⑨ 　医療的ケア看護職員　小学校における日常生活および社会生活を営むために恒常的に医療的ケアを受けることが不可欠である児童の療養上の世話または診療の補助に従事する
　（②～⑨は、学校教育法施行規則に職務規定あり）

⑩　**学校司書**　学校図書館の運営の改善・向上を図り、児童生徒、教員によるその利用のいっそうの促進に資するため、専ら学校図書館の職務に従事（学校図書館法）

⑪　**司書教諭**　学校図書館の専門的職務をつかさどる。ただし、教諭等をもって「充てる」（学校図書館法）

※これらのほか、法令上規定されていない外部支援スタッフとして、「学習支援員」、「日本語指導員」、「理科実験支援員」などが地域により配置されています。

2　校務分掌と主任制

1）「単層構造」対「重層構造」の論争

　学校の管理運営の組織のあり方については、戦後長い間、「単層構造論」（教員の教職専門性と教育の自由・自主性を重視し、「教師—子供関係」における本質的構造として単層構造とするもの）VS「**重層構造論**」（企業体の経営構造をモデルとして、学校という組織体に、「目標設定機能」、「目標達成に努力する管理機能」、「目標達成に向けてその実践を行う作業機能」の3機能を設定し、学校組織編制における役割分担と各職位の権限と責任を明確にし、能率的な学校経営を図ろうとするもの）の対立と論争がありました。

　1971（昭和46）年中教審答申では、「各学校が公教育の目的の実現に向かってまとまった活動を展開し、その結果について国民に対し責任を負うことができるような体制を整備」するため、「各学校が、校長の指導と責任のもとに生き生きとした教育活動を組織的に展開できるよう、校務を分担するため必要な職制を定めて校内管理組織を確立すること」を提言しました。

　この答申を受けて、学校管理組織の整備のため、①1971（昭和46）年「教頭職」の法制化、②1975（昭和50）年「主任制」の省令職化、③

2007（平成19）年の学校教育法改正により、「副校長」、「主幹教諭」の
法制化が実施されました。

2）校務分掌とその組織

　学校における「校務」の処理は校長が最終的な責任と権限を持ってい
ますが、校務すべてについて校長が自ら直接判断し、処理することは実
際上困難であるばかりではなく、効率的な学校運営という面からも適切
ではありません。このため、校務全般を処理するために、学校内の組織
を整え、個々の教職員に校務を分担させる仕組みが整えられなければな
りません。

　このような校務を適切かつ効果的に処理するために、各学校において
「校務分掌規則」などが定められ、これに基づき「校務分掌」の組織が
整備されるとともに、各教職員に対して個々具体的に校務分掌のどこに
位置付けられ、どのような仕事をするかが定められることとなります。

　学校教育法施行規則第43条では、「小学校においては、調和のとれた
学校運営が行われるためにふさわしい校務分掌の仕組を整えるものと
する」と規定され（中学校等にも準用）、この趣旨に基づき、1976（昭
和51）年から「主任制度」が導入されました。主任制度は、従来から各
学校に設置されてきた主任等のうち、基本的なもので、かつ、全国的に
共通に設置されているものとして、「教務主任」、「学年主任」、「生徒指
導主事」などについて、その設置を規定するとともに、各主任等の職務
内容については、各職務事項について「連絡調整及び指導助言に当た
る」とされました。

　主任・主事は、校長、教頭のように独立した「職」として設けられた
ものではなく、学校運営上、特に指導体制上の必要性に基づく一つのま
とまった職務を特別に付加するもの（校務分掌命令による）として設け
られています。主任・主事の性格は、「いわゆる中間管理職ではなく、
それぞれの職務にかかる事項について教職員間の連絡調整及び関係教職

員に対する指導助言等に当たるものである」（1976/昭和51年文部次官通達）とされます。

【主任主事の職務】（学校教育法施行規則に規定）
① **教務主任**　校長の監督を受け、教育計画の立案その他の教務に関する事項について連絡調整および指導、助言に当たる
② **学年主任**　校長の監督を受け、当該学年の教育活動に関する事項について連絡調整および指導、助言に当たる
③ **保健主事**　校長の監督を受け、保健に関する事項の管理に当たる
④ **生徒指導主事**　校長の監督を受け、生徒指導に関する事項をつかさどり、当該事項について連絡調整および指導、助言に当たる
⑤ **進路指導主事**　校長の監督を受け、生徒の職業指導その他の進路の指導に関する事項をつかさどり、当該事項について連絡調整および指導、助言に当たる

【校務分掌組織の運用】
　校務分掌の組織の具体のあり方については、学校の種類や規模あるいは地域と学校の実情などにより異なりますが、おおむね下記のような組織図が一般的です。
○校務に関する部について
　・校務に関する部については、設置する部の数や区分については学校の実情に応じて異なり、おおむね3〜5程度の部に分けている学校が多く見受けられますが、10近くに細分化している学校もあります。
　・各部の下には係を置く学校と、係を置かずに各担当を置く学校もあります。
　・係の数や担当分掌の数は、学校規模にかかわらず大きく異なっており、20以上に細分化している学校もあれば、おおむね10以内にまと

めている学校もあります。

○特別委員会について

・特別委員会については、いじめ防止対策委員会など法令に基づき設置しているものや、国や都道府県からのガイドライン等に基づき設置しているものに加え、各学校の実情に応じて設置しているものもあります。

・こうした状況のため、各学校に設置している特別委員会の数は、学校の規模にかかわらず大きく異なっており、10以上を設置している学校もあれば、5以下の学校もあります。

○1人の教員が担当する業務について

・学級担任や教科担任のほか、校務に関する分掌、特別委員会の委員の役割、中学校においては部活動の顧問を担っているケースもあり

校務分掌組織図の例（小学校の場合）

教務部（教務主任）	教育課程、時間割、学籍、学校行事、指導要録、通知表　等		
指導部	教科指導、教科外指導、生徒指導、安全指導、児童会活動　等		
研究部	校内研修、研究指定校、情報収集・調査　等		
管理部	施設管理、備品管理、職員給与・旅費、文書、会計　等		
渉外部	ＰＴＡ、学校評議員、地域連携、教育研究団体　等		
1学年	学年主任	学級担任	
2学年	学年主任	学級担任	
3学年	学年主任	学級担任	
4学年	学年主任	学級担任	
5学年	学年主任	学級担任	
6学年	学年主任	学級担任	
特別委員会	いじめ防止対策委員会、学校保健委員会（保健主事）、教育課程検討委員会、食育推進委員会、校内評価委員会、服務倫理委員会、就学指導委員会、生徒指導委員会、情報管理委員会、防災委員会、学校予算委員会、業者選定委員会　等		

校長　副校長・教頭　職員会議　（校務部会）　主幹教諭　企画委員会　（学年部会）

出典：文部科学省作成資料

ます。また、分掌を細分化している学校や委員会を多く設置している学校では、1人が多くの分掌や複数の委員会を担当し、10以上の役割を担当しているケースもあります。

【学校における働き方改革と校務分掌の見直し】

近年、学校の働き方改革が緊急の最重要課題となる中で、学校の組織運営における校務分掌の見直しが求められています。

各学校は、法令等を踏まえ、学習指導、生徒指導、学校運営等に関する委員会等の組織や担当者を置いており、これらは各学校の校務分掌組織として位置付けられています。各教師一人ひとりの業務を適正化していくためには、こうした組織や校務分掌について、「いじめ防止対策委員会」等法令で義務付けられているものを除き、積極的に整理・統合を図り、会議の開催回数削減等の業務効率化を進める必要があります。

また、教師個人に細分化して割り振る校務分掌のあり方を見直し、たとえば「教務部」と「研究部」を統合するなど、校務をより包括的・系統的なグループに分ける形で校務分掌を整理することが求められています。

さらに、特定の個人的属性や力量を持つ一部の教師に業務が集中し、その教師の長時間勤務が常態化することのないよう、業務の偏りを平準化するよう校務分掌のあり方を柔軟に見直すことが重要です。

3　職員会議

学校には、職員会議が置かれていますが、この職員会議の法的性格に関しては、①最高議決機関説、②諮問機関説などの説がありました。2000（平成12）年の学校教育法施行規則の改正により、職員会議の法的位置付けが明確にされ、職員会議は「補助機関」とされました。

【学校教育法施行規則】

第48条　小学校には、設置者の定めるところにより、校長の職務の円滑な執行に資するため、職員会議を置くことができる。

2　職員会議は、校長が主宰する。

　このように、職員会議が学校の管理運営に関する校長の権限と責任を前提として、校長の職務の円滑な執行を補助するものとして位置付けられたのです。

※補助機関：学校の教職員は校長の職務執行についての補助機関であり、校務の処理を分担するための各種の内部組織も補助機関です。職員会議もまた職務執行のための内部組織であって、この意味で補助機関であるとされます。

4　「チーム学校」の実現

　複雑化・多様化した学校の課題に対応し、子どもたちの豊かな学びを実現するため、教員が担っている業務を見直し、事務職員や様々な専門スタッフ等が学校教育に参画して、教員がこれら専門スタッフ等と連携して、課題の解決に当たることができる「**チームとしての学校**」体制を構築することが求められています。

　今後、「チームとしての学校」の実現に向けて、教員が教育の専門職としてこれまで以上に活力をもって子どもたちの指導にいっそう専念できるよう、事務職員やスクールカウンセラー、スクールソーシャルワーカー、部活動指導員など様々な専門スタッフや支援人材との役割分担と連携・協働を推進することが必要です。学校における多職種協働のあり方を追求し、学校が組織としての運営体制の強化・充実を図る必要があるといえます。

「チーム学校」の実現による学校の教職員等の役割分担の転換（イメージ）

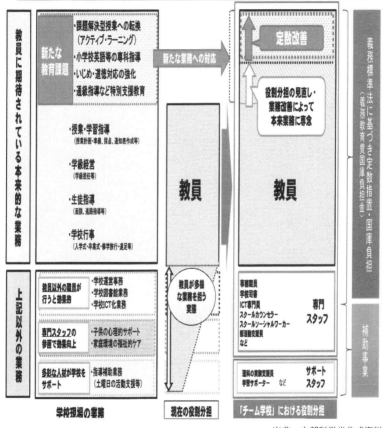

出典：文部科学省作成資料

第9講　学校評価と地域参画の学校づくり

1　地域に開かれた学校づくり

　近年の教育改革の方向の一つとして「地域に開かれた学校づくり」が挙げられます。開かれた学校づくりには、2つの側面があります。

　1つ目は、「学校の説明責任」です。学校の運営状況や教育活動の内容について、保護者や地域住民に積極的に知らせる責務を学校が負うという考え方であり、これを実現するものとして、「学校の積極的な情報提供」があります。

　2つ目は、「保護者・地域住民の運営への参画・協力」です。学校の様々な教育活動に保護者、地域住民から協力・参画を得ることで、学校、保護者、地域が一体となって教育を改善していくという考え方です。「参画」には、保護者、地域住民の意見を反映するもの、さらには学校運営の方針決定や学校の教育活動等に保護者、地域住民を参画させるものがあります。これらの具体例としては、「学校ボランティア」、「学校支援地域本部」や「学校評議員」、「学校運営協議会」などがあります。

　「学校の説明責任」と「保護者・地域住民の運営への参画・協力」を同時に実現し、加えて学校の組織的な運営改善を促すものとして「学校評価」があります。学校経営においては、PDCAサイクルによるマネジメントが求められ、学校の教育活動等の検証・評価に当たる学校評価は重要な役割を果たしています。

2　学校評価と学校の説明責任

1）学校評価の制度化の背景と歴史

　わが国における「学校評価」は、1990年代、高等教育分野において始まり、まず、1991（平成3）年の大学設置基準等の改正により、設置基準の大綱化に伴い、大学における自己点検・自己評価の実施と公表が努力義務化されました。その後、2002（平成14）年の学校教育法改正により、法律上、大学は、①大学の教育研究、組織運営および施設設備の状況について自ら点検・評価を行い、その結果を公表するとともに、②大学の教育研究等の総合的な状況について、7年以内に1回、文部科学大臣の認証を受けた者による評価（いわゆる「第三者評価」）を受けるものとすることとされました（第109条）。

　このように大学における評価システムの導入により、大学経営のあり方は、従来の「事前規制」から外部評価を通じた「事後チェック」へと転換が図られつつあります。

　次に、初等中等教育分野における学校評価については、2000（平成12）年の教育改革国民会議報告において、①学校は、開かれた学校をつくり、説明責任を果たしていくことが必要であり、学校の目標、活動状況、成果など学校の情報を積極的に保護者や地域に公開し、保護者からの日常的な意見に素早く応え、その結果を伝えること、②それぞれの学校の特徴を出すという観点から、外部評価を含む学校の評価制度を導入し、評価結果は親や地域と共有し、学校の改善につなげることが提言されました（2000/平成12・12・22）。

　これを受けて、2002（平成14）年にそれぞれ小・中・高等学校、幼稚園の設置基準において、「学校は、その教育水準の向上を図り、当該学校の目的を実現するため、当該学校の教育活動その他の学校運営の状況について自ら点検及び評価を行い、その結果を公表するよう努めるものとする」こと、並びに、「学校は、当該学校の教育活動その他の学校運

営の状況について、保護者等に対して積極的に情報を提供するものとする」と定められ、「**学校評価**」が開始されました。

　学校に権限を与え、自主的な学校運営を行えるようにすることにより、学校が主体的に教育活動を行い、保護者や地域住民に直接「説明責任」を果たしていく仕組みづくりが重要と考えられます。学校への裁量権限の拡大に伴い、それぞれの学校の取組みの成果等を評価していくことは、「教育の質」を保障する上でますます重要です。

　このような観点から、2005（平成17）年の**中教審答申**では、「学校評価は、学校が教育活動の自律的・継続的な改善を行うとともに、「開かれた学校」として保護者や地域住民に対し説明責任を果たすことを目的として、自己評価を中心に行われている。…その一方で、各学校における実施内容のばらつきや、評価結果の公表が進んでいないなどの課題も見られる」とし、今後、さらに学校評価を充実していくため、①「現在努力義務とされている自己評価の実施とその公表を、現在の実施状況に配慮しつつ、今後すべての学校において行われるよう義務化することが必要である」こと、並びに、②「自己評価の客観性を高め、教育活動の改善が適切に行われるようにしていくためには、公表された自己評価結果を外部者が評価する方法を基本として、外部評価を充実する必要がある」ことなどが提言されました。

　これを受けて、2007（平成19）年の学校教育法の改正により、その実施について法律に定められることとなりました。学校の教育活動その他の学校運営について評価を行い、その評価結果に基づき学校における課題等を把握し、組織的・継続的に学校運営の改善を図ることにより、その教育水準の向上を図るよう努めなければならないとされたのです。

【学校教育法】

第42条　小学校は、文部科学大臣の定めるところにより当該小学校の教
　育活動その他の学校運営の状況について評価を行い、その結果に基づ

き学校運営の改善を図るため必要な措置を講ずることにより、その教育水準の向上に努めなければならない。（中学校、高等学校等にも準用）

２）学校評価の意義・目的

　学校が自主自律性を強化し、その権限と責任において学校経営を行った上で、その取組みの成果等について、地域の保護者や住民に対して、しっかりとした「説明責任」を負うことが今日求められています。このため、学校評価は、学校経営において、教育の成果の検証のための主要な手段となるものです。

　学校評価の目的としては、以下の３点を挙げることができます。
①　各学校が、自らの教育活動その他の学校運営について、目指すべき成果やそれに向けた取組みについて「目標」を設定し、その達成状況を把握・整理し、取組みの適切さを検証することにより、組織的・継続的に改善すること
②　各学校が、自己評価および外部評価の実施とその結果の「説明・公表」により、保護者、地域住民から自らの教育活動その他の学校運営に対する理解と参画を得て、信頼される学校づくりを進めること
③　各学校の設置者等が、学校評価の結果に応じて、学校に対する支援や条件整備等の必要な措置を講じることにより、一定水準の教育の質を保障し、その向上を図ること

３）学校評価の仕組み

　「学校評価」には、学校教育法令において、①自己評価、②学校関係者評価、③第３者評価の３つが定められています。自己評価は、学校自身の「内部評価」であり、学校関係者評価と第三者評価は、「外部評価」に当たります。

①　自己評価

学校評価の意義・目標

学校の組織的・継続的な取組

> 学校として目指すべき重点目標を設定し、その達成状況や達成に向けた取組の適切さ等を評価することにより、組織的・継続的に学校運営を改善します。

> 学校として組織的に、今、重点的に取り組むべきことは何かを把握し、その改善に取り組む など

説明責任
学校・家庭・地域の連携協力

> 自己評価及び保護者など学校関係者による評価の実施・公表により、適切に説明責任を果たすとともに、保護者や地域住民からの理解と参画を得ながら、学校・家庭・地域の連携協力による学校づくりを進めます。

> 学校・家庭・地域間のコミュニケーション・ツールとして活用することにより、家庭や地域に支えられる開かれた学校づくりを進めていく など

教育委員会による支援・改善

> 学校評価の結果を踏まえて、教育委員会などが、学校に対する支援・改善を行うことにより、教育水準の保証・向上を図ります。

> 学校評価の結果を教育委員会に報告することで、課題を共有し、それを踏まえて、学校への予算配分や人事配置など適切な支援を行う など

児童生徒がより良い学校生活を送れるよう 学校運営の改善と発展を目指す

出典：文部科学省作成資料

　　各学校の教職員が行う評価であって、学校評価の最も基本となるものです。校長のリーダーシップの下、全教職員が参加し、設定目標や具体的計画等に照らして、その達成状況や達成に向けた取組みの適切さ等について評価するものです。

　　自己評価は、㋐重点化された具体的で明確な目標を設定すること、㋑重点目標に基づく評価項目の設定と実施、評価と評価結果に基づく改善方策を立案することが大切なポイントとなります。なお、自己評価に際しては、児童生徒、保護者、地域住民から寄せられた具体的な意見や要望、児童生徒の授業評価を含むアンケートの結果等を活用することが考えられます。

　　自己評価は、各学校・地方の実情に応じて、教育活動の区切りとなる適切な時期に行うことがふさわしいものですが、少なくとも1年に1回は実施することが必要です。また、「中間的な評価」を実施し、その結果について「学校関係者評価」を実施するなどを通じて、重点目標、評価項目・指標等をより適切なものに見直すことが求められます。

　　さらに、客観的に状況を把握する上で数値的にとらえて評価を行うことが有効ですが、同時に数値により「定量的」に示すことができないものにも焦点を当てる必要があります。特定の評価項目・指標等だけに着目したり、数値の向上を目指したりする中で、目標から外れた学校運営や改善方策の立案が行われたり、単に数値を挙げることのみが目的となって本来のあるべき姿が見失われたりしないよう留意することが重要です。

【学校教育法施行規則】

第66条　小学校は、当該小学校の教育活動その他の学校運営の状況について、自ら評価を行い、その結果を公表するものとする。

2　前項の評価を行うに当たっては、小学校は、その実情に応じ、適切

な項目を設定して行うものとする。

② 学校関係者評価

　保護者、学校評議員、地域住民、青少年健全育成関係団体の関係者、接続する学校の教職員その他の学校関係者などにより構成される委員会等が、その学校の教育活動の観察や意見交換等を通じて、自己評価の結果について評価することを基本として行うものです。

　「学校関係者評価」は、⑦自己評価の結果を評価することを通じて、自己評価の客観性・透明性を高めるとともに、学校・家庭・地域が共通理解を持ち、その連携協力により学校運営の改善に当たることが期待されています。学校関係者評価においては、⑦学校・家庭・地域を結ぶ「コミュニケーション・ツール」としての活用を図ること、①外部アンケートなどへの回答や自己評価結果についての単なる意見聴取などの受動的な評価ではなく、評価者の主体的・能動的な評価活動を展開することがポイントとなります。評価を行うに先立ち、授業や学校行事の参観、施設設備の観察、校長など教職員や児童生徒との対話等を行い、これらを通じて、委員会と学校との間で十分な意見交換や対話を行い、学校の状況について相互の共通理解を深めるよう留意する必要があります。

【学校教育法施行規則】

第67条　小学校は、前条第1項の規定による評価の結果を踏まえた当該小学校の児童の保護者その他の当該小学校の関係者（当該小学校の職員を除く）による評価を行い、その結果を公表するよう努めるものとする。

③ 第三者評価

　その学校に直接かかわりをもたない専門家等が、自己評価および学

校関係者評価の結果等も資料として活用しつつ、教育活動その他の学校運営全般について、専門的・客観的立場から評価を行うものです。

　学校と直接関係を有しない専門家等による客観的な「第三者評価」は大学では必須ですが（学校教育法第109条②）、初等中等教育機関では任意となっています。

４）学校評価の実施上の課題

　学校評価は、その結果の報告書の作成自体が「目的化」するといった「評価のための評価」となることなく、今後の改善につながる実効性ある取組みとすることが重要です。

　各学校は、自己評価の結果および今後の改善方策を、適宜具体的な取組みの改善を図ることに活用する必要があります。また、「自己評価結果」について評価を行う「学校関係者評価」の結果を踏まえ、自己評価および今後の改善方策について見直しを行い、それを今後の目標設定や取組みの改善に反映させることが重要です。

　また、学校が改善のための具体的な取組みを進めるにあたっては、学校評価の結果の報告を受けた設置者等による学校への支援や条件整備と連携して進めることが重要です。

【学校教育法施行規則】
第68条　小学校は、第66条第1項の規定による評価の結果及び前条の規定により評価を行った場合はその結果を、当該小学校の設置者に報告するものとする。

3　地域参画と学校評議員・学校運営協議会

１）学校評議員と地域参画の学校づくり
　1998（平成10）年9月21日の中央教育審議会答申「今後の地方教育行

学校評価の実施手法

※ 自己評価・学校関係者評価（外部評価）・第三者評価の囲みは、定義として内に含む範囲ではなく、評価対象として含む範囲を指す。

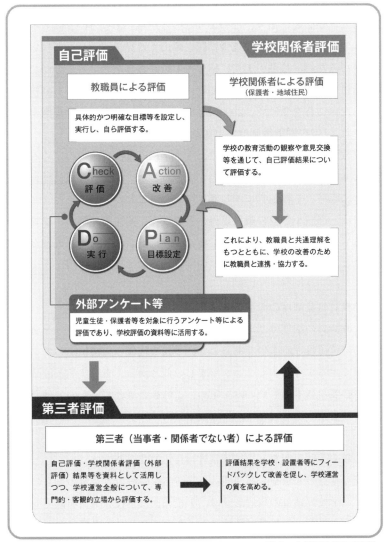

出典：文部科学省作成資料

政の在り方について」において、「今後、より一層地域に開かれた学校
づくりを推進するためには学校が保護者や地域住民の意向を把握し、反
映させるとともに、その協力を得て学校運営が行われるような仕組みを
設けることが必要であり、このような観点から、学校外の有識者等の参
加を得て、校長が行う学校運営に関し幅広く意見を聞き、必要に応じ助
言を求めるため、地域の実情に応じて学校評議員を設けることができる
よう、法令上の位置付けも含めて検討することが必要である」と提言さ
れました。これを受けて、2000（平成12）年学校教育法施行規則が一部
改正され、「学校評議員制度」が創設されました。
　学校教育法施行規則第49条では、①小学校には、設置者の定めるとこ
ろにより、学校評議員を置くことができること、②学校評議員は、校長
の求めに応じ、学校運営に関し意見を述べることができること、③学校
評議員は、当該小学校の職員以外の者で教育に関する理解および識見を
有するもののうちから、校長の推薦により、当該小学校の設置者が委嘱
すること、が規定されています（中学校、高等学校等に準用）。

(1) 学校評議員制度の設置のあり方
　学校評議員の制度は、地域住民の学校運営への参画の仕組みを新たに
制度的に位置付けるものであること、学校や地域の実情に応じて柔軟な
対応ができるようにすることが望ましいことから、省令に学校評議員に
関する必要な基本的事項のみを定め、これを必置とするものではないと
されています。

(2) 人数や委嘱期間など学校評議員の具体的なあり方
　学校評議員の人数や委嘱期間は、当該学校の設置者が定めるものとさ
れます。学校評議員の設置形態は、学校ごとに学校評議員を置くもので
あること、また、学校評議員は一人一人がそれぞれの責任において意見
を述べるものであることとされます。ただし、必要に応じて、学校評議

員が一堂に会して意見交換を行い、意見を述べることができる機会を設けるなど、運用上の工夫を講じることが望ましいとされています。

(3) 学校評議員制度の運営

　学校評議員は、校長の学校運営に関する権限と責任を前提として、校長の求めに応じて、学校運営に関して意見を述べることができるものです。校長は、学校評議員の意見に資するよう、学校評議員に対し、学校の活動状況等について十分説明することが必要です。なお、校長は、学校評議員の意見を参考としつつ、自らの権限と責任において判断し決定を下すこととなります。

(4) 学校評議員に意見を求める事項

　学校評議員は、学校運営に関し意見を述べるものであることから、たとえば、学校の教育目標や計画、教育活動の実施、学校と地域の連携の進め方などといった学校運営の基本方針や重要な活動に関する事項について意見を求めることが想定されます。ただし、学校評議員に意見を求める具体の事項は、校長が自ら判断するものです。

２）学校運営協議会とコミュニティ・スクール

(1) 学校運営協議会制度創設の経緯

　2000（平成12）年12月22日の「教育改革国民会議報告」において、「地域独自のニーズに基づき、地域が運営に参画する新しいタイプの公立学校（コミュニティ・スクール）を市町村が設置することの可能性を検討する」ことが提案されました。

　その後、政府の総合規制改革会議「規制改革の推進に関する第１次答申」（2001/平成13・12・11）において、「新たなタイプの公立学校である「コミュニティ・スクール（仮称）」の導入については、地域や保護者の代表を含む「地域学校協議会（仮称）」の設置、教職員人事や予算

使途の決定、教育課程、教材選定やクラス編制の決定など学校の管理運営について、学校の裁量権を拡大し、保護者、地域の意向が反映され、独自性が確保されるような法制度整備に向けた検討を行うべきである」と法制度化が具体的に提言されました。

　これらを受けて、中央教育審議会では、2004（平成16）年3月4日、**「今後の学校の管理運営の在り方について」（答申）** を取りまとめました。その答申では、「新たに保護者や地域住民が一定の権限と責任をもって主体的に学校運営に参加するとともに、学校の裁量権を拡大する仕組みを制度的に確立し、新しい学校運営の選択肢の一つとして提供する」ため、「学校の運営への保護者や地域住民の参画を制度的に保障するための仕組みとして、教育委員会が、地域運営学校の運営について協議を行う組織（以下便宜上 **「学校運営協議会」** という）を設置することが必要」と提言されました。

　その結果、2004（平成16）年6月、地方教育行政法が改正され、「学校運営協議会」が新たに制度化されました。その後、2017（平成29）年には、学校と地域の組織的・継続的な連携を可能とする学校運営協議会については、さらなる活動の充実と設置の促進を図る必要があるとの認識のもと、学校運営協議会制度の見直しを図るため、地方教育行政法が一部改正されました。

(2) 学校運営協議会の制度の枠組み

　現行の学校運営協議会の制度の枠組みは以下のとおりです。

① 学校運営協議会の設置

　教育委員会は、教育委員会規則で定めるところにより、その所管に属する学校ごとに、当該学校の運営および当該運営への必要な支援に関して協議する機関として、学校運営協議会を置くよう努めなければならないとされています。ただし、2以上の学校の運営に関し相互に密接な連携を図る必要がある場合として文部科学省令で定める場合に

コミュニティ・スクール（学校運営協議会制度）の導入状況　ー学校数ー

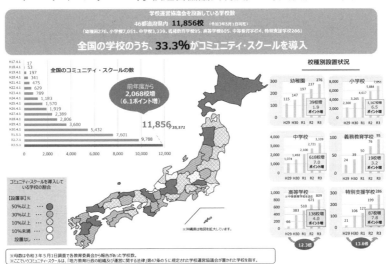

出典：文部科学省作成資料

コミュニティ・スクール（学校運営協議会制度）の導入状況　ー自治体数ー

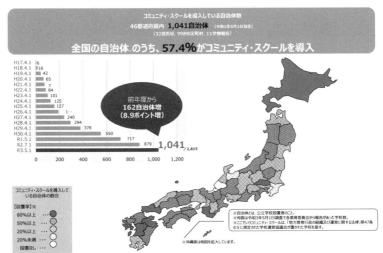

出典：文部科学省作成資料

は、2以上の学校について1の学校運営協議会を置くことができることとなっています。

　なお、全国の学校運営協議会の設置数（10,213協議会、11,856校）のうち、複数校で1つ設置している協議会の数は1,138協議会（2,781校）にのぼっています（令和3年5月1日現在）。

② 　学校運営協議会の委員

　学校運営協議会の委員は、㋐当該指定学校の所在する地域の住民、㋑当該指定学校に在籍する生徒、児童または幼児の保護者、㋒社会教育法第9条の7第1項に規定する地域学校協働活動推進員その他対象学校の運営に資する活動を行う者、㋓その他教育委員会が必要と認める者について、教育委員会が任命することとされます。

③ 　学校運営協議会の協議事項

　㋐ 　対象学校の校長は、学校運営に関して、教育課程の編成その他教育委員会規則で定める事項について基本的な方針を作成し、学校運営協議会の承認を受けなければならないこと

　㋑ 　学校運営協議会は、対象学校の運営に関して、教育委員会または校長に対して、意見を述べることができること

　㋒ 　対象学校の職員の採用その他の任用に関して教育委員会規則で定める事項について、当該職員の任命権者に対して意見を述べることができること

　なお、この場合において、当該職員が県費負担教職員であるときは、市町村委員会を経由するものとされ、任命権者は、当該職員の任用にあたっては、学校運営協議会の意見を尊重するものとするとされます。

④ 　学校運営協議会設置の留意事項

　㋐ 　各教育委員会は、学校運営の基本的な方針にそって、特色ある学校づくりを進める観点から、校長裁量予算の導入や拡充、教育委員会への届出・承認事項の削減等、学校の裁量の拡大に積極的

に取り組む必要があること

㋑　学校評議員との関係については、学校評議員は、校長の求めに応じて学校運営に関する意見を個人として述べるものであるのに対して、学校運営協議会は、学校運営、教職員人事について関与する一定の権限を有する合議制の機関であるなど、その役割が異なること。その設置については、教育委員会が学校の状況や地域の実情に応じて適切に判断すること

㋒　学校運営協議会を置く学校では、協議会においても、学校の運営状況等について評価を行うなど、十分な自己点検・評価に取り組むとともに、協議会の運営状況やその協議内容等も含め、地域住民等に対する情報公開についていっそうの取組みを進める必要があること（2004/平成16・6・24「地方教育行政の組織及び運営に関する法律の一部を改正する法律の施行について（通知）」参照）

コミュニティ・スクール（学校運営協議会制度）の仕組み

出典：文部科学省作成資料

【参考】英国の学校理事会制度について

　わが国の学校運営協議会制度は、英国の学校理事会制度に範をとっているといわれます。英国の学校理事会は、主として公立学校に付与される①教育課程、②教職員の任用、③学校予算の運用についての権限と責任にかかる意思決定機関の役割を果たすものであり、学校理事会は、保護者、地方教育当局（LEA）、教員、地域の代表および校長などから構成され、公立学校の管理運営は、学校理事会の監督の下に、執行機関である校長の責任により行われるものとされます。この学校理事会制度は、1988年の「教育改革法」により、公立学校の「自主的学校運営」（local management of schools）といわれる施策が導入されたことにより、その機能が大きく強化されたものであり、公立学校の運営責任を地方教育当局から各学校に委ねることをねらいとするものです。

第10講　教員免許と教員の身分・服務

1　教員免許制度について

1）教員に求められる資質・能力

「教育は人なり」といわれるように、学校教育の成否は、子どもの教育に直接携わる教員の資質・能力に負うところが極めて大きいといえます。教員の仕事は、人間の心身の発達にかかわっており、また、子どもの人格形成に大きな影響を与えるものです。このため、教員には、高度の専門的知識や技能はもとより、教育者としての使命感や子どもに対する責任、豊かな人間性や社会性などが求められます。こうした点が、他の職業とは異なる教職の特徴といえます。

2）教員免許制度の仕組み

(1)「相当免許状主義」の原則と例外

教育職員の資質の保持と向上を図ることを目的として、教育職員の免許に関する基準を定めているのが「教育職員免許法」です。教員免許制度は、公教育を担う教員の資質の保持・向上とその証明を目的とする制度であり、学校教育制度の根幹をなす重要な制度です。初等中等教育段階の学校の教員は、公教育の直接の担い手として、その業務の公共性や求められる専門職性等から、教員としての職務を行う者は、教育職員免許法で定める各相当の教員免許状を有する者でなければなりません（「相当免許状主義」同法第3条第1項）。すなわち、幼稚園、小学校、中学校、高等学校の教員は原則として、学校の種類ごとの教員免許状が必要であり、中学校または高等学校の教員の場合は、学校の種類および教科

ごとの教員免許状が必要となるのです。

　なお、教員免許状を有することが教員としての「資格要件」（学校教育法第9条）であることから、免許状が失効した場合には教員は当然に失職することとなります。公教育において、教員免許状を所有しない者は、教壇に立つことはできないという取扱いになります。

　次に、教育職員免許法に定める「相当免許状主義」の原則には、以下の3つの例外があります。

① 　**特別非常勤講師制度**　教育職員免許法第3条の2により、特定分野について優れた知識・技能を有する社会人であって、小学校・中学校・高等学校等の全教科、道徳、総合的な学習の時間の領域の一部などを担当する場合に、各相当の免許状を有しないものを非常勤の講師として登用できることを可能とするものです（1998年/平成10年から都道府県教育委員会への届出制に改められました）。

② 　**専科担任制度**　教育職員免許法第16条の5により、中学校・高等学校の教員免許状を有する者は、小学校または義務教育学校の前期課程において、各免許教科に相当する教科等の教員になることができるとするものです（現在は、小学校の全教科での指導が可能）。高等学校についても、看護、情報、工業、商業などにかかる教員免許状を有する者は、中学校、義務教育学校の後期課程または中等教育学校の前期課程において、相当する教科等の教員になることができます。

③ 　**免許外教科担任制度**　中学校、義務教育学校の後期課程、高等学校、中等教育学校の前期課程・後期課程、特別支援学校の中学部・高等部において、相当の免許状を所有するものを教科担任として採用することができない場合に、校内の他の教科の教員免許状を所有する教諭等が、1年に限り、免許外の教科の担任をすることができます。校長等が申請し、都道府県教育委員会の許可を得る必要があります。

※教員免許制度上、特別支援学校の教員は、他の校種と異なる取扱いとなっていま

す。原則は、特別支援学校の免許状のほか、特別支援学校の各部に相当する小学校等の免許状が必要ですが、「当分の間」は、小学校等の免許状があれば、特別支援学校の相当する各部の教員となることができます（同法附則第16項）。

(2) 教員免許状の種類と効力

　教員免許状には、普通免許状、特別免許状および臨時免許状の3種類があります（同法第4条第1項）。

① **普通免許状**　学校教育に当たる教員のほとんどが有する一般的な免許状であり、学校（義務教育学校、中等教育学校および幼保連携型認定子ども園を除く）の種類ごとの教諭の免許状と養護教諭・栄養教諭の免許状であって、中学校・高等学校の教員の普通免許状については、各教科ごとに授与されます。普通免許状には、専修免許状、一種免許状および二種免許状の3つの区分（高等学校は、専修免許状と一種免許状の2種類）が設けられ、免許状の基礎資格を修士・学士・短期大学士に区分したものとなっています。普通免許状は、すべての都道府県において効力を有します（第9条第1項）。

※普通免許状（特別免許状を含む）は、これまで、10年の有効期限（更新可）が付されていましたが、2022（令和4）年の教育職員免許法の一部改正により、教員免許状更新制度が廃止され、免許状の有効期限が撤廃されました。

② **特別免許状**　社会人を広く学校教育に登用することを目的とする免許状であり、学校の種類ごと（義務教育学校、中等教育学校および幼保連携型認定子ども園を除く）の教諭の免許状であって、小・中・高等学校の各教科ごとに授与されます。特別免許状は、その免許状を授与した授与権者の置かれる都道府県においてのみ効力を有します（第9条第2項）。

③ **臨時免許状**　普通免許状を有する者を採用することができない場合に授与される臨時の免許状であって、学校（義務教育学校、中等教育学校および幼保連携型認定子ども園を除く）の種類ごとの助教諭の免

教員免許状授与件数

区　　　　分		幼稚園	小学校	中学校	高等学校	特別支援学校	養護教諭	栄養教諭	特別支援学校自立教科等	計
普通免許状	専修免許状 平成29年度	264	1,701	4,740	5,901	265	96	12		12,979
	平成30年度	207	1,587	4,806	5,965	229	90	12		12,896
	令和元年度	274	1,595	4,530	5,614	236	85	18		12,352
	一種免許状 平成29年度	18,316	23,337	41,519	54,020	5,023	2,861	1,189	44	146,309
	平成30年度	18,223	23,294	40,667	52,470	5,174	2,863	1,256	37	143,984
	令和元年度	17,886	23,171	38,854	49,370	5,280	2,832	1,056	43	138,492
	二種免許状 平成29年度	32,312	3,756	2,176		6,844	1,096	708	3	46,895
	平成30年度	30,892	3,905	2,753		7,886	1,077	654	3	47,170
	令和元年度	27,993	3,567	2,625		7,878	1,060	491	4	43,618
	小計 平成29年度	50,892	28,794	48,435	59,921	12,132	4,053	1,909	47	206,183
	平成30年度	49,322	28,786	48,226	58,435	13,289	4,030	1,922	40	204,050
	令和元年度	46,153	28,333	46,009	54,984	13,394	3,977	1,565	47	194,462
特別免許状	平成29年度		12	42	105				10	169
	平成30年度		13	58	125				12	208
	令和元年度		16	61	138				12	227
臨時免許状	平成29年度	208	3,426	1,895	2,289	563	113		7	8,501
	平成30年度	208	3,934	1,837	2,268	547	152		17	8,963
	令和元年度	231	3,870	2,010	2,297	561	129		10	9,108
合計	平成29年度	51,100	32,232	50,372	62,315	12,695	4,166	1,909	64	214,853
	平成30年度	49,530	32,733	50,121	60,828	13,836	4,182	1,922	69	213,221
	令和元年度	46,384	32,219	48,080	57,419	13,955	4,106	1,565	69	203,797

出典：文部科学省作成資料

許状および養護助教諭の免許状があります。臨時免許状は、その免許状を授与した時から3年間、その免許状を授与した授与権者の置かれる都道府県においてのみ効力を有します（第9条第3項）。

これらの教員免許状については、都道府県の教育委員会が授与権者であり（教育職員免許法第5条6項）、免許状の授与を受けようとする者は、申請書に授与権者が定める書類を添えて授与権者に申し出ることとされています（同法第5条の2第1項）。

(3) 免許状の失効および取上げ

学校教育法第9条では、校長・教員の欠格事由として、次の4つが列挙され、これらの事由の一つでも該当する場合には、校長または教員になることができません。

① 禁錮以上の刑に処せられた者
② 教育職員免許法第10条第1項第2号又は第3号に該当することにより免許状がその効力を失い、当該失効の日から3年を経過しない者
③ 教育職員免許法第11条第1項から第3項までの規定により免許状取上げの処分を受け、3年を経過しない者
④ 日本国憲法施行の日以後において、日本国憲法またはその下に成立した政府を暴力で破壊することを主張する政党その他の団体を結成し、またはこれに加入した者

校長および教員の欠格事由に関連して、教育職員免許法第10条第1項では、公立学校の教員であって懲戒免職の処分または分限免職処分を受けたときは、免許状はその効力を失うとされ、免許状が失効した者は、速やかにその免許状を免許管理者に返納しなければならないと定められています。

また、同法第11条では、国立学校または私立学校の教員が懲戒解雇された場合には、免許管理者は、その免許状を取り上げなければならず、

分限免職の事由に相当する事由により解雇された場合においても、免許管理者は、その免許状を取り上げなければならないとされています。また、免許状取上げの処分を行ったときは、免許管理者は、その旨を直ちにその者に通知しなければならないとされ、当該免許状は、その通知を受けた日に効力を失うものとされます。

　さらに、教員が懲戒免職処分や分限免職処分を受けたときは、教員免許状は、その効力を失い、当該失効の日から３年を経過しない者については、教員免許状の再授与ができない取扱いとされています（教育職員免許法第５条第１項第４号及び第５号）。

　近年、教員による児童生徒に対するわいせつ行為（児童生徒性暴力行為等）の事例が増加し、社会的な問題となる中で、2021（令和３）年、「教育職員等による児童生徒性暴力等の防止等に関する法律」が成立し、児童生徒性暴力等を行った教育職員等に対する懲戒処分等について、適正かつ厳格な実施の徹底を図るための措置がとられるよう定めるとともに、児童生徒性暴力等を行ったことにより免許状が失効した者（公立学校教員）および免許状取上げの処分を受けた者（国・私立学校教員）については、再び教員免許状を授与するのが適当と認められる場合に限り、再び授与することができる特例措置が講じられました。

　児童生徒性暴力等を行い、懲戒免職処分を受けた者の教員免許状の再授与については、免許状授与権者である都道府県教育委員会に置かれる都道府県教育職員免許状再授与審査会の意見を聴かなければならないとされ、厳しいルールに基づき再免許状授与の可否が判断されることとなります。

2　教員の身分について

1）公立学校教員の身分

　戦前は、学校教育に関する事務はすべて「国の事務」と観念され、公

立学校の教員は、国家の公務を担当するものとして、「官吏」の待遇と身分が与えられていました。

　戦後は、地方自治の原則により、地方公共団体の行う教育事業は、「地方の事務」と考えられるようになり、公立学校教員の身分取扱いも改革されました。1949（昭和24）年制定の**「教育公務員特例法」**により、公立学校の校長、教員等は、地方公務員であるとともに、**「教育公務員」**という位置付けが与えられ、今日に至っています。

　教育公務員特例法では、公立学校に勤務する教員は、教育を通じて国民全体に奉仕するという、教育公務員の職務とその責任の特殊性に基づき、教育公務員の任免、人事評価、給与、分限、懲戒、服務および研修等について、一般の地方公務員とは異なる特例措置を定めています。

2）県費負担教職員制度

　公立学校に勤務する教職員のうち、市町村立小中学校等の教職員については、給料その他の給与が都道府県の負担とされる**「県費負担教職員」**の取扱いとされ、これら教職員の任免権は、都道府県の教育委員会に属することとされています。

　市町村立学校に勤務する教職員は、当該学校を設置する市町村の職員であり、本来その給与は市町村が負担するのが原則です。しかし、義務教育諸学校等の教職員については、**「市町村立学校職員給与負担法」**により都道府県（指定都市は除く）がその給与を負担すると定められています。これは、市町村間の財政力の格差により、学校教育の水準に格差が生じないようにするために設けられたものです。また、県費負担教職員については、地方教育行政法では、市町村立学校の教職員の任命権は、都道府県の教育委員会に属すると定められ（第37条第1項）、県費負担教職員の給与および任命については、都道府県の権限に属するという仕組みとなっています。

県費負担教職員制度について

> ①　市（指定都市除く）町村立小中学校等の教職員は市町村の職員であるが、設置者負担の原則の例外として、その給与については都道府県の負担とし、給与水準の確保と一定水準の教職員の確保を図り、教育水準の維持向上を図る。
>
> ②　身分は市町村の職員としつつ、都道府県が人事を行うこととし、広く市町村をこえて人事を行うことにより、教職員の適正配置と人事交流を図る。

文部科学大臣

教職員給与の1／3を負担
（義務教育費国庫負担法第2条）

都道府県教育委員会

教職員の給与の負担
（市町村立学校職員給与負担法第1条）

教職員の任命
（地教行法第37条）

人事の内申
（地教行法第38条）

市町村教育委員会
（指定都市除く）

教職員の服務監督
（地教行法第43条）

校長による意見の申出
（地教行法第39条）

設置・管理
（地教行法第21条第1号）

市町村立学校
（指定都市除く）

教職員
（県費負担教職員）

(注)地教行法…地方教育行政の組織及び運営に関する法律

※指定都市は、教職員の任命、給与負担、服務監督及び学校の設置・管理を一元的に行い、教職員給与費の1／3を国が負担。

出典：文部科学省作成資料

3　教育公務員の服務について

1）服務の根本基準

　公立学校の教員は、地方公務員の身分を有し、憲法第15条に規定する「全体の奉仕者」に当たります。

　公立学校の教員は、「全体の奉仕者として公共の利益のために勤務し、且つ、職務の遂行にあたっては、全力を挙げてこれに専念しなければならない」義務が課されています（地方公務員法第30条）。

2）公立学校教員の服務監督

　公立学校の教職員の服務の監督は、当該学校を管理する教育委員会が行うこととされ（地方教育行政法第21条第3号）、県費負担教職員については、公立小中学校の設置管理主体である市町村教育委員会が服務監督に当たります（同法第43条第1項）。

　教育公務員としての服務義務としては、職務上の義務および身分上の義務の2つがあります。

① 　**職務上の義務**　服務の宣誓、法令・上司の職務上の命令に従う義務、職務専念義務

② 　**身分上の義務**　信用失墜行為の禁止、守秘義務、政治的行為の制限、争議行為等の禁止、営利企業への従事等の制限

⑦ 　**服務の宣誓**

【地方公務員法】

第31条　職員は、条例の定めるところにより、服務の宣誓をしなければならない。

　職員は、条例の定めるところにより「服務の宣誓」をしなければならないとされますが、この服務の宣誓は、職員が服務義務に従うことを住

民に対し宣言するものです。

㋑　法令・上司の職務上の命令に従う義務
【地方公務員法】
第32条　職員は、その職務を遂行するに当つて、法令、条例、地方公共
　　団体の規則及び地方公共団体の機関の定める規程に従い、且つ、上司
　　の職務上の命令に忠実に従わなければならない。

　地方公務員は、全体の奉仕者として公共の利益のために勤務しなけれ
ばならないことから、公共の利益を具体的に体現する法令、条例、地方
公共団体の規則等に従うとともに、職務上の上司の命令に忠実に従う義
務があります。職務上の「上司」とは、その職員との関係で指揮監督す
る権限を有する者をいい、教職員については、所属する学校の校長・教
頭（副校長、主幹教諭も設置される場合には「上司」に含まれます）並
びに学校を設置する地方公共団体の教育委員会および教育長などがこれ
に当たります。職務命令が有効である要件は、①権限ある上司から発せ
られたこと、②命ぜられた職員の職務に関するものであること、③職務
命令の内容が事実上または法律上不可能なことを命ずるものでないこと
とされます。

㋒　職務専念義務
【地方公務員法】
第35条　職員は、法律又は条例に特別の定がある場合を除く外、その勤
　　務時間及び職務上の注意力のすべてをその職責遂行のために用い、当
　　該地方公共団体がなすべき責を有する職務にのみ従事しなければなら
　　ない。

　職員は、法律または条例の定めがある場合を除いて、その勤務時間中

は、職務上の注意力のすべてを自己の職務遂行のために用い、公立学校に勤務する教員においては、勤務する学校のなすべき責を有する職務にのみ従事しなければならないという職務上の義務が課されています。

「職務専念義務」は、勤務時間中の身体的な活動のみではなく、精神活動の面においても注意力のすべてを職務の遂行に向けるべきものと解されています。勤務時間中に政治的スローガンのプレートやバッジなどを着用する行為は、それが職責遂行に特段の支障が生じなかったとしても、注意力のすべてを職務の遂行に用いていないということで、職務専念義務違反に問われた裁判例があります。

公立学校の教員は、勤務時間中は職務に専念する義務がありますが、職務専念義務が免除される場合が法令に定められています。具体には、①職務専念義務免除研修、②教育に関する兼職・兼業、③育児休業等の休業、④職員団体による適法な交渉、⑤分限休職・停職などのほか、国民の祝日や年末年始等の休日、有給・無休の休暇など条例の定めによるものが職務専念義務が免除される対象となります。

㋑ 信用失墜行為の禁止
【地方公務員法】
第33条　職員は、その職の信用を傷つけ、又は職員の職全体の不名誉となるような行為をしてはならない。

全体の奉仕者として公共の利益のために勤務する公務員については、その地位の特殊性に基づき、一般の国民以上に高度の行為規範が要求されます。「信用失墜行為の禁止」は、職務遂行の有無を問わず、公務員たる身分を有することによって守るべき身分上の義務です。したがって、職員の職務に関連した非行に限らず、職務と関係のない非行についても、その職の信用を傷つけることには変わりなく、同様に禁止されています。たとえば、飲酒運転による交通事故、セクハラ行為、盗撮行為

など勤務時間内外の非行行為が禁止されます。信用失墜行為に該当するかどうかは、教員の場合、人を教えるという職務にかかる崇高な使命を深く自覚すべき立場（教育基本法第9条）にあることから、他の公務員の場合よりもさらに厳しく判断されることとなります。

㋔　秘密を守る義務
【地方公務員法】
第34条　職員は、職務上知り得た秘密を漏らしてはならない。その職を退いた後も、また、同様とする。

　「秘密を守る義務」とは、職員が、職務上知り得た秘密については、それが個人的な秘密か公的な秘密かを問わず、また、在職中はもちろん退職後もこれを漏らしてはならないという身分上の義務であり、公立学校に勤務する教員にも当然に適用されます。
　「秘密」とは、一般的に了知されていない事実であって、それを一般に了知せしめることが一定の利益の侵害となると客観的に考えられるものをいいます。具体的に職員が職務において知り得た事柄のうちどれが秘密に当たるかは、社会通念に照らし個別に判断されます。学校の場合、入学試験問題、児童生徒の成績、健康診断の記録、家庭状況調査書や指導要録など、様々なものが秘密事項に該当します。教員が、職務上知り得た秘密を洩らした場合には、懲戒処分の対象となるほか、刑罰を科されます（地方公務員法第60条第2号）。なお、児童虐待防止法第6条に規定される、「児童虐待を受けたと思われる児童」を発見した場合の教員の通告義務については、守秘義務の規定は、通告義務の遵守を妨げるものとは解釈されません。

㋕　政治的行為の制限
【地方公務員法】

第36条　職員は、政党その他の政治的団体の結成に関与し、若しくはこ
　　れらの団体の役員となってはならず、またはこれらの団体の構成員と
　　なるように、若しくはならないように勧誘運動をしてはならない。
2　職員は、特定の政党その他の政治的団体又は特定の内閣若しくは地
　　方公共団体の執行機関を支持し、またはこれに反対する目的をもっ
　　て、あるいは公の選挙又は投票において特定の人または事件を支持
　　し、またはこれに反対する目的をもって、次に掲げる政治的行為をし
　　てはならない。ただし、当該職員の属する地方公共団体の区域外にお
　　いて、第1号から第3号まで及び第5号に掲げる政治的行為をするこ
　　とができる。(以下略)
【教育公務員特例法】
第18条　公立学校の教育公務員の政治的行為の制限については、当分の
　　間、地方公務員法第36条の規定にかかわらず、国家公務員の例によ
　　る。
2　前項の規定は、政治的行為の制限に違反した者の処罰につき国家公
　　務員法第110条第1項の例による趣旨を含むものと解してはならない。

　すべての公務員は、日本国憲法15条2項に定めるところにより、「全
体の奉仕者」であることから、政治的中立を守る必要があり、このた
め、地方公務員法第36条により、職員には「政治的行為の制限」が課さ
れています。
　一般職の地方公務員は、所属する自治体の区域外においては、特定の
政治的行為が認められているのに対して、公立学校教員については、国
家公務員と同様、地域を問わず政治的行為が制限されています。これ
は、公立学校の教員は、教育を通じて国民全体に奉仕するものであり、
教育は一地方限りの利害に関するものではないことによります。ただ
し、国家公務員の場合は、政治的行為の制限に違反した場合には、3年
以下の懲役または100万円以下の罰金が科されますが、教育公務員の場

合には、このような国家公務員に科される刑事罰が適用除外となっています。

　さらに、公職選挙法第137条では、学校の校長・教員が教育者としての地位を利用して選挙運動を行うことを禁止しています。学校には、政治的中立が厳しく求められているのです。

㋖　争議行為等の禁止
【地方公務員法】
第37条　職員は、地方公共団体の機関が代表する使用者としての住民に対して同盟罷業、怠業その他の争議行為をし、又は地方公共団体の機関の活動能率を低下させる怠業的行為をしてはならない。また、何人も、このような違法な行為を企て、又はその遂行を共謀し、そそのかし、若しくはあおってはならない。
2　職員で前項の規定に違反する行為をしたものは、その行為の開始とともに、地方公共団体に対し、法令又は条例、地方公共団体の規則若しくは地方公共団体の機関の定める規程に基づいて保有する任命上又は雇用上の権利をもって対抗することができなくなるものとする。

　憲法では、勤労者に対して「団結権」、「団体交渉権」、「争議権」の労働三権が保障されていますが、公共の利益のために勤務する国や地方の公務員には、その地位の特殊性と職務の公共性にかんがみ、「労働基本権」に制限が課されています。公立学校の教職員も含め地方公務員については、原則として職員団体を結成することや当局と交渉を行うことは認められていますが、争議権が認められておらず、地方公務員法第37条により、「争議行為等の禁止」が定められています。なお、争議行為等の禁止に違反した者は、任命上または雇用上の権利を主張できなくなるとされ、不利益処分を受けることとなります。また、地方公務員法第61条では、「何人たるを問わず、第37条第1項前段に規定する違法な行為

の遂行を共謀し、そそのかし、若しくはあおり、又はこれらの行為を企てた者」に該当する場合、3年以下の懲役または100万円以下の罰金に処する取扱いとされます。

　教育公務員についても、憲法第28条にいう「勤労者」に当たり、憲法が保障する「労働基本権」が基本的に認められていますが、①公務員の従事する職務の公共性と住民全体に対し労務提供義務を負うという地位の特殊性、②法令等でその主要な勤務条件が定められ、その身分が保障されていること、③人事委員会制度等の適切な代償措置が講じられていることなどから、住民の全体の共同利益に調和するように、争議権はじめその労働基本権が制限されることはやむを得ないものと解されています。

⑦　営利企業等への従事制限
【地方公務員法】
第38条　職員は、任命権者の許可を受けなければ、商業、工業又は金融業その他営利を目的とする私企業を営むことを目的とする会社その他の団体の役員その他人事委員会規則で定める地位を兼ね、若しくは自ら営利企業を営み、又は報酬を得ていかなる事業若しくは事務にも従事してはならない。
【教育公務員特例法】
第17条　教育公務員は、教育に関する他の職を兼ね、又は教育に関する他の事業若しくは事務に従事することが本務に支障がないと任命権者において認める場合には、給与を受け、又は受けないで、その職を兼ね、又はその事業若しくは事務に従事することができる。

　地方公務員は、地方公務員法第38条の定めにより、勤務時間の内外を問わず、原則として営利企業に従事等することが禁止されています。この「営利企業への従事等の制限」とは、職員が、任命権者の許可を受け

なければ、①営利を目的とする私企業を営むことを目的とする会社等団体の役員等を兼ねること、②自ら営利を目的とする私企業を営むこと、③報酬を得て事業・事務に従事することを禁止する、身分上の義務です。ただし、公立学校の教員にも地公法第38条が適用されますが、教育公務員には、教育公務員特例法第17条により、「兼職・兼業」の特例規定が設けられています。「兼職・兼業」の特例とは、教育に関する他の職を兼ね（兼職）、または教育に関する他の事業・事務に従事すること（兼業）が本務の遂行に支障がないと任命権者（県費負担教職員の場合は市町村教委）が認める場合には、給与を受け、または受けないで兼職・兼業ができることです。

3) 教員の服務義務違反の近年の特徴的な事例について
① ハラスメント

　近年、学校において、ハラスメントの問題が生じています。ハラスメントには、主に**セクシャル・ハラスメントとパワー・ハラスメント**の2つがありますが、これらハラスメントの行為は、重大な非違行為であり、行為の態様、程度等により、懲戒処分の量定が決定されます。
　セクシャル・ハラスメントは、「他の者を不快にさせる職場における性的な言動及び職員が他の職員を不快にさせる職場外における性的な言動」（人事院規則10-10）と定義されますが、学校現場においては、セクシャル・ハラスメントの該当行為として、たとえば、児童生徒等に対し、わいせつな言辞、性的な内容のメールの送付、性的行為と受け取られる身体的接触、付きまとい等の性的な言動が挙げられるほか、児童生徒等以外の者に対しては、脅迫的な行為または職務上の影響力を用いることにより強いて性的関係を結び、もしくはわいせつな行為をすることが挙げられます。
　セクシャル・ハラスメントを含む「わいせつ行為等」により、懲戒処分を受けた教育職員の数は、2019（令和元）年度においては、免職処分

153人、停職処分50人、減給処分16人、戒告処分9人、訓告等45人の合計273人に上っています。

　次に、パワー・ハラスメントについては、「職場において行われる優越的な関係を背景とした言動であって、業務上必要かつ相当な範囲を超えたものによりその雇用する労働者の就業環境が害されること」（労働施策総合推進法第30条の2）と定義されます。具体的には、職務上の地位や権限または職場内での優位性を背景に、職務の適正な範囲を超えた人格と尊厳を侵害する言動により、身体的・精神的苦痛を与え、職務に専念できなくなる等の不利益を与える行為が該当します。

　パワー・ハラスメント等により、懲戒処分を受けた教育職員の数は、2019（令和元）年度においては、免職処分2人、停職処分2人、減給処分2人、戒告処分1人、訓告等20人の合計27人に上っています。

② 個人情報の不適正な取扱い

　個人情報の保護については、2005（平成17）年4月より、「個人情報保護法」が全面施行され、地方公共団体における個人情報の保護については、各地方自治体が定める「個人情報保護条例」が適用され、公立学校が保有する児童生徒の個人情報の取り扱いについても、この条例が適用されます。

　「個人情報」とは、生存する個人に関する情報であって、当該情報に含まれる氏名、生年月日その他の記述等により特定の個人を識別することができるものなどをいいます（個人情報保護法第2条第1項）。

　学校においては、指導要録、健康診断に関する表簿など、児童生徒に関する多くの個人情報を保有しており、その適正な管理・保護が求められています。

　しかしながら、学校の教職員が、個人情報に関する情報やUSBメモリーなどを学校外に持ち出したため、紛失や盗難等にあったりし、学校から個人情報が漏洩する事例が後を絶ちません。個人情報が学校外に流出することは、児童生徒や保護者をはじめ関係者の人権と利益に影響を及

ほし、学校対する信頼を損なう行為です。

　過失により個人情報を漏洩し、もしくは紛失または盗難により、校務の運営に支障を生じさせた場合には、信用失墜行為として懲戒処分の対象となります。個人情報の不適切な取扱いにより、懲戒処分等を受けた教職員の数は、2019（令和元）年度において、懲戒処分（減給、戒告）16人、訓告等297人の合計313人に上ります。

教育職員の懲戒処分等の状況（2019年度）

区分	懲戒処分					訓告等	総計
	免職	停職	減給	戒告	合計		
交通違反・交通事故	36人	26人	58人	58人	204人	2,283人	2,487人
体罰	0	18人	68人	56人	142人	408人	550人
わいせつ行為等	153人	50人	16人	9人	228人	45人	273人
個人情報の不適切な取扱い	0	0	5人	11人	16人	297人	313人
その他	23人	63人	63人	90人	240人	813人	1,053人
合計	212人	157人	157人	224人	830人	3,846人	4,676人

出典：令和元年度公立学校教職員の人事行政状況調査結果より筆者作成

4　懲戒処分と分限処分について

1）懲戒処分

　懲戒処分とは、職員に一定の義務違反があった場合、その道義的責任を追及し、公務員関係の規律と秩序を維持することを目的として、職員の任命権者が科す制裁処分です。地方公務員の懲戒については、地方公務員法第29条の規定により、①戒告、②減給、③停職、④免職の4つの処分が定められています。

　懲戒処分が行われる事由としては、次の3つが規定されています（地

方公務員法第29条)。

① 法令等の定めに違反した場合

② 職務上の義務に違反し、または職務を怠った場合

③ 全体の奉仕者たるにふさわしくない非行のあった場合

　具体例としては、飲酒運転、セクハラ、体罰、公費の不正使用などが挙げられますが、処分を行うかどうか、また、処分のうちどの処分を選択するかは、懲戒処分権者の裁量に任されています。<u>県費負担教職員の懲戒については、任命権者である都道府県教育委員会が懲戒処分権者となりますが、市町村教育委員会の内申をまって行うものとされています</u>（地方教育行政法第38条）。

2）分限処分

　公務員には、身分保障がなされていますが、一定の事由がある場合には、公務能率の維持の観点から、職員の意に反し、身分上の変動をもたらす分限処分を行うことができます。分限処分は、職員の道義的責任を追及する懲戒処分とは、その目的を異にするものです。地方公務員の分限処分には、①降任、②免職、③休職、④降給の4つがあります。

　これらのうち、降任・免職の処分事由としては、次の4つが規定されています（地方公務員法第28条）。

① 人事評価または勤務の状況を示す事実に照らして、勤務実績が良くない場合

② 心身の故障のため、職務の遂行に支障があり、またはこれに堪えない場合

③ 職に必要な適格性を欠く場合

④ 職制や定数の改廃等により廃職または過員を生じた場合

　また、心身の故障のため、長期の休養を要する場合には、「休職処分」も可能です。休職の期間は、条例で3年を超えない範囲内とされ、休職者は、その間、職員の身分は有しますが、職務に従事しない取扱いとさ

れます。

　教育職員の精神疾患による病気休職者数は、2007（平成19）年度以降
5,000人前後で推移し、病気休職者数の高止まりの状況が続いており、
学校現場での教員不足を招いています。教員の場合、結核性疾患のため
長期の休養を要するときは、教育公務員特例法により、満2年（3年ま
で延長可）まで休職でき、その間、給与の全額が支給されます（第14
条）。

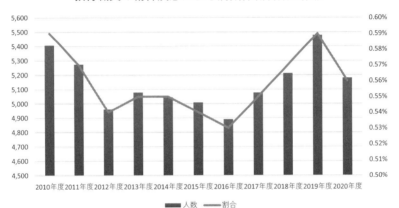

教育職員の精神疾患による病気休職者数の推移

出典：公立学校教職員の人事行政状況調査結果（文部科学省）より筆者作成

第11講　学校の勤務管理と教員の研修制度

1　学校における勤務時間管理

1）公立学校教員の勤務時間

　地方公務員の勤務時間とは、職員が、上司の指揮監督を受けて、原則としてその職務にのみ従事しなければならない時間のことを指し、労働基準法上の労働時間に当たります。公立学校の教職員を含む地方公務員の勤務時間については、労働基準法第32条の規定（1週40時間以内、1日8時間以内）の枠内で、国および他の地方公共団体の職員との間に権衡（つり合い）を失しないように、当該地方公務員の属する地方公共団体の条例で定めることとされています。

　ただし、市町村立学校に勤務する県費負担教職員の勤務時間については、都道府県の条例で定めることとされています（地方教育行政法第42条）。

2）勤務時間の割り振り

　勤務時間の割り振りとは、条例で定められた「勤務時間」について、個々の教職員ごとに、勤務する日や勤務する時間を具体的に特定することです。

　割り振りの内容としては、
① 　勤務を要する日（勤務日）の特定（月〜金曜日）
② 　勤務日における勤務を要する時間数（勤務時間）の決定
　　（1日7時間45分、1週38時間45分）
③ 　勤務日における勤務終始時刻の決定

④　勤務日における休憩時間の配置（45分）

などが挙げられます。

　勤務時間の割り振りは、教職員の服務監督権者である教育委員会（県費負担教職員の場合は市町村教育委員会）の権限です。具体の権限は教職員を直接監督する校長に委ねられています。

3）週休日と休日

　労働基準法第35条では、使用者は労働者に対して毎週少なくとも1回の休日を与えなければならないと定めており、この労働基準法にいう「休日」が、各地方公共団体が定める勤務時間条例上の「週休日」に当たります。勤務時間条例上の「週休日」とは、正規の勤務時間を割り振らない、勤務を要しない日のことをいい、原則として日曜日および土曜日と定められています。

　したがって、勤務時間条例上の「週休日」は、正規の勤務時間を割り振られていないことから、給与の支給対象とはなりません。

　一方、勤務時間条例上の「休日」とは、正規の勤務時間が割り振られてはいるが、特段の命令がないかぎり出勤しなくともよい日のことをいい、国民の祝日に関する法律に規定する「休日」（祝日）および年末年始の「休日」を指します。したがって、勤務時間条例上の「休日」は、正規の勤務時間が割り振られていることから、給与の支給対象となります。

4）週休日の振替と代休日の指定

　公立学校の教員の勤務について、運動会や授業参観などで日曜日等の「週休日」に特に勤務を命じる必要がある場合には、各地方公共団体の勤務時間条例等に基づき、「週休日の振替」が認められます。週休日に授業参観などを実施した場合、週休日を勤務日である他の曜日に振り替えることができることとなります。「週休日の振替」とは、教育委員会

が定める期間内の勤務日を週休日に変更した上で、その勤務日に割り振られていた勤務時間を、勤務を命じたい週休日に振り替えることです。

　一方で、祝日等の「休日」に特に勤務を命じた場合、休日にはすでに正規の勤務時間が割り振られていることから振替の手続きはできませんが、勤務時間条例等に基づき、当該休日前に、勤務を要さない「代休日」として本来の勤務日等を指定することができます。ただし、休日に勤務を命じる場合には、「公立の義務教育諸学校等の教育職員の給与等に関する特別措置法」により、その業務が時間外勤務を命じることのできる「超勤４項目」（①生徒実習、②修学旅行等の学校行事、③職員会議、④非常災害の場合、児童生徒の指導に関し、緊急の措置を必要とする場合その他やむを得ない場合）に該当する場合に限られます。

5）休業日と土曜授業

　「休業日」とは、学校において児童生徒等に対する授業を行わない日（学校教育法施行規則第４条）をいいます。公立学校の「休業日」は、学校教育法施行規則第61条の規定により、①国民の祝日に関する法律に規定する日、②日曜日および土曜日、③教育委員会が定める夏季、冬季、学年末等における休業日が該当します。また、「休業日」には、このほかに「臨時休業」といわれるものがあり、④非常変災その他急迫の事情がある場合、⑤感染症の予防上必要がある場合に、臨時に授業を行わないことができることとなっています。

　「休業日」とは、授業を行わない日のことであり、教職員の勤務時間とは別の事柄であり、休業日であるからといって必ずしも勤務を要しないわけではありません。

　次に、「土曜授業」とは、児童生徒の代休日を設けずに、土曜日を活用して教育課程内の学校教育活動を行うこととされます。2013（平成25）年、学校教育法施行規則第61条が改正され、当該学校を設置する地方公共団体の教育委員会が必要と認める場合は、休業日である土曜日等

に教育課程内の授業を実施できることが明確化され、地域の実情に応じて、土曜授業が実施されています。ただし、土曜授業の実施により、教職員が土曜日等に勤務する場合には、週休日の振替を確実に行わなければなりません。

6）時間外勤務と超勤４項目

　公立学校の教員は、原則として割り振られた正規の勤務時間内において勤務すればよいのですが、正規の勤務時間を超えて職務を行うことが必要となることがあります。実際には、教員は、「**過労死ライン**」（発症前１か月間におおむね100時間または発症前２か月間ないし６か月間にわたって１か月当たりおおむね80時間の時間外労働）を超えて働くことが学校の常識となりつつあります。2016（平成28）年文部科学省が実施した「教員勤務実態調査」では、小学校教員の３割、中学校教員の５割が１月あたり80時間以上の時間外勤務をしている実態が明らかにされました。

　教員の時間外勤務とは、校長の職務命令を受けて、教員が正規の勤務時間外において勤務することをいいます。ただし、公立学校の教員に時間外勤務を命じる場合は、「**公立の義務教育諸学校等の教育職員の給与等に関する特別措置法**」（「**給特法**」）第６条に基づき、政令で定める基準に基づき、条例で定める場合に限られます。政令では、原則として、教員に時間外勤務を命じないとされ、時間外勤務を命じる場合は、①校外実習その他生徒の実習に関する業務、②修学旅行その他学校行事に関する業務、③職員会議に関する業務、④非常災害の場合、児童生徒の指導に関し緊急の措置を必要とする場合その他やむを得ない場合に必要な業務の４項目に限定しています（**超勤４項目**）。

　したがって、公立学校教員に時間外勤務を命じる場合は「超勤４項目」に限定され、教員が時間外の勤務を行ったとしても、労働基準法第37条に定める時間外勤務手当および休日勤務手当の規定は適用されず、

残業手当は不支給の取扱いとされます。ただし、それに代えて、教員の
勤務時間の内外を包括的に評価して、給料の４％相当分の「**教職調整
額**」を支給することとされています。

7）学校における働き方改革

　今日、社会全体において、長時間労働に依存した企業文化や職場風土
の抜本的な見直しを図り、長時間労働を是正し、ワーク・ライフ・バラ
ンスの実現を図る「**働き方改革**」を推し進めることが重要な政策課題と
なっています。学校教育の現場においても、学習指導・生徒指導をはじ
め学校の業務が複雑化・増大化する中で、教員が長時間にわたる勤務を
強いられ、しかも不払いの時間外労働を余儀なくされ、疲弊している現

OECD国際教員指導環境調査（2018年）

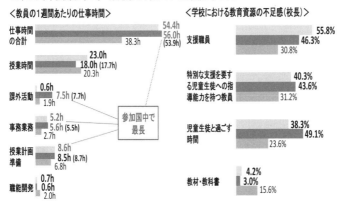

教員の仕事時間は参加国中で最も長く、人材不足感も大きい。

> 日本の小中学校教員の**1週間当たりの仕事時間は最長**。
> 前回2013年調査と同様に、**中学校の課外活動（スポーツ・文化活動）の指導時間が特に長い**。一方、日本の小中学校教員
> が**職能開発活動に使った時間は、参加国中で最短**。
> 質の高い指導を行う上で、**支援職員の不足**や、**特別な支援を要する児童生徒への指導能力を持つ教員の不足**を指摘する
> 日本の小中学校校長が多い。一方、教材の不足については指摘が少ない。

〈教員の1週間あたりの仕事時間〉

仕事時間の合計	54.4h / 56.0h (53.9h) / 38.3h
授業時間	23.0h / 18.0h (17.7h) / 20.3h
課外活動	0.6h / 7.5h (7.7h) / 1.9h
事務業務	5.2h / 5.6h (5.5h) / 2.7h
授業計画準備	8.6h / 8.5h (8.7h) / 6.8h
職能開発	0.7h / 0.6h / 2.0h

参加国中で最長

〈学校における教育資源の不足感（校長）〉

支援職員	55.8% / 46.3% / 30.8%
特別な支援を要する児童生徒への指導能力を持つ教員	40.3% / 43.6% / 31.2%
児童生徒と過ごす時間	38.3% / 49.1% / 23.6%
教材・教科書	4.2% / 3.0% / 15.6%

出典：国立教育政策研究所

状を直視すると、教員の多忙化の解消は、学校教育上解決すべき最重要な課題です。教員の多忙が常態化する中で、教員の勤務環境の抜本的改善を図ることなくして、子どもたちに豊かな学びを保障することはできません。今や、教員の働き方改革は待ったなしの状況にあります。

　教員の長時間労働を縮減し、ワーク・ライフ・バランスを実現するためには、教員の勤務時間に対する意識改革という「精神主義」に依拠するのではなく、教員の勤務環境の抜本的改善を図ることこそが求められます。

　そのためには、第１に学校の役割の明確化と教員の職務の大胆な削減・見直しを図ること、第２に教員の受持ち授業時数の削減を図るなど教職員定数の改善充実を図ること、第３に教員の業務負担軽減のために事務職員の配置拡充や共同学校事務室の設置促進はじめ学習支援員、部活動指導員、スクールカウンセラー、スクールソーシャルワーカーなどの外部支援スタッフの配置を拡充することなどの教育条件整備の方策を総合的に推進することが不可欠です。これらに加えて、教員の長時間労働の増大化・常態化に対し、何ら「歯止め」の機能を果たしていない「給特法」を抜本的に見直すことが急務といえます。

　国においても、「学校における働き方改革」が大きな政策課題となる中で、2017（平成29）年７月には中央教育審議会に「学校における働き方改革特別部会」が設置され、精力的な審議の結果、2019（平成31）年１月には、中教審から「新しい時代の教育に向けた持続可能な学校指導・運営体制の構築のための学校における働き方改革に関する総合的な方策について」答申が提出されました。

　今回の中教審答申では、①学校および教師が担う業務の明確化・適正化、②勤務時間管理の徹底、③勤務時間制度の改革を中心に、働き方改革の提言が行われています。

　第１に、「学校及び教師が担う業務の明確化・適正化」の提言について見ると、答申では、これまで学校・教師が担ってきた代表的な業務

（14種）のあり方を大胆に仕分けし、学校と教師の業務負担の軽減を図ろうとしています。しかしながら、「基本的には学校以外が担うべき業務」、「学校の業務だが、必ずしも教師が担う必要のない業務」、「教師の業務だが、負担軽減が可能な業務」の3つに分類・整理するとしても、法令や制度的慣行等により学校が遂行すべき業務として捉えられてきたものが山積する中で、個々の学校の判断と取組みに委ねているだけでは、業務削減の実効性は上がりません。また、今後、教師が本来担うべき業務に専念できるよう、**「教員職務標準表」**を策定することが不可欠ですが、これまで教師が担ってきた業務を他職種の職員に移行するとすれば、業務負担を転嫁することとなります。他職種職員の負担軽減のためにも、これら職員の配置拡充が切に求められています。「チーム学校」の名の下に、教員の業務負担軽減が、他職種職員の業務負担を増大させることとなってはなりません。

　第2に、「勤務時間管理の徹底」の提言について見ると、答申では、教員の長時間勤務の解消に向けた勤務時間制度の改革方策として、時間外勤務の目安として「月45時間、年360時間を超えないようにすること」を内容とする**「勤務時間の上限に関するガイドライン」**を提言しています。この「ガイドライン」において超勤4項目以外の「自発的勤務」についても、**「在校等時間」**として勤務時間管理の対象として明確化した点は、教員の過労死事案の公務災害認定の容易化にも資するなど一定程度評価できますが、「ガイドライン」は、時間外勤務の上限の「目安」を示すだけで、上限規制の実効性に乏しいものです。教員にとって勤務時間内に到底処理できない膨大な業務の大胆な削減が図られないかぎり、教員は依然として業務を処理するため限度基準を超えて勤務せざるを得ないことは明らかです。その場合、勤務時間の虚偽申告が増大する恐れもあり、時間外勤務の**「ブラックボックス化」**を招きかねません。また、「持ち帰り残業」も増大するおそれがあります。教員の長時間勤務の実態は何ら改善されないどころか、潜在的な時間外勤務の時間が増

加する点で、より問題は深刻化するおそれがあります。これらの問題が生じないよう、いかに実効性を担保するかが問われています。

　第3に、「勤務時間制度の改革」の提言について見ると、答申では、給特法の基本的な枠組みを維持するとして、問題解決を先送りしているばかりか、「1年単位の変形労働時間制」の導入を提言しています。小学校で3割超、中学校で5割超の教員が、過労死ラインとされる月80時間以上の時間外勤務を強いられている中で、こうした実態を改善しないまま、この制度を導入すれば、教員の長時間労働を固定化・恒常化するおそれが強いでしょう。繁忙対応型の変形労働時間制は繁忙期の業務負担が大きく、肉体的にも精神的にも疲労が深くなり、かえって教員の命と健康を脅かし、教員の生活設計にも深刻な影響を及ぼしかねません。教員の恒常的な時間外労働の実態が是正されないかぎり、制度導入は前提条件を欠くものといえます。

　学校における働き方改革を取りまとめた中央教育審議会の答申を受けて、文部科学省は、学校における働き方改革をいっそう推進するため、2019（令和元）年、給特法（公立の義務教育諸学校等の教育職員の給与等に関する特別措置法）の改正法案を国会に提出し、2019（令和元）年12月には法案が可決成立しました。この改正法では、①文部科学大臣が教育職員の業務量の適切な管理等に関する指針を策定するとともに（2020/令和2年4月施行）、②公立学校の教育職員について、地方公共団体の条例に基づき1年単位の変形労働時間制が実施できるようにすること（2021/令和3年4月施行）を内容としています。

　文部科学大臣が策定する「指針」では、これまで勤務時間管理の対象とされてこなかった「超勤4項目」以外の業務を行う時間も含め、教育職員が学校教育活動に関する業務を行う時間として外形的に把握できる時間を「在校等時間」として、勤務時間管理の対象にするとともに、在校等時間から所定の勤務時間を除いた時間（時間外在校等時間）、いわゆる残業時間の上限について、特別の事情により業務を行わざるを得な

い場合を除き、1か月間では45時間以内、1年間では360時間以内とするなど、民間と同様の勤務時間管理の上限が設定されました。

　また、給特法の改正により新たに導入された「1年単位の変形労働時間制」は、教員の勤務態様が、授業期間と長期休業期間に繁閑の差があることから、学期中に所定の勤務時間を超えて勤務することを可能とする一方で、かつて行われていた夏休み中の休日のまとめ取りのように集中して休日を確保することができるよう、地方公共団体の判断により導入が可能となりました。

　今回の給特法の改正を受けて、国、地方挙げて、学校における働き方改革が取り組まれていますが、「令和3年度　教育委員会における学校の働き方改革のための取組状況調査」（文科省）の結果に見られるように、新型コロナ感染症の拡大による学校の臨時休業の要因はあるものの、時間外在校等時間の上限である1か月間45時間を超えて勤務する教員の割合が、小学校で46.2%、中学校で60.4%（6月期）を占めるなど、教員の長時間労働の実態は遅々として改善されていない状況にあることがわかります。

　学校における働き方改革は、いまだ道半ばといえましょう。

8）定年の延長

　これまで教育公務員を含む国家公務員ならびに地方公務員の定年年齢は、原則として60歳とされてきましたが、平均寿命の伸長や少子高齢化の進展を踏まえ、豊富な知識、技術、経験等を持つ高齢期の職員に最大限活躍してもらうため、2021（令和3）年、国家公務員法等の一部改正法が成立し、現行60歳の定年が2023（令和5）年から段階的に引き上げられ、65歳まで延長されることとなりました。

　国家公務員法等の改正に伴い、地方公務員法も改正され、公立学校に勤務する教職員についても2023（令和5）年度から1963年度生まれは61歳定年となり、2年ごとに1歳ずつ引き上げられ、2031（令和13）年度

には65歳定年となります。

　公立学校の教職員についても、59歳になると、「定年延長」、「定年前再任用短時間勤務」のいずれかを選択し、任命権者は教員の意思を確認することとなります。教員の場合、一般職の地方公務員とは異なり、定年延長者、短時間勤務者も定数内にカウントされる取扱いであり、高齢者の教職員の増加に伴い、新規採用者数も抑制する必要が出てくるなどの問題が指摘されています。

　なお、定年延長に伴い、給与は60歳時の７割、退職金は月例給が最も高いときを基準に支給されることとなります。その支給時期は、定年退職時とされます。

2　休暇制度

　地方公務員の休暇制度とは、条例および規則に基づいて、職員が、その所属機関の長の承認を受けて、一定の期間その職務を遂行しないで職務以外の事柄に勤務時間を利用することが認められた、勤務時間管理上の制度です。

　労働基準法上は、休暇制度として、①公民権行使、②年次有給休暇、③産前産後休暇、④育児時間などが規定されています。

　公立学校の教職員の場合は、これを上回る範囲の休暇が、各都道府県の条例・規則で定められています。

　休暇は、休暇中の給与の支給の有無により「有給休暇」と「無給休暇」に分けられ、「有給休暇」には、①年次休暇、②病気休暇、③特別休暇があります。

① 　年次休暇　職員が心身の疲労回復を図るため、職員の請求により認められ、条例により年20日与えられます。

② 　病気休暇　職員が負傷・疾病のため療養する必要がある場合に認められる休暇です。その期間は、療養のため勤務しないことがやむを得

ないと認められる必要最小限とされ、上限90日とする例が多いです。

③ **特別休暇** 公民権行使、結婚、産前産後、育児、非常変災、短期の介護等の事由により認められる休暇です。

無給休暇については、介護休暇があり、職員が要介護者の介護をするため勤務しないことが相当である場合、連続する6月の期間内で認められます。

3 人事評価制度

2016（平成28）年の地方公務員法の改正により、地方公務員について、従来のいわゆる「**勤務評定**」に替わり、新たに、職員がその職務を遂行するにあたり発揮した能力および挙げた業績を把握したうえで行われる「**人事評価制度**」が導入されました。

「人事評価制度」は、能力・業績の両面から評価を行うとともに、評価基準の明示や自己申告、面談、評価結果の開示などの仕組みにより公正性・透明性・客観性を確保し、人材育成にも活用できるとされます。

この人事評価について、地方公務員法では、「**人事評価の根本基準**」として、職員の人事評価は公正に行われなければならないこと、また、任命権者は人事評価を任用、給与、分限その他の人事管理の基礎として活用するものとすることを規定しています（第23条）。この根本基準に基づき、任命権者は、人事評価の基準・方法など必要な事項を定め、それに従い、職員の執務について定期的に人事評価を行うとともに、人事評価の結果に応じた措置を講じなければならないとしています。

市町村立小中学校等に勤務する教職員（県費負担教職員）については、都道府県教育委員会の計画のもとに、市町村教育委員会が人事評価を行うものとされ、校長等は教員等の評価者となって評価を行うこととなります（第1次評価者は教頭ないし副校長、最終評価者は校長の2段階評価が基本）。

4　教員の処遇と給与

　公立学校教員の給与については、従前は、国立学校の教員に準拠して給与が定められていました（**国立学校準拠制**）。しかし、平成16年の国立大学法人化に伴い、公立学校の教員給与については、「公立の小学校等の校長及び教員の給与は、これらの者の職務と責任の特殊性に基づき条例で定める」（教育公務員特例法第13条）とされ、それぞれの地域ごとの実態等を踏まえて給料や諸手当の額を主体的に定めることができるようになりました。

　特に、義務教育諸学校の教育職員の給与については、いわゆる「人材確保法」（1974/昭和49年制定）により、「義務教育諸学校の教育職員の給与については、一般の公務員の給与水準に比較して必要な優遇措置が講じられなければならない」とされ、一般の地方公務員に比較して教育公務員の給与水準は、上回る水準にありました。しかし、近年、教員の時間外勤務手当の不支給により、一般職の地方公務員と比べて優遇の程度が著しく減少しており、教員給与の改善が求められています。

5　教員の研修制度

1）研修の責務

　国公私立を問わず、学校教育の直接の担い手である教員については、児童生徒との直接的な人格的触れ合いを通じて教育を行うという責任と職務の特殊性から、教育基本法第9条では、絶えず研究と修養に励むべきことが定められています。

　一般の地方公務員の研修については、地方公務員法第39条で、その勤務能率の発揮および増進のために研修を受ける機会が与えられなければならないと定められています。

　これに対して、公立学校に勤務する校長や教員等の教育公務員の研修

教員の手当について

○義務教育諸学校の教員の手当に係る一般的な支給要件や支給額は以下の通りである。具体的な支給要件や支給額は、各都道府県の条例等において定められている。

給料の調整額	特別支援学級担当教員及び特別支援学校の教員が対象 （約9千円～1万3千円の定額）
教職調整額	校長、副校長及び教頭を除く教員が対象（給料の4%）
義務教育等教員特別手当	義務教育諸学校等の教員が対象（級号給毎の定額（給料の1.5%相当））
教員特殊業務手当	非常災害時等の緊急業務（児童生徒の保護又は防災・復旧業務）8,000円（休日等8時間程度従事） 〃　　　（〃 救急業務）　7,500円（　　〃　　　） 〃　　　（〃 補導業務）　7,500円（　　〃　　　） 修学旅行等指導業務　　　　4,250円（　　〃　　　） 対外運動競技等引率指導業務　4,250円（　　〃　　　） 部活動指導業務　　　　　　3,600円（休日等4時間程度従事） ※　甚大災害時においては、非常災害時等の緊急業務（児童生徒の保護又は防災・復旧業務）に従事した場合の2倍の額（16,000円）を支給
多学年学級担当手当	複式学級の担当教員が対象（日額290円）
教育業務連絡指導手当	いわゆる主任手当（日額200円）
管理職手当 （定額）	支給額　校長　給料の20%、17.5%、16.25%、15%相当 　　　　副校長　給料の15%相当 　　　　教頭　給料の15%、12.5%相当
管理職員特別勤務手当	休日等に勤務した校長・副校長・教頭が対象（6,000円~8,500円）
へき地手当	級地の別に応じて給料等の25%を超えない範囲内

※　上記のほか扶養手当、地域手当、住居手当、通勤手当、単身赴任手当、超過勤務手当（事務職員、学校栄養職員）、宿日直手当、期末・勤勉手当、寒冷地手当、退職手当がある。

※　2019年度より、部活動指導業務の手当支給は、2700円（休日等3時間程度従事）

出典：文部科学省作成資料

については、教育公務員特例法第21条第１項により、研修を職責遂行上不可欠なものとし、不断にその資質・能力を向上させるため、絶えず研究と修養に努めなければならないと定められています。教育公務員の研修については、その職責の特殊性にかんがみ、他の一般公務員と比較して特段の配慮が要請されるとの考えに基づき、教育公務員特例法第21条第２項で、任命権者の任務がより積極的に規定されているのです。任命権者の任務として、具体的には、教育公務員の研修について、①研修に要する施設、②研修を奨励するための方途、③その他研修に関する計画の樹立とその実施に努めることが規定されています。

２）研修の種類

　教育公務員の研修には、①職務命令研修、②職務専念義務免除研修、③自主研修などがあります。

① 　**職務命令研修**　職務の一環として研修を行うもの。服務監督権者の職務命令により行われます。この場合、服務監督権者は当該研修が教員の職務と密接な関連があり、職務遂行上も有益であり、職務遂行と同等なものと評価できるかどうか、また研修受講が学校運営上支障がないかどうかを判断して、研修を命じるものです。

② 　**職務専念義務免除研修**　教育公務員特例法上、教員には、「授業に支障のない限り、本属長（校長のこと）の承認を受けて、勤務場所を離れて研修を行うことができる」（第22条第２項）とされ、これが「職専免研修」です。不断の研修が求められる教員の職務の特殊性にかんがみ、職務としての研修のほかにも、自主的な研修を奨励し、勤務時間中にもできる限り便宜を図ろうとするものです。

③ 　**自主研修**　教育公務員が勤務時間外に自主的に行うもので、服務上特段の制約はなく、むしろ不断の研修を求められる教員には勤務時間外も積極的な自主研修が期待されています。

　その他、「大学院等での長期研修」、「大学院修学休業制度」などの研

修制度もあります。

3）教育公務員特例法が定める法定研修

　教育公務員特例法では、①初任者研修、②中堅教諭等資質向上研修については、全国的に必ず実施しなければならない研修として位置付け、これら以外の研修については、教員のライフステージに応じた研修の充実のため、各地方公共団体の判断と責任において実施するものとしています。

① 　初任者研修　新任教員の時期は、教員としての資質・能力を培う上で極めて重要です。このため、新任教員の実践的指導力と使命感を養うとともに、幅広い知見を得させることを目的として、「初任者研修制度」が設けられています。

　　初任者研修とは、公立の小中学校等の教諭、助教諭および講師等となったものを対象として、採用の日から1年間、これらの任命権者（ただし、中核市の設置学校の場合は中核市教育委員会）が実施するものです。新任教員は、学級・教科を担当しながら、指導教員を中心とした指導・助言による「校内の研修」（週10時間、年間300時間以上）と、教育センター等における「校外の研修」（年間25日以上）を受けます。初任者研修制度の導入に伴い、その対象となる教諭等については、正式採用に至るまで通常6か月とされる条件附採用期間が「1年」とされています。ただし、養護教諭や栄養教諭は初任者研修の対象外のため、条件附採用期間は6月のままです。

② 　中堅教諭等資質向上研修　公立の小中学校等の教諭等に対して任命権者が実施する、学校運営に中核的な役割を果たすことが期待される中堅教諭等としての職務を遂行する上で必要とされる資質の向上を図るための研修です。

　　これまでは、公立の小学校等の教諭等に対して、その在職期間が10年に達したのち相当の期間内に、個々の能力、適性等に応じた10年経

験者研修の実施を義務付けていました。2016（平成28）年の教育公務
員特例法の改正により、10年経験者研修に替えて、新たに中堅教諭等
資質向上研修が設けられたのは、教員免許状更新講習との重複による
教員の負担などが指摘されたからです。このため、中堅教諭のための
研修の実施時期を弾力化したのが、「中堅教諭等資質向上研修」です。
　この研修は、中堅教諭等の個々の能力、適性等に応じて実施される
もので、任命権者（県費負担教職員の場合は市町村教育委員会）は、
研修を受ける者の能力、適性等について評価を行い、その結果に基づ
き、当該教諭ごとに研修に関する計画書を作成することとされます。

4）教員育成指標と教員研修計画

　2016（平成28）年の教育公務員特例法の改正により、新たに、校長お
よび教員の資質の向上に関する指標（いわゆる**「教員育成指標」**）と、
この指標を踏まえた**「教員研修計画」**を策定することが義務付けられま
した。

① **教員育成指標**　公立の小学校等の校長および教員の任命権者が、当
　該教員等の職責、経験及び適性に応じて向上を図るべき教員等として
　の資質の向上に関して定める指標をいいます。

　　任命権者が「教員育成指標」を定めるにあたっては、文部科学大臣
　が定める指標の策定に関する指針を参酌し、その地域の実情に応じて
　定めることとされます。任命権者が「教員育成指標」を定め、これを
　変更しようとするときは、任命権者と関係大学等をもって構成され
　る、教員等の資質の向上に関して必要な事項について協議を行う「教
　員育成協議会」において協議することとされています。

　　なお、国が、教員育成指標の策定に関する指針を示し、これを参酌
　して任命権者が教員育成指標を定めることは、国定の「望ましい教師
　像」になることが懸念されます。

② **教員研修計画**　任命権者は、「教員育成指標」を踏まえ、当該教員

等の研修について、毎年度、体系的かつ効果的に実施するための「教員研修計画」を策定することが義務付けられています。この「教員研修計画」には、初任者研修、中堅教諭等資質向上研修等の「任命権者実施研修」に関する基本的な方針、体系や時期・方法・施設等に関する事項などが定められることとなります。

　この教員研修計画については、行政研修中心の研修計画となり、教員の自主的・主体的研修を阻害するおそれがあるとの意見もあります。

5）指導改善研修

　児童生徒に対する学習指導や生徒指導などを適切に行うことのできない教員の存在は、児童生徒に多大な損害や影響を及ぼすだけでなく、学校の信頼を失う重大な問題となります。

　こうした「指導が不適切な教員」に対する適切な人事管理を行うため、任命権者には、教育公務員特例法第25条の2により、指導が不適切であると認定した教諭等に対する「指導改善研修」の実施が義務付けられています（1年間研修、1年の再延長可）。

　「指導が不適切な教員」の認定は、県費負担教職員の場合、校長が日常的な観察等を通じて把握したうえで市町村教育委員会に報告し、市町村教育委員会から申請を受けた任命権者である都道府県教育委員会が認定する仕組みとなっています。

※指導改善研修の対象
　指導改善研修の対象となる「指導が不適切な教員」の具体例としては、①教科に関する専門的知識、技術等が不足しているため、学習指導を適切に行うことができない、②指導方法が不適切であるため、学習指導を適切に行うことができない、③児童等の心を理解する能力や意欲に欠け、学級経営や生徒指導を適切に行うことができない場合などが該当します。なお、「指導が不適切な教員」には、分限処分の対象となる者（不適格教員）は含まれません。

東京都公立学校の校長・副校長および教員としての資質の向上

成長段階については、教員が目指すべきキャリアステージが

		教 員		
		教諭		主任教諭
成 長 段 階		基礎形成期	伸長期	充実期
		1～3年目	4年目～	9年目～
求められる能力や役割		○教員としての基礎的な力を身に付ける。 ○教職への使命感、教育公務員としての自覚を身に付ける。	○知識や経験に基づく実践力を高め、初任者等に助言する。 ○主任教諭を補佐し、分掌組織の一員として貢献する。	○校務分掌などにおける学校運営上の重要な役割を担当する。 ○同僚や若手教員への指導的役割を担う。
教員が身に付けるべき力	**学習指導力**	・学習指導要領の趣旨を踏まえ、ねらいに迫るための指導計画の作成及び学習指導を行うことができる。 ・児童・生徒の興味・関心を引き出し、個に応じた指導ができる。 ・主体的な学習を促すことができる。 ・学習状況を適切に評価し、授業を進めることができる。 ・授業を振り返り、改善できる。		・児童・生徒の主体的な学習を促し、若手教員の模範となる授業ができる。 ・若手教員の指導上の課題を捉え、助言・提案等ができる。 ・授業改善や授業評価について、実態や課題を捉え、解決策を提案できる。
	生活指導力・進路指導力	・児童・生徒と信頼関係を構築して、授業、学級での規律を確立できる。 ・生活指導上の問題に直面した際、他の教員に相談しながら解決できる。 ・児童・生徒の状況に応じたキャリア教育の計画を立てることができる。	・他学年や他学級の生活指導上の問題について、共に対応したり、効果的な指導方法について助言したりできる。 ・児童・生徒の個性や能力の伸長及び社会性の育成を通して自己実現を図る指導を行うことができる。	・若手教員が抱える課題に気付き、解決に向け指導・助言することができる。 ・児童・生徒に自己有用感をもたせることができる。 ・自校の課題について、解決策を提案することができる。
	外部との連携・折衝力	・課題に応じて保護者や地域、関係機関と連携を図り、学年主任の助言に基づいて、解決に向けて取り組むことができる。 ・保護者会等の進め方を理解し、保護者に伝える内容を整理するとともに、信頼関係を構築することができる。	・保護者・地域・関係機関と協働し、課題を解決することができる。 ・学校からの情報発信や広報、外部からの情報収集を適切に行うことができる。	・関係機関等に対し学校の考えを明確に示すとともに、情報収集を適切に行うなどして、円滑な関係を築くことができる。 ・保護者・地域・関係機関と協働し、教育活動をより高いものにできる。
	学校運営力・組織貢献力	・組織の一員として校務に積極的に参画できる。 ・上司や先輩へ適切に報告・連絡・相談するなど、円滑なコミュニケーションを図り校務を遂行できる。	・担当する校務分掌について の企画・立案や改善策を提案できる。 ・上司や同僚とコミュニケーションを図りながら、円滑に校務を遂行できる。	・主幹教諭を補佐し、職務を遂行するとともに、担当する校務分掌の職務について、教諭等に指導・助言ができる。 ・学校の課題を捉え、校長・副校長や主幹教諭に対応策等について提案できる。
教育課題に関する対応力		・教育課題に関わる法的な位置付けや学習指導要領の記述を確認するなどして課題に対する知見をもち、主体的に対応することができる。	・教育課題についての理解を深め、主任教諭を補佐し、分掌組織の一員として、課題解決のために貢献できる。	・教育課題に関する校務分掌での重要な役割を担い、主幹教諭を補佐するとともに、同僚や若手教員に対して適切な助言ができる。

に関する指標（うち教員部分の指標）

職層と一致するよう、その職層に応じて身に付けるべき力を示します。

指導教諭	主幹教諭			
11 年目〜				
○高い専門性と優れた指導力を身に付け、都公立学校教員全体の授業力の向上を図る。	○学校運営組織における中心的な役割を担う。 ○管理職を補佐し、教員を育成する。	**教育管理職候補者** ○副校長として必要な学校運営ができる力を身に付ける。 ○自校の課題について、管理職の視点から解決策を立案できる。		
・自らの授業を積極的に公開するとともに、自校又は他校の求めに応じて授業を観察し、指導・助言することができる。 ・教科指導資料等の開発、模範となる教科指導のための教材開発等を行うことができる。	・年間授業計画の実施状況を把握し、学年主任や教科主任に指導・助言できる。 ・学校全体の年間授業計画や授業改善推進プラン、個別指導計画、評価計画等を作成することができる。	学校マネジメント能力	学校経営力	・学校経営方針に基づき、担当した分掌における課題について解決策を提案し、教職員を支援・指導して課題を解決できる。
・児童・生徒の観察や他の教員からの情報収集に基づき、自校の生活指導・進路指導の課題を捉え、管理職と連携して、改善策を提案し、実行することができる。 ・指導方針や指導方法の徹底に向け主任教諭等への指示や連絡・調整を行うことができる。 ・児童・生徒の個性や能力を把握し、自己実現に向けた生活指導・進路指導の計画・実施を行うことができる。			外部折衝力	・学校に対する保護者等からの要望や苦情に副校長と共に対応し、解決することができる。
・保護者・地域・関係機関からの苦情や要請に対して、円滑かつ迅速な対応を図ることができる。			人材育成力	・学校の課題解決に向けて、研修等について管理職に提案し、教職員を指導・育成することができる。
・模範授業及び公開授業を実施し、教科等の指導技術を普及することができる。	・外部への情報発信や広報について、管理職と連携して、ねらいに基づいた計画を立て、実施することができる。			
・各会議や校務を遂行する場において、校長の経営方針を周知徹底し、学校運営を行うことができる。			教育者としての高い見識	・東京都教育委員会及び所属する区市町村教育委員会の教育目標や教育施策について学び、日頃の教育実践に生かしている。
・教科指導力向上に必要な研修や校内研究等の企画を提案し、実施できる。	・校務分掌全体の進行管理や分掌間の調整をするとともに、管理職と十分協議して学校運営をすることができる。		教育課題に関する対応力	・教育課題についての正しい認識に基づき、自校の問題点に気付き、管理職に解決策を提案し、課題解決に向けた進行管理を行うことができる。
・教育課題について高い専門性と優れた指導力を身に付け、学校組織における中心的な役割を担うとともに、管理職を補佐し、教員の対応力向上に関して適切に指導・助言できる。				

出典：「東京都教員育成指標」

6）教員免許更新制の廃止と新たな研修制度

　2022（令和4）年5月の教育公務員特例法および教育職員免許法の一部改正により、同年7月1日から教員免許更新制が廃止され、代わりに、校長および教員の資質向上のための施策をより効果的に実施することを目的とし、2023（令和5）年4月より、教員が自主的に研修を受けるかたちに移行します。

　新たな研修制度の導入に伴い、校長および教員の研修については、①任命権者に校長および教員ごとに研修等に関する記録の作成が義務付けられたこと、②研修記録の範囲は、研修実施者（中核市の県費負担教職員の場合は中核市教育委員会、その他の場合は原則任命権者）が実施する研修、大学院修学休業により履修した大学院の課程等、任命権者が開設した認定講習および認定通信教育による単位の修得、その他任命権者が必要と認めるものとされたこと、③指導助言者（県費負担教職員の場合は市町村教育委員会、その他の場合は任命権者）は、校長および教員に対し資質の向上に関する指導助言等を行うものとされ、その際、校長および教員の資質の向上に関する指標・教員研修計画を踏まえるとともに、研修記録にかかる情報を活用するものとされたこと、などです。

　教育公務員特例法改正による「新たな研修制度の仕組み」の導入には、改善を要すべき以下のような問題点が挙げられます。

①　専門職としての教員の職務上の責務は、主体的・自主的・自律的な研修を通じて、研修の成果を子どもたちの「学びの質の向上」に還元するためにこそ果たされるべきであり、新たな研修制度の導入は、「研修履歴の管理」「研修後の成果確認」「受講奨励の義務付けと職務命令研修の措置」など上から教員研修の管理統制を行おうとするもので、教員にとって受動的で他律的な研修制度を導入することは教員の資質・能力の向上に寄与しないおそれ

②　教員免許更新制が教職の魅力を減殺し、教員不足を招くことになったにもかかわらず、これに代わり導入される新たな研修制度の仕組み

は、教員の研修履歴の管理を全国一律に義務付け、教員研修を「日常化」「義務化」「肥大化」「評価の対象化」することで、10年に1度の免許更新講習以上に教員に大きな時間的・精神的負担を課する結果となり、教職の魅力低下と深刻な教員不足に拍車をかけるおそれ

③　新たな研修制度の導入による教員研修の強化と肥大化による教員の負担の増大は、学校の働き方改革に逆行するものであり、教員のワーク・ライフ・バランスを尊重しつつ、教員に課せられる職務研修を安易に拡大すべきではなく、真に必要な研修に精選して、勤務時間内に行われるよう諸条件の整備（例：研修代替教員の配置など）が行われるべき

　教育公務員特例法改正による新たな研修制度の創設は、根深い「教師不信」が背景にあり、文部科学省策定の指針を通じて、「国として望ましい教員像」の一元的成長モデルのもとに、教員研修の「スタンダード化＝画一化」を押し進めようとするもので、教師の専門職としての自律性を著しく縮小させるものといえるでしょう。教員の研修は、教師間の協働的な取組みの中で実践的指導力を磨くためにこそ展開されるべきであり、「学校現場が教師の研修の拠点」とならなければならず、職務研修中心の研修制度の整備ではなく、「校内研修」の機会が最優先で保障されることが重要です。

第12講　学習指導要領と教育課程の編成

1　教育課程とその国家基準

　「教育課程」の意義については、さまざまな捉え方がありますが、公的には、「学校において編成する教育課程とは、学校教育の目的や目標を達成するために、教育の内容を児童の心身の発達に応じ、授業時数との関連において総合的に組織した学校の教育計画である」（2017/平成29・7「小学校学習指導要領解説総則編」文部科学省）とされます。

　教育課程は、学校全体の大枠的な計画、学年や学級としての計画、年間計画や月間計画など具体的な計画を含むものであり、学校の教育目標の設定、指導内容の組織および授業時数の配当が教育課程の編成の基本的な要素になります。

　教育課程の法制について見ると、学校教育の「目的」や「目標」は、教育基本法および学校教育法に示されています。まず、教育基本法においては、「教育の目的」（第1条）および「教育の目標」（第2条）が定められているとともに、「義務教育の目的」（第5条第2項）や「学校教育の基本的役割」（第6条第2項）が定められています。

　また、学校教育法においては、教育基本法の規定を踏まえ、「義務教育の目標」（第21条）やそれぞれの学校段階における教育の目的および目標に関する規定として、学校教育法上、「小学校の目的」（第29条）および「小学校教育の目標」（第30条）、「中学校の目的」（第45条）および「中学校教育の目標」（第46条）、「高等学校の目的」（第50条）および「高等学校教育の目標」（第51条）などの規定がそれぞれ置かれています。

　このように、教育課程は、教育基本法や学校教育法をはじめとする教育課程に関する法令に従って各学校において編成されるものです。

　教育課程に関する事項は、学校教育法第33条等の定めるところにより、文部科学大臣が定めることとされます。これらの規定を踏まえ、文部科学大臣は、学校教育法施行規則第50条〜第52条（小学校の場合）において、①教育課程の編成領域（各教科、特別の教科である道徳、外国語活動、総合的な学習の時間および特別活動）、②各教科等のそれぞれの年間の標準授業時数や各学年における年間の標準授業時数を定めているほか、③教育課程の基準として文部科学大臣が別に公示する学習指導要領によるものとされます。

　教育課程の編成については、学習指導要領の総則において、「各学校においては、教育基本法及び学校教育法その他の法令並びにこの章以下に示すところに従い…適切な教育課程を編成するものとし」と定められています。教育課程編成の実施主体はそれぞれの学校であり、具体的には、各学校の校長に最終的な権限があることとなります。校長は、「校務をつかさどり、所属職員を監督する」（学校教育法第第37条第４項）立場にあることから、校長の職務権限に照らして、校長には、教頭や教務主任をはじめ全教職員と分担・協力しつつ、地域や学校の実態、児童生徒の実態等に即した適切な教育課程を編成することが要請されています。

　学校教育が組織的、継続的に実施されるためには、学校教育の目的や目標を設定し、その達成を図るための教育課程が適切に編成されなければならないことはいうまでもありません。国は、学校教育が、教育基本法第６条に定める「公の性質」を有するものであることから、すべての国民が、全国どこにおいても同水準の教育を受けることのできる「教育の機会均等」と「教育水準の維持向上」の確保を図るため、学校において編成実施される教育課程についての全国的な基準（ナショナル・ミニマム）の設定権を有しているのです。

　法令上は、学校教育法第33条（小学校の教育課程）、第48条（中学校の教育課程）、第52条（高等学校の学科・教育課程）などの諸規定に基づき、「教育課程の基準設定」は、文部科学大臣の権限とされ、文部科学大臣は、学校教育法及び学校教育法施行規則に基づき教育課程の「国家基準」として、「学習指導要領」を公示するものとされています。

2　学習指導要領の意義とその性格

　学習指導要領は、学校教育について一定の水準を確保するために法令に基づき国が定めた「教育課程の基準」であり、各学校の教育課程の編成・実施にあたっては、これに従わなければならないことはいうまでもありません。この教育課程の国家基準である学習指導要領は、法律に定める正規の学校における教育課程の編成の準則ともいえるものであり、国公私立のすべての学校を通じて適用されるものです。

　学習指導要領が教育課程についての最低基準（ナショナル・ミニマム）であることについては、1958（昭和33）年の文部省の教育課程審議会答申において「小学校および中学校の教育課程の国家的基準を明確にし、年間における指導時間数を明示し、義務教育水準の維持向上を図ること」が指摘され、それを踏まえ改訂された1958（昭和33）年の学習指導要領の総則において「学校において特に必要がある場合には、第2章以下に示していない内容を加えて指導することもできる」と明記され、今日の学習指導要領に至っていることからも明らかです。

　この学習指導要領の「最低基準」としての性格については、2003（平成15）年12月に学習指導要領の一部改正により、学習指導要領の基準性のいっそうの明確化が図られ、学校において特に必要がある場合には、学習指導要領の範囲や教科書に示していない内容も必要に応じ指導できることをより明らかにしたところです。また、2009（平成21）年改訂の学習指導要領においても、いわゆる「はどめ規定」について、学習指導

要領に示していない内容を加えて指導できることを明確にする観点から、「～を中心に扱うこと」に表現を改めるなどの改善が図られていることからも、学習指導要領は基準性のあるものであることが明らかとなっています。

【小学校学習指導要領】

　第1章　総則

　第2　教育課程の編成

　3　教育課程の編成における共通的事項

　　⑴　内容等の取扱い

　　ア　第2章以下に示す各教科、道徳科、外国語活動及び特別活動の内容に関する事項は、特に示す場合を除き、いずれの学校においても取り扱わなければならない。

　　イ　学校において特に必要がある場合には、第2章以下に示していない内容を加えて指導することができる。また、第2章以下に示す内容の取扱いのうち内容の範囲や程度等を示す事項は、全ての児童に対して指導するものとする内容の範囲や程度等を示したものであり、学校において特に必要がある場合には、この事項にかかわらず加えて指導することができる。ただし、これらの場合には、第2章以下に示す各教科、道徳科、外国語活動及び特別活動の目標や内容の趣旨を逸脱したり、児童の負担過重となったりすることのないようにしなければならない。

　　ウ　第2章以下に示す各教科、道徳科、外国語活動及び特別活動の内容に掲げる事項の順序は、特に示す場合を除き、指導の順序を示すものではないので、学校においては、その取扱いについて適切な工夫を加えるものとする。

　学校における教育課程の基準として国が定める「学習指導要領」は、

これまでほぼ10年に１度改訂されてきています。改訂に際しては、文部省の教育課程審議会あるいは2001（平成13）年以降は文部科学省の中央教育審議会（初等中等教育分科会教育課程部会）において、教育課程の基準の改善についての審議および答申が行われ、これを踏まえて文部科学大臣により「学習指導要領」として取りまとめられ、官報に告示されることになります。

　戦後、教育課程の基準としての学習指導要領が「試案」の形で刊行された（1947/昭和22年）のをはじめとして、1958（昭和33）年、1968（昭和43）年、1977（昭和52）年、1989（平成元）年、1998（平成10）年、2008（平成20）年、2017（平成29）年の７回にわたり、学習指導要領が全面改訂されてきています。特に、1958（昭和33）年の学習指導要

学習指導要領の変遷

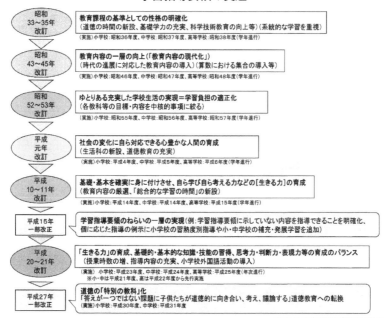

昭和33〜35年改訂	教育課程の基準としての性格の明確化（道徳の時間の新設、基礎学力の充実、科学技術教育の向上等）（系統的な学習を重視） （実施）小学校:昭和36年度、中学校:昭和37年度、高等学校:昭和38年度（学年進行）
昭和43〜45年改訂	教育内容の一層の向上（「教育内容の現代化」）（時代の進展に対応した教育内容の導入）（算数における集合の導入等） （実施）小学校:昭和46年度、中学校:昭和47年度、高等学校:昭和48年度（学年進行）
昭和52〜53年改訂	ゆとりある充実した学校生活の実現＝学習負担の適正化（各教科等の目標・内容を中核的事項に絞る） （実施）小学校:昭和55年度、中学校:昭和56年度、高等学校:昭和57年度（学年進行）
平成元年改訂	社会の変化に自ら対応できる心豊かな人間の育成（生活科の新設、道徳教育の充実） （実施）小学校:平成4年度、中学校:平成5年度、高等学校:平成6年度（学年進行）
平成10〜11年改訂	基礎・基本を確実に身に付けさせ、自ら学び自ら考える力などの[生きる力]の育成（教育内容の厳選、「総合的な学習の時間」の新設） （実施）小学校:平成14年度、中学校:平成14年度、高等学校:平成15年度（学年進行）
平成15年一部改正	学習指導要領のねらいの一層の実現（例:学習指導要領に示していない内容を指導できることを明確化、個に応じた指導の例示に小学校の習熟度別指導や小・中学校の補充・発展学習を追加）
平成20〜21年改訂	「生きる力」の育成、基礎的・基本的な知識・技能の習得、思考力・判断力・表現力等の育成のバランス（授業時数の増、指導内容の充実、小学校外国語活動の導入） （実施）小学校:平成23年度、中学校:平成24年度、高等学校:平成25年度（年次進行） ※小・中は平成21年度、高は平成22年度から先行実施
平成27年一部改正	道徳の「特別の教科」化「答えが一つではない課題に子供たちが道徳的に向き合い、考え、議論する」道徳教育への転換 （実施）小学校:平成30年度、中学校:平成31年度

出典：文部科学省作成資料

領の改訂においては、教育課程の基準としての性格の明確化の観点から、それまで、「試案」の形で示していた学習指導要領について官報への告示により、教育課程の基準として必要な事項が規定されることとなり、これに伴い、学習指導要領は**法的拘束力**のあるものとされました。

3　教育課程の編成

　教育課程を編成するにあたっての基本的要素としては、①学校の教育目標の設定、②指導内容の組織、③授業時数の配当の３つを挙げることができます。

①　学校の教育目標の設定

　学校の教育目標の設定については、学校教育法令において、教育基本法および学校教育法を踏まえて設定することが示されています。

　教育基本法では、「教育の目的」（第１条）、「教育の目標」（第２条）、「義務教育の目的」（第５条第２項）がそれぞれ定められています。特に、教育基本法の改正により、「義務教育の目的」が新たに定められています。

　学校教育法では、教育基本法で示された「義務教育の目的」の規定を受けて、「義務教育の目標」（第21条）が定められ、この規定を受けて、「小学校の目的」（第29条）および「小学校教育の目標」（第30条）、「中学校の目的」（第45条）および「中学校教育の目標」（第46条）が規定されています。このほか、「高等学校の目的」（第50条）および「高等学校教育の目標」（第51条）や「特別支援学校の目的」（第72条）などが定められています。これらの規定を踏まえ、学校段階ごとに、当該学校の教育の目的および目標が設定されることが求められています。

　「教育の目標」については、2007（平成19）年の学校教育法の改正により、新たに、いわゆる**「学力の３要素」**の規定が設けられています

（第30条第２項）。「学力の３要素」については、学校において教育の目標を達成するよう行うにあたって、生涯にわたり学習する基盤が培われるよう、①基礎的な知識および技能の習得、②知識・技能を活用して課題を解決するために必要な思考力、判断力、表現力等の育成、③主体的に学習に取り組む態度の育成に、特に意を用いなければならないとされています。これら３点が、「学力の３要素」と呼ばれるものであり、学習指導要領が重視している「**生きる力**」の育成にとって中核となるものです。2017（平成29）年に改訂された新学習指導要領においても、「学力の３要素」のバランスのとれた育成等を引き続き重視し、この考えは、「育成を目指す資質・能力」へと引き継がれています。

②　指導内容の組織

指導内容の組織については、学校教育法施行規則第50条において、小学校の教育課程は、各教科、特別の教科である道徳、外国語活動、総合的な学習の時間および特別活動の５領域により編成するものと定められています。また、中学校の教育課程の場合は、各教科、特別の教科である道徳、総合的な学習の時間および特別活動の４領域により編成（第72条）するとともに、高等学校の学習指導要領においては、各教科に属する科目、総合的な探求の時間および特別活動の３領域により編成（第83条）するものとすると定められています。

また、学習指導要領では、各教科等の指導内容を学年段階に即して示しています。各学校では、これらの基準に従うとともに、地域や学校の実態および児童生徒の心身の発達の段階と特性を考慮して、指導内容を組織する必要があります。

③　授業時数の配当

授業時数の配当については、学校教育法施行規則第51条において、小学校の各学年における各教科、特別の教科である道徳、外国語活動、総合的な学習の時間および特別活動のそれぞれの授業時数および各学年におけるこれらの総授業時数は、199ページに示されているように、別表

第1に定める授業時数を標準とすると定められています。中学校においても同様に、第73条において、授業時数の標準が示されています。

　各学校においては、学校教育法施行規則第51条や第73条に定められている標準授業時数の定めを踏まえて、適切に授業時数を定めなければなりません。授業時数は、教育の内容との関連において定められるべきものです。学校教育は一定の時間内に行われなければならないことから、授業時数の配当は教育課程の編成上重要な要素です。

　年間授業時数は、学習指導要領で示している各教科等の内容を指導するのに要する時数を基礎とし、学校運営の実態などの条件も十分考慮しながら定めたものであり、各学校において年度当初の計画段階から年間授業時数を下回って教育課程を編成することは、学習指導要領の基準性の観点から適当とは考えられません。しかしながら、このことは単に各教科等の授業時数を形式的に確保すればよいということを意味するものではなく、各学校において、児童および学校や地域の実態を考慮しつつ、さらには個に応じた指導などの指導方法・指導体制や、教材等の工夫・改善など授業等の質的な改善を図りながら、学習指導要領に基づき教育課程を適切に実施し指導するために必要な時間を実質的に確保するという視点が重要です。

　なお、学校教育法施行規則第51条において、別表第1に定めている授業時数が標準授業時数と規定されているのは、①指導に必要な時間を実質的に確保するという考え方を踏まえ、各学校においては、児童や地域の実態を十分に考慮して、児童の負担過重にならない限度で別表第1に定めている授業時数を上回って教育課程を編成し、実際に上回った授業時数で指導することが可能であること、②別表第1に定めている授業時数を踏まえて教育課程を編成したものの災害や流行性疾患による学級閉鎖等の不測の事態により当該授業時数を下回った場合、その確保に努力することは当然ですが、下回ったことのみをもって学校教育法施行規則第51条および別表第1に反するものとはしないといった趣旨を制度上明

標準授業時数について

○学校教育法施行規則の一部改正による（中学校は変更なし）　　○下線は増加後の時数

小学校	1学年	2学年	3学年	4学年	5学年	6学年	計
国語	306	315	245	245	175	175	1461
社会	–	–	70	90	100	105	365
算数	136	175	175	175	175	175	1011
理科	–	–	90	105	105	105	405
生活	102	105	–	–	–	–	207
音楽	68	70	60	60	50	50	358
図画工作	68	70	60	60	50	50	358
家庭	–	–	–	–	60	55	115
体育	102	105	105	105	90	90	597
外国語	–	–	–	–	70	70	140
特別の教科である道徳	34	35	35	35	35	35	209
外国語活動	–	–	35	35	–	–	70
総合的な学習の時間	–	–	70	70	70	70	280
特別活動	34	35	35	35	35	35	209
合計	850	910	980	1015	1015	1015	5785

※ この表の授業時数の1単位時間は、45分とする。

中学校	1学年	2学年	3学年	計
国語	140	140	105	385
社会	105	105	140	350
数学	140	105	140	385
理科	105	140	140	385
音楽	45	35	35	115
美術	45	35	35	115
保健体育	105	105	105	315
技術・家庭	70	70	35	175
外国語	140	140	140	420
特別の教科である道徳	35	35	35	105
総合的な学習の時間	50	70	70	190
特別活動	35	35	35	105
合計	1015	1015	1015	3045

※ この表の授業時数の1単位時間は、50分とする。

出典：文部科学省作成資料

確にしたものです。特に、①については、学習指導要領のねらいが十分実現されていないと判断される場合には、指導方法・指導体制の工夫・改善を図りながら、標準を上回る適切な指導時間を確保するなど、指導内容の確実な定着を図ることに努めることが必要です。

　2009（平成21）年改訂の学習指導要領では、小学校の場合は、850時間（小１）、910時間（小２）、945時間（小３）、980時間（小４〜６）が年間の標準授業時数であり、年間35週にわたり週当たり（小４〜６の場合）28時間の授業計画が組まれていましたが、2017（平成29）年改訂の学習指導要領下では、小１（850時間）、小２（910時間）は変更ありませんが、小３は980時間に、また、小４〜６はそれぞれ1,015時間に35時間増加することとなりました。なお、中学校の場合は、３学年を通じて、年間標準授業時数は1,015時間であり、年間35週にわたり週当たり29時間の授業計画が組み込まれており、改訂前と変更はありません。

　また、授業の１単位時間は、児童生徒の発達段階および各教科等や学習活動の特質を考慮して、適切に定める必要があります。教育効果を高める観点から、授業時間の区切りを弾力的に変更することができます。授業の１単位時間は、小学校の場合は45分、中学校の場合は50分ですが、たとえば「計算や漢字の反復学習」を10分程度実施することや「実験・観察の理科授業」を60分程度実施することなどを学校の裁量で実施できます。

　さらに、地域や学校の実態および児童生徒の発達段階の特性、各教科等や学習活動の特質等に応じて、創意工夫を生かし時間割を弾力的に編成することができます。学校においては、時間割を年間で固定せず、弾力的に組み替えることに配慮する必要があります。

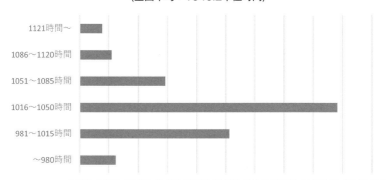

公立小学校（小5）年間総授業時数（2017年度実績）
(全国平均：1040.2単位時間)

出典：「平成30年度公立小・中学校等における教育課程の編成・実施状況調査」結果（文科省）

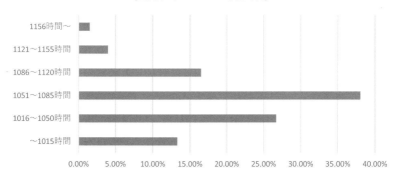

公立中学校（中1）年間総授業時数（2017年度実績）
(全国平均：1061.3単位時間)

出典：「平成30年度公立小・中学校等における教育課程の編成・実施状況調査」結果（文科省）

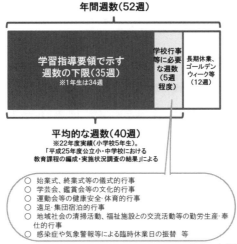

小学校の年間総授業時数について（イメージ）

年間週数(52週)

学習指導要領で示す
週数の下限(35週)
※1年生は34週

学校行事等に必要な週数(5週程度)

長期休業、ゴールデンウィーク等(12週)

平均的な週数(40週)
※22年度実績(小学校5年生)。
「平成25年度公立小・中学校における
教育課程の編成・実施状況調査の結果」による

○　始業式、終業式等の儀式的行事
○　学芸会、鑑賞会等の文化的行事
○　運動会等の健康安全・体育的行事
○　遠足・集団宿泊的行事
○　地域社会の清掃活動、福祉施設との交流活動等の勤労生産・奉仕的行事
○　感染症や気象警報等による臨時休業日の振替　等

出典：文部科学省作成資料

4　教育課程編成の特例措置

　学校教育法では、教育課程編成について、①教育課程編成の特例（第53条）、②履修困難な各教科の学習指導（第54条）、③教育課程の研究上の特例（第55条）、④地域の特色を生かした特色ある教育課程編成の特例（第55条の２）、⑤不登校児に対する教育課程編成の特例（第56条）、⑥日本語教育のための教育課程編成の特例（第56条の２）、⑦日本語教育授業の特例（第56条の３）、⑧学齢を超過した者の特別の教育課程の特例（第56条の４）が認められています。

5　学習指導要領をめぐる最新動向

１）「特別の教科である道徳」の創設
　2015（平成27）年３月の学校教育法施行規則および小中学校等の学習

指導要領の一部改正により、小学校では2018（平成30）年度、また、中学校では2019（平成31）年度から**「特別の教科である道徳」**が全面実施されています。

　今回の制度改正では、道徳教育の改善・充実を図るため、道徳の時間を教育課程上、「特別の教科である道徳」として位置付けるとともに、児童生徒の発達段階を踏まえ、対話や討論などを重視した指導、体験的な学習や問題解決的な学習を重視した指導など、指導方法の工夫を図るとしています。「特別の教科」である道徳科は、①学習指導要領に示された内容について「検定済教科書」を使用した指導により学ぶという、各教科と共通する側面があります。その一方で、道徳性の育成を図るためには、児童生徒をよく理解している学級担任が担当することが適当なことから、②各教科の指導とは異なり、専門の免許状が設けられていないこと、また、児童生徒の学習状況や道徳性にかかる成長の様子などを継続的に把握し、指導に生かすことが重要であることから、③各教科の評価とは異なり、道徳科では指導要録等に示す指標として数値などによる評価は行わず、記述による評価を行うこととされています。

【参考】「小学校学習指導要領」第１章第１の２
　「学校における道徳教育は、特別の教科である道徳（以下「道徳科」という。）を要として学校の教育活動全体を通じて行うものであり、…児童の発達の段階を考慮して、適切な指導を行うこと」

２）新しい学習指導要領

　2017（平成29）年３月、小中学校等の学習指導要領の全部を改正する告示が公示されました。新しい学習指導要領は、小学校では2020（令和２）年度から、また、中学校では2021（令和３）年度からそれぞれ全面実施され、また、高等学校については、2022（令和４）年度から年次進行により実施されています。

　新しい学習指導要領は、教育基本法、学校教育法などを踏まえ、これ

までのわが国の学校教育の実践や蓄積を生かし、子どもたちが未来社会を切り拓くための資質・能力をいっそう確実に育成することを目指しています。その際、子どもたちに求められる資質・能力とは何かを社会と共有し、連携する「社会に開かれた教育課程」を重視するとしています。

　今回の学習指導要領の改訂のポイントは、①「何を学ぶか」という指導内容の見直しに加え、「どのように学ぶか」「何ができるようになるか」の視点からの学習指導要領の改善を図ること、②「主体的・対話的で深い学び（アクティブ・ラーニング）」の視点からの学習過程の改善を図ること、③教育の目的や目標の実現に必要な教育の内容等を教科等横断的な視点で組み立て、教育課程の実施状況を評価してその改善を図っていくこと、教育課程の実施に必要な人的・物的な体制を確保するとともにその改善を図っていくことなどを通して、教育課程に基づき組織

学習指導要領改訂の方向性

出典：文部科学省作成資料

的かつ計画的に学校の教育活動の質の向上を図る**「カリキュラム・マネ ジメント」**を確立することなどです。

　また、指導内容の見直しについては、小学校第3・4学年で「外国語 活動」（週1時間）を、また、第5・6学年で「外国語科」（週2時間） を導入するとともに、小学校段階におけるプログラミング教育の実施な どが盛り込まれています。

6　指導要録について

　学習指導要領において示された基礎的・基本的な知識・技能、それら を活用して課題を解決するために必要な思考力・判断力・表現力等およ び主体的に学習に取り組む態度の育成が確実に図られるよう、**「学習評 価」**を通じて、学習指導のあり方を見直すことや、個に応じた指導の充 実を図ること、学校における教育活動を組織として改善することなどは 学校教育において重要な課題です。

　指導要録は、児童生徒の学籍並びに指導の過程および結果の要約を記 録し、その後の指導および外部に対する証明等に役立たせるための原簿 となるものであり、各学校で「学習評価」を計画的に進めていく上で重 要な表簿になります（学校教育法施行規則第28条において、「学校にお いて備えなければならない表簿」として保存が義務付けられています）。 指導要録は、法令に基づく公簿として、校長に作成が義務付けられてい ます。指導要録の様式や記入上の注意事項等を決定するのは、公立学校 の場合、所管の教育委員会ですが、市町村、都道府県ごとに様式等がま ちまちであることは好ましくないため、従来から、文部科学省が学習指 導要領の改訂のたびに、指導要録のあり方や様式等について参考案を示 しています。

　2019（平成31）年の文部科学省の「小学校、中学校、高等学校及び特 別支援学校等における児童生徒の学習評価及び指導要録の改善等につい

て（通知）」では、次のような学習評価についての基本的な考え方が示されています。

①　カリキュラム・マネジメントの一環としての指導と評価

　　「学習指導」と「学習評価」は学校の教育活動の根幹であり、教育課程に基づいて組織的かつ計画的に教育活動の質の向上を図る「カリキュラム・マネジメント」の中核的な役割を担っていること。

②　主体的・対話的で深い学びの視点からの授業改善と評価

　　指導と評価の一体化の観点から、新学習指導要領で重視している「主体的・対話的で深い学び」の視点からの授業改善を通して各教科等における資質・能力を確実に育成する上で、学習評価は重要な役割を担っていること。

③　学習評価の改善の基本的な方向性

　　次の基本的な考え方に立って、学習評価を真に意味のあるものとすることが重要であること。

　　・児童生徒の学習改善につながるものにしていくこと

　　・教師の指導改善につながるものにしていくこと

　　・これまで慣行として行われてきたことでも、必要性・妥当性が認められないものは見直していくこと

　また、「学習評価」の主な改善点については、以下のようなことが示されています。

①　各教科等の目標および内容を「知識及び技能」、「思考力、判断力、表現力等」、「学びに向かう力、人間性等」の資質・能力の３つの柱で再整理した新学習指導要領の下での指導と評価の一体化を推進する観点から、観点別学習状況の評価の観点についても、これらの資質・能力に関わる「知識・技能」、「思考・判断・表現」、「主体的に学習に取り組む態度」の３観点に整理して示し、設置者において、これに基づく適切な観点を設定することとしたこと。その際、「学びに向かう力、人間性等」については、「主体的に学習に取り組む態度」として観点

別学習状況の評価を通じて見取ることができる部分と観点別学習状況の評価にはなじまず、個人内評価等を通じて見取る部分があることに留意する必要があることを明確にしたこと。

② 「主体的に学習に取り組む態度」については、各教科等の観点の趣旨に照らし、知識および技能を獲得したり、思考力、判断力、表現力等を身に付けたりすることに向けた粘り強い取組みの中で、自らの学習を調整しようとしているかどうかを含めて評価することとしたこと。

③ 学習評価の結果の活用に際しては、各教科等の児童生徒の学習状況を観点別に捉え、各教科等における学習状況を分析的に把握することが可能な観点別学習状況の評価と、各教科等の児童生徒の学習状況を総括的に捉え、教育課程全体における各教科等の学習状況を把握することが可能な評定の双方の特長を踏まえつつ、その後の指導の改善等を図ることが重要であることを明確にしたこと。

なお、指導要録が指導資料としての性格を有していることを勘案すると、具体的な指導に役立てるためには詳細な記入が求められますが、公簿としての性格からは簡潔さや客観性が求められます。特に、児童生徒にとって不利益な事実の記載は、転学等に伴って指導上必要と考えられる限りで記入すべきとされます。

【参考1】非常時のオンライン学習の取扱い

2021（令和3）年2月、文科省は、「感染症や災害等の非常時にやむを得ず学校に登校できない児童生徒に対する学習指導について（通知）」を発出しました。

この通知では、感染症や災害の発生等の非常時に、臨時休業または出席停止等によりやむを得ず学校に登校できない児童生徒に対する学習指導の考え方や、オンラインを活用した学習指導を含めた自宅等における学習の取扱い等について示しています。

具体的には、非常時にやむを得ず登校できない児童生徒に対して教師による学習指導を行う際には、日々その状況を適宜把握し、児童生徒の学習の改善や教師の指導改善に生かすとともに、学習の状況や成果は学校における学習評価に反映することができるとしています。

小学校児童指導要録（参考様式）

区分＼学年	1	2	3	4	5	6
学 級						
整理番号						

学 籍 の 記 録

児童	ふりがな		性別	入学・編入学等	年　月　日　第1学年　入学 第　学年編入学
	氏 名				
	生年月日	年　月　日生		転 入 学	年　月　日　第　学年転入学
	現住所				
保護者	ふりがな			転学・退学等	（　　年　月　　日） 　　年　月　　日
	氏 名				
	現住所			卒 業	年　月　日
入学前の経歴				進 学 先	

学 校 名 及　び 所 在 地 (分校名・所在地等)	

年　度	年度	年度	年度
区分＼学年	1	2	3
校長氏名印			
学級担任者 氏 名 印			
年　度	年度	年度	年度
区分＼学年	4	5	6
校長氏名印			
学級担任者 氏 名 印			

児　童　氏　名	学　校　名	区分＼学年	1	2	3	4	5	6
		学　級						
		整理番号						

各 教 科 の 学 習 の 記 録

教科	観　点　　　＼　学　年	1	2	3	4	5	6
国語	知識・技能						
	思考・判断・表現						
	主体的に学習に取り組む態度						
	評定						
社会	知識・技能						
	思考・判断・表現						
	主体的に学習に取り組む態度						
	評定						
算数	知識・技能						
	思考・判断・表現						
	主体的に学習に取り組む態度						
	評定						
理科	知識・技能						
	思考・判断・表現						
	主体的に学習に取り組む態度						
	評定						
生活	知識・技能						
	思考・判断・表現						
	主体的に学習に取り組む態度						
	評定						
音楽	知識・技能						
	思考・判断・表現						
	主体的に学習に取り組む態度						
	評定						
図画工作	知識・技能						
	思考・判断・表現						
	主体的に学習に取り組む態度						
	評定						
家庭	知識・技能						
	思考・判断・表現						
	主体的に学習に取り組む態度						
	評定						
体育	知識・技能						
	思考・判断・表現						
	主体的に学習に取り組む態度						
	評定						
外国語	知識・技能						
	思考・判断・表現						
	主体的に学習に取り組む態度						
	評定						

特 別 の 教 科 　 道 徳

学年	学習状況及び道徳性に係る成長の様子
1	
2	
3	
4	
5	
6	

外 国 語 活 動 の 記 録

学年	知識・技能	思考・判断・表現	主体的に学習に取り組む態度
3			
4			

総 合 的 な 学 習 の 時 間 の 記 録

学年	学 習 活 動	観　点	評　価
3			
4			
5			
6			

特 別 活 動 の 記 録

内　容　観　点　　＼　学　年	1	2	3	4	5	6
学級活動						
児童会活動						
クラブ活動						
学校行事						

児 童 氏 名

行 動 の 記 録

項　目	学　年	1	2	3	4	5	6	項　目	学　年	1	2	3	4	5	6
基本的な生活習慣								思いやり・協力							
健康・体力の向上								生命尊重・自然愛護							
自主・自律								勤労・奉仕							
責任感								公正・公平							
創意工夫								公共心・公徳心							

総 合 所 見 及 び 指 導 上 参 考 と な る 諸 事 項

第1学年		第4学年	
第2学年		第5学年	
第3学年		第6学年	

出 欠 の 記 録

区分 学年	授業日数	出席停止・忌引等の日数	出席しなければならない日数	欠席日数	出席日数	備　考
1						
2						
3						
4						
5						
6						

　また、非常時に通知で示す方法によるオンラインを活用した学習指導を実施したと校長が認める場合には、指導要録の「指導に関する記録」の別記として、オンラインを活用した学習指導等の記録を学年ごとに作成することを求めています。

【参考2】不登校児童生徒の指導要録上の出欠の取扱いについて

　不登校の児童生徒が学校外の施設において相談・指導を受ける場合、学校での出欠の扱いについては、それらの施設は学校ではなく、そこで行われる活動も学校教育ではないので、当該児童生徒は、本来は欠席扱いとなるものです。

　しかしながら、不登校児童生徒の中には、学校外の施設において相談・指導を受け、社会的な自立に向け懸命の努力を続けている者もおり、このような児童生徒の努力を学校として評価し支援するため、我が国の義務教育制度を前提としつつ、一定の要件を満たすとともに、不登校児童生徒が学校外の施設において相談・指導を受けるとき、当該施設における相談・指導が不登校児童生徒の社会的な自立を目指すものであり、かつ、不登校児童生徒が現在において登校を希望しているか否かにかかわらず、不登校児童生徒が自ら登校を希望した際に、円滑な学校復帰が可能となるよう個別指導等の適切な支援を実施していると評価できる場合、校長はこれらの施設において相談・指導を受けた日数を指導要録上出席扱いとすることができます。

　なお、不登校児童生徒の学校外での施設での学習にかかる評価の指導要録への記載については、必ずしもすべての教科・観点について観点別学習状況および評定を記載することが求められるものではないが、児童生徒の置かれている多様な学習環境を踏まえ、その学習状況を文章記述するなど、次年度以降の児童生徒の指導の改善に生かすという観点に立った適切な記載に努めることが求められています。

7　全国学力・学習状況調査

1）調査目的

　義務教育の機会均等とその水準の維持向上の観点から、全国的な児童生徒の学力や学習状況を把握・分析し、教育施策の成果と課題を検証し、その改善を図るとともに、学校における児童生徒への教育指導の充実や学習状況の改善に役立てるため、2007（平成19）年度より、全国学力・学習状況調査が実施されています。このような取組みを通じて、教育に関する継続的な検証改善サイクルを確立するとされます。

2）調査対象

　調査対象は、小学校第6学年および中学校第3学年で、悉皆調査が基本となっています。調査の内容は、①教科に関する調査（国語、算数・数学の2教科）で、主として「知識」に関する問題と主として「活用」に関する問題により実施されるほか、②児童生徒や学校に対する「生活習慣や学校環境に関する質問紙調査」が行われています。なお、教科に関する調査については、2012（平成24）年度から、理科を追加し、3年に1度程度実施し、2019（令和元）年度からは英語を追加し、3年に1度程度実施することとなっています。また、2019（令和元）年度から「知識」と「活用」を一体的に問う問題形式で実施されています。

3）調査結果の概要

　2021（令和3）年度調査の結果は、213ページのとおりです。国語、算数・数学共に「知識」に関する問題の平均正答率は相応なものですが、「活用」に関する問題の平均正答率が、依然として低いことがわかります。児童生徒が学習内容にかかる知識・技能を活用する力に課題があるといえます。

　全国学力・学習状況調査は、対象とする教科や学年が限られており、また、必ずしも学力の全体を掌握するものではありませんが、工夫された問題や質問紙を用いて学力に関する貴重な資料が得られるものです。したがって、調査結果を踏まえて、各学校では児童生徒の学習状況と教育指導の改善に取り組むことが、また、教育委員会では学校への支援と教育施策の改善に取り組むことが求められます。

4）調査結果の公表および活用

　全国学力・学習状況調査の結果については、国全体、各都道府県、地域の規模等における調査結果が公表されるとともに、教育委員会と学校に当該教育委員会・学校の調査結果が、また、児童生徒に個人票が提供

されることとなっています。調査結果の公表については、行政や学校としての説明責任を果たすことが重要である一方、調査の性質を踏まえ、序列化や過度な競争が生じないよう十分な配慮が必要となります。現在、公表する内容や方法等について教育上の効果や影響等を考慮して適切なものとなるよう判断することとされており、慎重な判断の下、単に数値のみではなく分析結果や改善方策とともに、学校名や市町村名を明らかにした公表が可能とされています。なお、学力調査の結果の活用については、大阪府が高等学校入学者選抜の内申点評価に用いることが明らかになったことに対して、文部科学省は、2016（平成28）年度からは調査結果を入学者選抜に関して用いることができないことを調査の実施要領に明記しています。

全国学力・学習状況調査の結果（令和３年度）

調査概要

◆**調査日時**：令和3年5月27日（木）
◆**調査事項**：①児童生徒：教科調査〔国語、算数・数学〕、質問紙調査
　　　　　　　②学校：質問紙調査

教科に関する調査結果概要

◆**全国（国公私）の平均正答数・平均正答率**

	小学校		中学校	
	国語	算数	国語	数学
令和３年度	9.1/14問 64.9%	11.3/16問 70.3%	9.1/14問 64.9%	9.2/16問 57.5%
	国語	算数	国語	数学
（参考）令和元年度	9.0/14問 64.0%	9.3/14問 66.7%	7.3/10問 73.2%	9.7/16問 60.3%

出典：文部科学省作成資料

8　国際学力調査

わが国は、以下のような国際学力調査に参加しています。

①PISA　「生徒の学習到達度調査」

　　実施主体：OECD（経済協力開発機構）

　　実施時期：2000年から3年毎に1回実施

　　調査対象：15歳段階の高校1年生

　　調査項目：読解力（リテラシー）、数学的リテラシー、科学的リテラ
　　　　　　　シー

　　調査内容：「知識や技能等を実生活の様々な場面で直面する課題にど
　　　　　　　の程度活用できるかを評価するもの」（記述式が中心）

②TIMSS　「国際数学・理科教育動向調査」

　　実施主体：国際教育到達度評価学会（IEA）

　　実施時期：1964年以降、ほぼ3年に1回実施

　　調査対象：小学校4年生、中学校2年生

　　調査項目：算数・数学、理科

　　調査内容：「学校のカリキュラムで学んだ知識や技能等がどの程度習
　　　　　　　得されているかどうかを評価するもの」（選択肢が中心）

OCD 生徒の学習到達度調査2018年調査(PISA2018)のポイント

＜PISA2018について＞

OECD（経済協力開発機構）の生徒の学習到達度調査（PISA）は、義務教育修了段階の15歳児を対象に、2000年から3年ごとに、読解力、数学的リテラシー、科学的リテラシーの3分野で実施（2018年調査は読解力が中心分野）。平均得点は経年比較可能な設計。前回2015年調査からコンピュータ使用型調査に移行。日本は、高校1年相当学年が対象で、2018年調査は、同年6～8月に実施。

＜日本の結果＞

三分野
◆数学的リテラシー及び科学的リテラシーは、引き続き世界トップレベル。調査開始以降の長期トレンドとしても、安定的に世界トップレベルを維持しているとOECDが分析。
◆読解力は、OECD平均より高得点のグループに位置するが、前回より平均得点・順位が統計的に有意に低下。長期トレンドとしては、統計的に有意な変化が見られない「平坦」タイプとOECDが分析。

読解力
◆読解力の問題で、日本の生徒の正答率が比較的低かった問題には、テキストから情報を探し出す問題や、テキストの質と信ぴょう性を評価する問題などがあった。
◆読解力の自由記述形式の問題において、自分の考えを他者に伝わるように根拠を示して説明することに、引き続き、課題がある。
◆生徒質問調査から、日本の生徒は「読書は、大好きな趣味の一つだ」と答える生徒の割合がOECD平均より高いなど、読書を肯定的にとらえる傾向がある。また、こうした生徒ほど読解力の得点が高い傾向にある。

質問調査
◆社会経済文化的背景の水準が低い生徒群ほど、習熟度レベルの低い生徒の割合が多い傾向は、他のOECD加盟国と同様に見られた。
◆生徒のICTの活用状況については、日本は、学校の授業での利用時間が短い。また、学校外では多様な用途で利用しているものの、チャットやゲームに偏っている傾向がある。

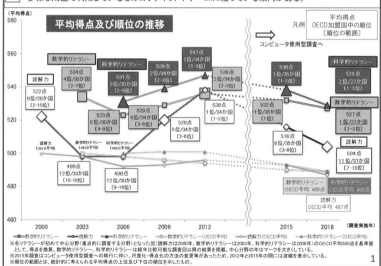

※各リテラシーが初めて中心分野（重点的に調査する分野）となった回（読解力は2000年、数学的リテラシーは2003年、科学的リテラシーは2006年）のOECD平均500点を基準値として、得点を換算。数学的リテラシー、科学的リテラシーは経年比較可能な調査回以降の結果を掲載。中心分野の年はマークを大きくしている。
※2015年調査はコンピュータ使用型調査への移行に伴い、尺度化・得点化の方法の変更があったため、2012年と2015年の間には波線を表示している。
※順位の範囲とは、統計的に考えられる平均得点の上位及び下位の順位を示したもの。

出典：国立教育政策研究所作成資料

国際数学・理科教育動向調査(TIMSS2019)のポイント

（ティムズ）

【調査概要】

〇TIMSSは、国際教育到達度評価学会(IEA)が、児童生徒の算数・数学、理科の教育到達度を国際的な尺度によって測定し、児童生徒の教育上の諸要因との関係を明らかにするため、1995年から4年ごとに実施。
〇2019年調査には、小学校は58か国・地域、中学校は39か国・地域が参加。
〇我が国では、IEAの設定した基準に従い、小学校4年生約4200人(147校)、中学校2年生約4400人(142校)が参加し、平成31(2019)年2月から3月に実施。
（今回から、筆記型調査とコンピュータ使用型調査を選択することができ、日本は筆記型調査により参加。）

【結果概要】

〇教科の平均得点(標準化されており、経年での比較が可能)については、小学校・中学校いずれも、算数・数学、理科ともに、引き続き高い水準を維持している。前回調査に比べ、小学校理科においては平均得点が有意に低下しており、中学校数学においては平均得点が有意に上昇している。

〇質問紙調査については、小学校・中学校いずれも、算数・数学、理科ともに、算数・数学、理科の「勉強は楽しい」と答えた児童生徒の割合は増加している。小学校理科について「勉強は楽しい」と答えた児童の割合は、引き続き国際平均を上回っているが、小学校算数、中学校数学及び中学校理科について「勉強は楽しい」と答えた児童生徒の割合は、国際平均を下回っている。

※500点は1995年調査の平均点(TIMSS基準値)であり、それ以降の各調査の国際平均得点は公表されていない。

【平均得点の推移】 ※小学4年生は1999年調査実施せず

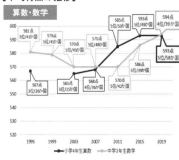

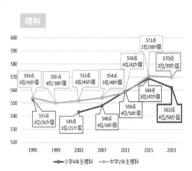

【「算数・数学の勉強は楽しい」、「理科の勉強は楽しい」と答えた児童生徒の割合の推移】

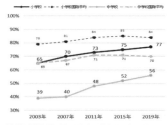

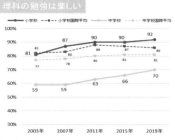

※数値は「強くそう思う」「そう思う」と回答した児童生徒の小数点第1位までの割合を合計し、さらにその小数点第1位を四捨五入したもの。
※国際平均については、調査参加国・地域が毎回異なる点に留意する必要がある。
※質問紙調査は1995年から実施されているが、項目の変化等により経年で比較できるのは2003年以降の調査結果になる。

出典：国立教育政策研究所作成資料

9　教科書と補助教材の使用

　学校が一定の指導計画に基づき組織的・計画的に教育課程を展開していくためには、教育課程の構成に応じて組織排列された**「主たる教材」**としての教科書が不可欠です。

　学校教育では、文部科学大臣の検定を経た教科用図書または文部科学大臣が著作の名義を有する教科用図書を使用しなければならないとされ（学校教育法第34条第1項）、教科書の使用が学校における教科教育の実施にあたり義務付けられています。教科書の使用義務について、学校教育において、教師が教科書を使用したといいうるためには、「まず、教科書を教材として使用しようとする主観的意図と同時に客観的にも教科書内容に相当する教育活動が行われなければならない。右の両者を併せもつとき初めて教科書を教材として使用したといいうるであろう」（福岡地裁判決　昭和53・7・28）とされます。

　教科書として適切であるかどうかは、**「義務教育諸学校教科用図書検定基準」**において、「教育基本法第1条の教育の目的及び同法第2条に掲げる教育の目標に一致していること。また、同法第5条第2項の義務教育の目的及び学校教育法第21条に掲げる義務教育の目標並びに同法に定める各学校の目的及び目標に一致していること」を基本的条件として、学習指導要領に示す目標に従い、学習指導要領に示す内容および内容の取扱いに示す事項を不足なく取り上げているか、不必要なものを取り上げていないか、内容が児童生徒の発達段階に適応しているかなど、「学習指導要領」への準拠、中立性、公正性、正確性などの観点から教科書の検定が行われます。

　また、学校教育では、教科用図書以外の図書その他の教材で、有益適切なものは、これを使用することができるとされます（学校教育法第34条第2項）。このような補助教材としては、小学校の「体育」のように教科書が発行されていない教科の教材として教科書に準じて使用され

る、いわゆる「準教科書」のほか、副読本、学習帳、解説書、練習帳、日記帳、郷土地図、図表、掛図、年表など、教育内容を具体的に具現しているものをいうとされます。学校における補助教材の選択にあたっては、「その内容が教育基本法、学校教育法、学習指導要領等の趣旨に従い、且つ児童生徒の発達段階に即したものであるとともに、ことに政治や宗教について、特定の政党や宗派に偏った思想、題材によって不公正な立場のものでないよう十分留意すること」(「学校における補助教材の適正な取扱いについて」1974/昭和49・9・3文部省初等中等教育局長通達)とされます。

　なお、公立学校における補助教材の取扱いについては、教育委員会は、学校における教科書以外の教材の使用についてあらかじめ教育委員会に届け出させ、または教育委員会の承認を受けさせることとする定めを設けることとされています(地方教育行政法第33条第2項)。

第13講　特別支援教育と外国人児童生徒の教育

1　特別支援教育とインクルーシブ教育

1）特別支援教育導入の経緯とその理念

　これまで、障害のある児童生徒等の教育については、障害の種類と程度に応じ、障害の程度が重い児童生徒には、盲学校・聾学校・養護学校（特殊教育諸学校）において、また、障害の軽い児童生徒には、小中学校等の特殊学級においてそれぞれ教育の場を設定し、手厚くきめの細かな教育を行うことが主眼とされてきました。

　しかし、特殊教育諸学校において、複数の障害を併せ有する児童生徒等の割合が高まるにつれて、障害の種類に応じて固定的な特別の場を設定するよりも、一人一人の教育的ニーズに応じて弾力的に教育の場を設定し教育を行う必要性が高まるとともに、これまでの「特殊教育」が対象とする障害だけではなく、発達障害も含め障害の概念や範囲も変容する中で、小中学校の通常学級において特別な支援を必要とする児童生徒への対応も急務となりました。

　こうした状況に対応するため、従来の「特殊教育」の考え方を改め、児童生徒一人一人の教育的ニーズを把握し、これを踏まえて教育の場を弾力的に設定し、生活や学習上の困難を克服するための適切な活動や必要な支援を行うため、「特別支援教育」の考え方に転換し、2006（平成18）年の学校教育法の改正により盲・聾・養護学校の制度は、障害の種別を超えた「特別支援学校」の制度に一本化され、一つの学校において複数の障害種に対応する教育を行うことができるようになったのです。

　特別支援教育の理念とは、障害のある児童生徒等の自立や社会参加に

向けた主体的な取組みを支援するという視点に立ち、児童生徒一人一人の教育的ニーズを把握し、その持てる力を高め、生活や学習上の困難を改善克服するため、適切な指導および必要な支援を行うというものです。

２）特別支援教育の種類と対象

　特別支援教育の種類とその対象については、①主として障害の程度が重い視覚障害、聴覚障害、知的障害、肢体不自由、病弱・身体虚弱の児童生徒を受け入れる「**特別支援学校**」、②主として障害の程度が軽い視覚障害、聴覚障害、知的障害、肢体不自由、病弱・身体虚弱や言語障害、自閉症・情緒障害の児童生徒を受け入れる小中学校の「**特別支援学級**」、③５種類の障害種のほか、情緒障害、自閉症、学習障害（LD）、注意欠陥多動性障害（ADHD）などの児童生徒に対する「**通級による指導**」の３つです。

　なお、「通級による指導」は、小中学校の通常の学級に在籍する障害のある児童生徒に対して、ほとんどの授業（主として各教科などの指導）を通常の学級で行いながら、週に１～８時間、障害に基づく種々の困難の改善・克服に必要な特別の指導を特別の場で行う教育の形態です。

　また、2006（平成18）年４月からは、障害のある児童生徒の状態に応じた指導のいっそうの充実を図り、障害の多様化に適切に対応するため、通常学級に在籍しているLDまたはADHDの児童生徒であって、一部特別な指導を必要とするものについては、通級による指導の対象に加え、通級による指導を行う際の授業時数の標準が設定されました（年間10～280単位時間。LD、ADHD以外の通級指導の対象は年間35～280単位時間まで）。

特別支援教育の対象の概念（義務教育段階）

義務教育段階の全児童生徒数　963万人	（令和元年5月1日現在）

特別支援学校

視覚障害　聴覚障害　知的障害
肢体不自由　病弱・身体虚弱

1.5%（144,823人）

平成25年比で1.06倍

小学校・中学校

特別支援学級

視覚障害　肢体不自由　自閉症・情緒障害
聴覚障害　病弱・身体虚弱知的障害
言語障害

2.9%（278,140人）

平成25年比で1.59倍

通常の学級
通級による指導

視覚障害　肢体不自由　自閉症　聴覚障害
病弱・身体虚弱　学習障害（LD）言語障害
情緒障害　注意欠陥多動性障害（ADHD）

1.4%（134,185人）

平成25年比で1.72倍

※発達障害（LD、ADHD、高機能自閉症等）の可能性のある児童生徒：6.5%程度の在籍率
（平成24年度の文科省調査の結果）
ただし、学級担任を含む複数教員により判断された回答であり、医師の診断によるものではない。

出典：文部科学省作成資料

3）特別支援教育を受ける子どもの就学先の決定

　従来は、就学時健康診断等により障害がある子どもについては、学校教育法施行令第22条の3に掲げる表に定める障害の区分と障害の程度の基準（就学基準）に該当すると「就学指導委員会」において判断された場合には、原則として、特別支援学校の就学対象とされました。また、この就学基準には該当しないが障害のある子どもについては、小中学校の特別支援学級あるいは通級による指導の対象とされました。

　これに対し、2012（平成24）年7月に公表された中央教育審議会の初等中等教育分科会報告「共生社会の形成に向けたインクルーシブ教育システム構築のための特別支援教育の推進」においては、「就学基準に該当する障害のある子どもは特別支援学校に原則就学するという従来の就学先決定の仕組みを改め、障害の状態、本人の教育的ニーズ、本人・保護者の意見、教育学、医学、心理学等専門的見地からの意見、学校や地

域の状況等を踏まえた総合的な観点から就学先を決定する仕組みとすることが適当である」との提言がなされたこと等を踏まえ、学校教育法施行令の改正が行われ、障害のある児童生徒の就学先決定の仕組みが変更されたところです。

　具体的には、視覚障害者、聴覚障害者、知的障害者、肢体不自由者、病弱者であって、その障害が学校教育法施行令第22条の3の表に規定する程度のものについて、特別支援学校への就学を原則とし、例外的に「認定就学者」として小中学校へ就学することを可能としている現行の規定を改め、個々の児童生徒等について、市町村の教育委員会が、その障害の状態等を踏まえた総合的な観点から就学先を決定する仕組みとされたのです。

　視覚障害者等であって、就学基準に該当する者のうち、市町村教育委員会が、その者の障害の状態、その者の教育上必要な支援の内容、地域における教育の体制の整備の状況その他の事情を勘案して、特別支援学校への就学が適当であると認める者（認定特別支援学校就学者）については、特別支援学校への就学を決定し、これ以外の者については、小中学校への就学を決定することとされます（学校教育法施行令第5条第1項）。

　なお、市町村教育委員会が就学先決定の通知を行おうとする際、本人・保護者の意見、教育学・医学・心理学その他の障害のある児童生徒の就学に関する専門的知識を有する者の意見を聴かなければならない仕組みとなっています（施行令第18条の2）。

　したがって、今日、障害のある児童生徒の就学先の決定にあたっては、本人・保護者の意見を最大限尊重（可能なかぎり、その意向を尊重）し、教育的ニーズと必要な支援について合意形成を行うことを原則とし、市町村教育委員会が最終的に決定するという仕組みとなっています。

4）「特別支援学校設置基準」の制定とその内容

　これまで、特別支援学校については、他の学校種とは異なり、学校教育法第3条に基づく独立した学校の設置基準が定められておらず、学校教育法施行規則に、設備編制の基本的事項についてのみ定められていました。

　このため、2021（令和3）年9月24日、近年の在籍者数の増加により慢性的な教室不足が続いている特別支援学校の教育環境を改善する観点から、新たに、学校教育法第3条に基づき「特別支援学校設置基準」が制定されました（2023/令和5年4月1日から施行）。

　この制定にあたっては、①特別支援学校を設置するために必要な最低の基準とするとともに、②地域の実態に応じた適切な対応が可能となるよう、弾力的・大綱的に規定することが基本的方針とされています。

　新しい特別支援学校設置基準の主な内容は、以下のとおりです。

（1）学級の編制について

　①　幼稚部の一学級の幼児数は5人以下とするとされ、障害を2つ以上併せ有する幼児で学級を編制する場合にあっては3人とする。ただし、特別の事情があり、かつ、教育上支障がない場合は、この限りではないこととされる。

　②　小学部または中学部の一学級の児童または生徒数は、6人以下とされ、障害を2以上併せ有する児童または生徒で学級を編制する場合にあっては、3人とする。ただし、特別の事情があり、かつ、教育上支障がない場合は、この限りではないこととされる。

　③　高等部の一学級の生徒数は8人以下とされ、障害を2以上併せ有する生徒で学級を編制する場合にあっては、3人とする。ただし、特別の事情があり、かつ、教育上支障がない場合は、この限りではないとされる。

(2)　教諭等の数等

① 　複数の部または学科を設置する特別支援学校には、相当数の副校長または教頭を置く。

② 　特別支援学校に置く主幹教諭、指導教諭または教諭の数は、一学級当たり1人以上とする。

③ 　教諭等は、特別の事情があり、かつ教育上支障がない場合は、副校長または教頭が兼ね、または助教諭もしくは講師をもって代えることができる。

④ 　特別支援学校には、幼児、児童および生徒の数等に応じ、相当数の養護をつかさどる主幹教諭、養護教諭その他の児童等の養護をつかさどる職員を置くよう努めなければならない。

⑤ 　高等部を置く特別支援学校には、必要に応じて相当数の実習助手を置くものとする。

⑥ 　特別支援学校には、部の設置状況、児童等の数等に応じ、相当数の事務職員を置かなければならない。

⑦ 　寄宿舎を設ける特別支援学校には、寄宿する児童等の数等に応じ、相当数の寄宿舎指導員を置かなければならない。

⑧ 　特別支援学校に置く教員等は、教育上必要と認められる場合は、他の学校の教員等と兼ねることができる。

(3)　校舎および運動場の面積等

① 　校舎および運動場の面積は、法令に特別の定めがある場合を除き、別表に定める面積以上とする。

② 　校舎および運動場は、同一の敷地内または隣接する位置に設ける。ただし、地域の実態その他により特別の事情があり、かつ教育上および安全上支障がない場合は、その他の適当な位置にこれを設けることができる。

(4) 校舎に備えるべき施設

① 校舎には、少なくとも次に掲げる施設を備えるものとする。ただし、特別の事情があるときは、教室と自立活動室および保育室と遊戯室とは、それぞれ兼用することができる。

・教室（普通教室、特別教室等とする。ただし、幼稚部にあっては、保育室および遊戯室とする）

・自立活動室

・図書室（小学部、中学部または高等部を置く特別支援学校に限る）、保健室

・職員室

② 校舎には、上記に掲げる施設のほか、必要に応じて、専門教育を施すための施設を備えるものとする。

(5) 校具および教具

① 特別支援学校には、障害の種類および程度、部および学科の種類、学級数および幼児、児童または生徒の数等に応じ、指導上、保健衛生上および安全上必要な種類および数の校具および教具を備えなければならない。

② 校具および教具は、常に改善し、補充しなければならない。

5) 特別支援学校・特別支援学級の学級編制および教職員定数

新しく制定された「特別支援学校設置基準」は、国公私立の学校を問わず適用されるものであり、公立の特別支援学校や公立の小中学校の特別支援学級における学級編制や教職員定数については、**「公立義務教育諸学校の学級編制及び教職員定数の標準に関する法律」**（義務標準法）の定めるところによります。

義務標準法では、公立の特別支援学校（小中学部）の学級編制については、1学級の児童生徒数は6人（ただし、障害を2以上併せ有する児

童生徒で学級を編制する場合には３人）を標準とします。また、小中学校に置かれる特別支援学級の学級編制は、１学級８人を標準とするとされています。これら学級編制の標準をもとに、都道府県教育委員会が基準を定めることとされています。

　公立の特別支援学校および公立の小中学校の教職員定数については、校長および教諭等、養護教諭等、寄宿舎指導員、栄養教諭・学校栄養職員、事務職員の各職種ごとに、学校数やその規模などをそれぞれ算定の基礎として、教職員定数の標準が定められています。このうち、教頭および教諭等の定数の中には、教育相談担当教員や自立活動担当教員の数なども含まれています。なお、小中学校における通級による指導については、2017（平成29）年度より、通級指導担当教員を基礎定数化して配置しており、通級指導対象者13人に１人教員を配置することとされています。

　なお、公立の特別支援学校の高等部の学級編制および教職員定数については、「高校標準法」で、その標準が定められています。その学級編制については、重複障害生徒で学級編制をする場合は３人、それ以外の場合は８人を標準とするとされています。高等部の教職員定数は、高等学校と同様、教諭等の各職種ごとに、学校の数やその規模等をそれぞれ算定の基礎として、各都道府県ごとに置くべき数の標準が定められています。

６）特別支援学校の校舎や立地などの条件

　学校教育法施行規則（第１条）では、「学校には、その学校の目的を実現するために必要な校地、校舎、校具、運動場、図書館又は図書室、保健室その他の設備を設けなければならない」、「学校の位置は、教育上適切な環境に、これを定めなければならない」と規定しています。この規定は、特別支援学校にも当然適用されます。

　特別支援学校の校舎等の建設については、「**義務教育諸学校等の施設**

費の国庫負担等に関する法律」により、公立の小中学校などと同様に、公立の特別支援学校についても、校舎建設に必要な国庫負担が行われる仕組みとなっています。学級数に応じて必要な面積を乗じて得た面積にかかる校舎等施設の整備について国庫負担の対象とされます。

　ただし、学校教育法施行規則では、小中学校の学級数について「12学級以上18学級以下を標準とする」と定めていますが、特別支援学校については、学級数の標準の規定はありません。今日、特別支援学校の在籍者数が増加し、校舎等の施設建設が進まない中で、過大規模の特別支援学校が生まれたり、児童生徒数の増加に対応できる教室数が適切に確保できない状況が生まれています。たとえば、普通教室確保のため1つの教室を薄いカーテン1枚で仕切って使ったり、図書室や作業室、個別指導の部屋などの指導上必要な特別教室が普通教室に転用されるなど、普通教室不足の問題が生じているのです。

　このため、2021（令和3）年9月、新たに特別支援学校設置基準が制定され、特別支援学校の校舎や教室環境の整備が図られることとなりました。

7）特別支援教育の教員免許制度

　小中高等学校などや特別支援学校で教員としてその職務を行うためには、「教育職員免許法」で定める「各相当の免許状を有するものでなければならない」（第3条第1項）とされています。

　したがって、教員は学校の種類や教科ごとに定められた免許状を有しなければ教壇に立つことはできない仕組みとなっています（相当免許状主義）。

　特別支援学校の教員については、小中高等学校の教員とは異なる免許状の取扱いがなされており、原則として、特別支援学校の免許状のほか、特別支援学校の各部（幼・小・中・高等部）に相当する段階の学校の教員免許状が必要とされます（第3条第3項）。ただし、「当分の間」、

小学校、中学校、高等学校の教員免許状を有する者は、特別支援学校の相当する各部の教員となることができる（附則16）とされています。しかし、特別支援教育の専門性を担保する上で、このような特例措置は速やかに解消する必要があります。

　なお、特別支援学校において専ら自立教科等の教授を担任する教員の免許状は、障害の種類に応じて自立教科等について授与されることとなります（第4条の2第2項）。

特別支援学校における特別支援学校教諭等免許状の保有状況の経年比較

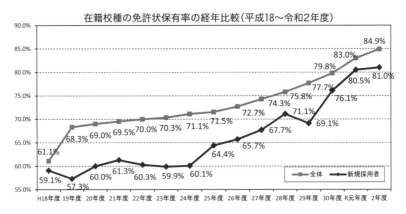

出典：文部科学省作成資料

8）特別支援学校・特別支援学級の教育課程

　特別支援学校では、幼稚園、小学校、中学校または高等学校に「準ずる教育」を行うとともに、障害による学習上または生活上の困難を克服し自立を図るために「自立活動」という特別の指導領域が設けられています（学校教育法第72条）。

　特別支援学校の幼稚部の教育課程その他の保育内容、小学部・中学部の教育課程または高等部の学科および教育課程に関する事項は、幼稚

　園、小学校、中学校または高等学校に準じて、文部科学大臣が定めることとされます（同法第77条）。この規定を受けて、特別支援学校の幼稚部・小学部・中学部・高等部各部の教育課程については、特別支援学校幼稚部教育要領、特別支援学校小学部・中学部学習指導要領および特別支援学校高等部学習指導要領によるものとするとされます（学校教育法施行規則第130条）。

　特別支援学校の小学部の教育課程は、各教科、特別の教科である道徳、外国語活動、総合的な学習の時間、特別活動および自立活動によって編成するものとするとされています（学校教育法施行規則第126条第1項）。なお、知的障害者である児童を教育する特別支援学校については、知的障害の特徴や学習上の特性などを踏まえた独自の教科およびその目標や内容が示されています（教科については、理科、社会、外国語、家庭の各教科、また、領域は総合的な学習の時間、外国語活動がありません）。

　特別支援学校の中学部の教育課程も、自立活動のほかは中学校の教育課程と同様ですが、知的障害者である生徒を教育する場合は、外国語を除く各教科、特別の教科である道徳、総合的な学習の時間、特別活動および自立活動によって、教育課程を編成するものとするとされます（同施行規則第127条）。

　なお、特別支援学校では、児童生徒等の障害の状態等に応じた弾力的な教育課程が編成できるようになっています。

　次に、小中学校の特別支援学級では、基本的に、小学校・中学校の学習指導要領に沿って教育が行われますが、子どもの実態に応じて、特別支援学校の学習指導要領を参考として特別の教育課程も編成できるようになっています（同施行規則第138条「教育課程の特例」）。

　小中学校における通級による指導では、障害の状態に応じた特別の指導（自立活動の指導等）を特別の指導の場（通級指導教室）で行うことから、通常の学級の教育課程に加え、またはその一部に替えた特別の教

育課程を編成することができることとなります（同施行規則第140条
「障害に応じた特別の教育課程」）。

※特別支援学校や特別支援学級においては、当分の間、教科用図書以外の教科用図
　書を使用することができることとされています（附則第９条「教科用図書使用の
　経過措置」）

９）特別支援教育を行うための体制の整備および必要な取組み

　特別支援教育の推進については、2007（平成19）年４月１日付の文部
科学省通知によると、以下のような体制の整備および取組みが特別支援
学校はじめ小中学校等では求められています。

①　特別支援教育に関する校内委員会の設置

　各学校においては、校長のリーダーシップの下、全校的な支援体制を
確立し、発達障害を含む障害のある幼児児童生徒の実態把握や支援方策
の検討等を行うため、校内に特別支援教育に関する委員会を設置するこ
と。委員会は、校長、教頭、特別支援教育コーディネーター、教務主
任、生徒指導主事、通級指導教室担当教員、特別支援学級教員、養護教
諭、対象の幼児児童生徒の学級担任、学年主任、その他必要と思われる
者などで構成すること。なお、特別支援学校においては、他の学校の支
援も含めた組織的な対応が可能な体制づくりを進めること。

②　実態把握

　各学校においては、在籍する幼児児童生徒の実態の把握に努め、特別
な支援を必要とする幼児児童生徒の存在や状態を確かめること。さら
に、特別な支援が必要と考えられる幼児児童生徒については、特別支援
教育コーディネーター等と検討を行った上で、保護者の理解を得ること
ができるよう慎重に説明を行い、学校や家庭で必要な支援や配慮につい
て、保護者と連携して検討を進めること。その際、実態によっては、医
療的な対応が有効な場合もあるので、保護者と十分に話し合うこと。特

に幼稚園、小学校においては、発達障害等の障害は早期発見・早期支援が重要であることに留意し、実態把握や必要な支援を着実に行うこと。

③　特別支援教育コーディネーターの指名

　各学校の校長は、特別支援教育のコーディネーター的な役割を担う教員を「特別支援教育コーディネーター」に指名し、校務分掌に明確に位置付けること。特別支援教育コーディネーターは、各学校における特別支援教育の推進のため、主に、校内委員会・校内研修の企画・運営、関係諸機関・学校との連絡・調整、保護者からの相談窓口などの役割を担うこと。また、校長は、特別支援教育コーディネーターが、学校において組織的に機能するよう努めること。

④　関係機関との連携を図った「個別の教育支援計画」の策定と活用

　特別支援学校においては、長期的な視点に立ち、乳幼児期から学校卒業後まで一貫した教育的支援を行うため、医療、福祉、労働等の様々な側面からの取組みを含めた「個別の教育支援計画」を活用した効果的な支援を進めること。また、小中学校等においても、必要に応じて、「個別の教育支援計画」を策定するなど、関係機関と連携を図った効果的な支援を進めること。

⑤　「個別の指導計画」の作成

　特別支援学校においては、幼児児童生徒の障害の重度・重複化、多様化等に対応した教育をいっそう進めるため、「個別の指導計画」を活用したいっそうの指導の充実を進めること。また、小中学校等においても、必要に応じて、「個別の指導計画」を作成するなど、一人一人に応じた教育を進めること。

⑥　教員の専門性の向上

　特別支援教育の推進のためには、教員の特別支援教育に関する専門性の向上が不可欠である。したがって、各学校は、校内での研修を実施したり、教員を校外での研修に参加させたりすることにより、専門性の向上に努めること。また、教員は、一定の研修を修了した後でも、より専

門性の高い研修を受講したり、自ら最新の情報を収集したりするなどして、継続的に専門性の向上に努めること。さらに、独立行政法人国立特別支援教育総合研究所が実施する各種指導者養成研修についても、活用されたいこと。なお、教育委員会等が主催する研修等の実施にあたっては、国・私立学校関係者や保育所関係者も受講できるようにすることが望ましいこと。

10) 特別支援学校就学奨励費

　障害のある幼児児童生徒が特別支援学校や小中学校の特別支援学級で学ぶ際に、保護者が負担する教育関係費について、**「特別支援学校への就学奨励に関する法律」**（1954/昭和29年）により、国および地方公共団体が補助する仕組みが設けられています。この法律は、教育の機会均等の趣旨にのっとり、かつ、特別支援学校への就学の特殊事情にかんがみ、国および地方公共団体が特別支援学校に就学する児童生徒について行う必要な援助を規定し、もって特別支援学校における教育の普及奨励を図ることを目的としています。

　特別支援学校就学奨励費の対象とする経費は、通学費、教科書費、学校給食費、学用品費、修学旅行費、寄宿舎日用品費、寝具費、寄宿舎からの帰省費などがあります。特別支援学校就学奨励費の対象は、都道府県、市町村の公立または私立の特別支援学校の小中学部および高等部の児童生徒であって、これらの者に対して、国は、都道府県が支弁する特別支援学校への就学のために必要な経費の2分の1を負担することとなっています。

　なお、2013（平成25）年度より、通常の学級で学ぶ児童生徒（学校教育法施行令第22条の3に定める障害の程度に該当）についても補助対象に拡充しています。

11)「発達障害」などへの対応

発達障害とは、発達障害者支援法では「自閉症、アスペルガー症候群その他広汎性発達障害、学習障害、注意欠陥多動性障害その他これに類する脳機能の障害であってその症状が通常低年齢において発現するものとして政令で定めるもの」と定義されています。

2012（平成24）年に文部科学省が行った調査では、発達障害の可能性のある児童生徒は、約6.5％在籍していることがわかっています。2015（平成27）年5月1日現在、義務教育段階の全児童生徒数（1,009万人）のうち、通級による指導を受けている者約9万人（0.89％）の中には、少なからずの学習障害や注意欠陥多動性障害の児童生徒が含まれていると考えられます。

「発達障害者支援法」（2004/平成16年）に基づき、発達障害を早期に発見し、発達支援を行うことは国および地方公共団体の責務であることから、学校教育における発達障害者への支援や発達障害者の就労の支援の取組みが求められています。学校教育では、発達障害児がその年齢および能力に応じ、かつ、その特性を踏まえた十分な教育を受けられるようにするため、可能なかぎり発達障害児が発達障害児でない児童と共に教育を受けられるよう配慮しつつ、適切な教育的支援を行うこと、個別の教育支援計画の作成および個別の指導に関する計画の作成の推進など必要な措置を講じることが必要であるとされます。

なお、2016（平成28）年、学校教育法施行規則の一部が改正され、新たに、高等学校において「通級による指導」を実施することができるようになりました。障害に応じた特別の指導を行う必要のある者を教育する場合には、特別の教育課程によることができることとするとともに、その場合には、障害に応じた特別の指導を高等学校等の教育課程に加え、またはその一部に代えることができることとし、また、障害に応じた特別の指導にかかる修得単位数を年間7単位を超えない範囲で全課程の修了を認めるに必要な単位数に加えることができることとなりまし

た。あわせて、障害に応じた特別の指導の内容について、各教科の内容を取り扱う場合であっても、障害による学習上または生活上の困難を改善し、または克服することを目的とする指導として行うものであるとの趣旨が明確化されました。

12）インクルーシブ教育と「合理的配慮」

　2006（平成18）年の国連総会において採択された「障害者の権利条約」（2014/平成26年、日本も批准）では、共生社会の形成に向けて「インクルーシブ教育システム」（障害のある者と障害のない者が共に学ぶ仕組み）の理念が重要であることが明らかにされました。

　わが国では、インクルーシブ教育システムにおいて、同じ場で共に学ぶことを追求するとともに、個別の教育的ニーズのある児童生徒に対して、自立と社会参加を見据えて、その時点で教育的ニーズに最も的確に応える指導を提供できる、多様で柔軟な仕組みを整備することが重要との立場をとっています。このため、小中学校における通常の学級、通級による指導、特別支援学級、特別支援学校といった連続性のある「多様な学びの場」を用意することが求められています。

　一方、2016（平成28）年度から施行されている「障害を理由とする差別の解消の推進に関する法律」（障害者差別解消法）では、障害を理由とする差別を禁止するとともに、「合理的配慮」を提供しないことを禁止しています。したがって、公立学校においても、障害者に対する障害を理由とする不当な差別的取扱いの禁止および合理的配慮の提供が法的に義務付けられることとなりました。

　障害者差別解消法にいう「合理的配慮」とは、「障害のある子供が、他の子供と平等に『教育を受ける権利』を享有・行使することを確保するために、学校の設置者及び学校が必要かつ適当な変更・調整を行うことであり、障害のある子供に対し、その状況に応じて、学校教育を受ける場合に個別に必要とされるもの」と定義されます。ただし、学校の設

置者に対して、体制面・財政面において、均衡を失したまたは過度の負担を課さないものともされます。

　合理的配慮の例としては、車いす利用者のためにキャスター上げ等の補助を渡したり、段差に携帯スロープを渡すなど物理的環境に配慮したり、筆談、読み上げ、手話、点字など多様なコミュニケーション手段を使って説明するなどの意思疎通の配慮を行うなどがあります。「合理的配慮」は、発達の段階を考慮しつつ本人・保護者と合意形成を図ったうえで提供することが望まれます。合理的配慮に際し、均衡を失したまたは過度の負担を課すものと学校が判断した場合、本人・保護者にわかりやすく説明し、実現可能な代替措置を提案するなど、何を優先して提供する必要があるかなどについて共通理解を図ることが重要です。

2　外国人児童生徒の教育

1）外国とつながりのある子どもたちをめぐる状況

　在留外国人数は、2008（平成20）年のリーマンショック以降減少傾向にありましたが、2012（平成24）年以降増加に転じ、2015（平成27）年度末の在留外国人数は約223万人と過去最高を記録しています。近年の傾向として、ブラジルなどの南米系の減少とアジア系の増加や在留外国人の多国籍化が進んでいます。

　このような状況の中で、わが国の公立学校に在籍している外国籍の児童生徒数は、2008（平成20）年度において75,043人でしたが、その後増加し続け、2018（平成30）年度には、93,133人を数えるに至っています。また、日本語指導が必要な外国籍の児童生徒が在籍する学校数についても、2008（平成20）年度においては、小学校で3,791校、中学校で2,028校、その他の学校を合わせて合計で6,212校でしたが、2018（平成30）年度では、小学校で4,900校、中学校で2,333校、その他の学校を合わせて合計7,852校と増加しています。日本語指導が必要な外国籍の児童生

徒数は以下の表のとおり、近年増加の傾向にあり、2018（平成30）年度には、40,755人に上っています。さらに、日本語指導が必要な日本国籍の児童生徒数も、この間増加しており、2008（平成20）年度の4,895人に対し、2018（平成30）年度には10,371人に上っています。これら日本語指導が必要な日本国籍の児童生徒が在籍する学校数も、2018（平成30）年度においては、3,696校にまで増加しています。「日本語指導が必要な日本国籍の児童生徒」とは、帰国児童生徒のほかに日本国籍を含む重国籍の場合や保護者の国際結婚により家庭内言語が日本語以外である者なども含まれます。

　次に、日本語指導が必要な外国籍の児童生徒を母語別に見ると、母語をポルトガル語とするものの割合が全体の4分の1を占めて最も多く、次いで中国語が23.8％、フィリピノ語が19.4％、スペイン語が9.3％であり、これらの4言語で、全体の78.1％を占めています。また、日本語指

日本語指導が必要な外国籍の児童生徒数

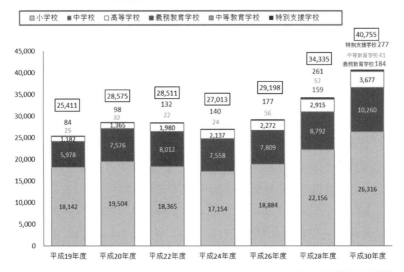

出典：文部科学省作成資料

日本語指導が必要な日本国籍の児童生徒数

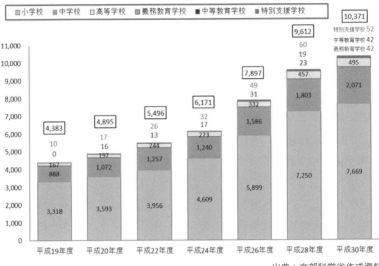

出典：文部科学省作成資料

導が必要な日本国籍の児童生徒を言語別に見ると、フィリピノ語を使用する者の割合が約3割を占め、次いで中国語が20.7％、日本語が11.6％、英語が11.3％であり、これら4言語で全体の76.2％を占めています。

2）外国籍の子どもの公立義務教育諸学校への受入れ

　日本国憲法第26条第1項では、「すべて国民は、法律の定めるところにより、その能力に応じて、ひとしく教育を受ける権利を有する」と定め、第26条第2項では、「すべて国民は、法律の定めるところにより、その保護する子女に普通教育を受けさせる義務を負う」と定めています。保護者のその子を小学校等に就学させる義務は、国民固有の義務であり、外国籍の人には適用されません。しかし、1979（昭和54）年の「経済的、社会的及び文化的権利に関する国際規約（A規約）」および1994（平成6）年の「児童の権利条約」に基づき、教育へのユニバーサ

ルな権利をすべての人々に保障することとなったことから、外国籍の人がその保護する子を公立の義務教育諸学校に就学させることを希望する場合には、無償で受け入れ、教科書の無償給与や就学援助を含め、日本人と同一の教育を受ける機会を保障することとしています。これは、「恩恵」ではなく、「権利」として、公立学校への就学を保障するものです。

　外国籍の子どもたちが、日本の公立義務教育諸学校に就学することを希望する場合、就学の機会を逸することのないよう、国は、日本の教育制度や就学の手続等をまとめた「就学ガイドブック」を、ポルトガル語、中国語など7言語で作成し、教育委員会などに配布しているほか、不就学となっている外国人の子どもたちの就学をよりいっそう促進するため、法務省地方入国管理局において、「就学ガイドブック」概要版を配布などし、就学案内の充実に努めています。しかしながら、「不就学」の状況に置かれている外国籍の子どもたちもいることから、日本の学校教育を希望する外国籍の子どもたちの教育を受ける権利を十全に保障するため、「不就学ゼロ」を目指す取組みが求められています。

3）日本語指導が必要な児童生徒を対象とした「特別の教育課程」の編成実施

　2014（平成26）年4月、学校教育法施行規則の一部が改正され、「日本語教育のための教育課程編成の特例」（第56条の2）および「日本語教育授業の特例」（第56条の3）が新たに設けられました。これらの特別の教育課程においては、次のような制度の枠組みとなっています。

① 　指導内容　児童生徒が日本語で学校生活を営み、学習に取り組めるようになるための指導

② 　指導対象　小中学校段階に在籍する日本語指導が必要な児童生徒

③ 　指導者　日本語指導担当教員（教員免許を有する教員）および指導補助者

④　授業時数　年間10～280単位時間までを標準とすること
⑤　指導の形態および場所　原則、児童生徒の在籍する学校における「取り出し指導」
⑥　指導計画の作成および学習評価の実施　計画およびその実績は、学校設置者に提出

　日本語指導が必要な児童生徒のうち、外国人児童生徒の79.5％、日本国籍児童生徒の74.4％が日本語指導を受けています（いずれも2018（平成30）年度）。これら児童生徒のうち、「特別の教育課程」による日本語指導を受けている者の割合は、外国人児童生徒で60.8％、また、日本国籍の児童生徒で57.3％となっています。

　日本語指導が必要な児童生徒が在籍学級で各教科の学習指導を受けながら、日本語の能力に応じた「日本語指導と教科指導との統合学習」を取り出し指導の場において行う、「JSLカリキュラム」（Japanese as a Second Language Curriculum）が学校に導入されています。2016（平成28）年5月現在、在籍学校の3割弱程度に、「JSLカリキュラム」が導入されており、いっそうの普及が課題となっています。

　外国人児童生徒等に対する日本語指導の充実のため、従来は、学級数等から算定されるいわゆる「基礎定数」とは別に、外国人児童生徒の日本語指導を行う教員を配置するための「加配定数」が措置されていましたが、2017（平成29）年度以降、日本語能力に課題のある児童生徒への指導のための「基礎定数」が新設され、日本語指導が必要な児童生徒18人に、1人教員を措置することとなりました。また、（独法）教職員支援機構において、外国人児童生徒教育に携わる日本語指導教員等を対象として、日本語指導法等を主な内容とする実践的な研修も実施されています。このように外国人児童生徒への支援の充実が図られつつあります。

　今後の課題としては、多様化する児童生徒に応じたきめ細かな指導、日本語指導、適応指導、そしてこれら外国とつながりのある子どもたち

の学力を保障する、総合的な取組みが求められています。さらに、外国
人生徒が、日本語能力が十分でない等の理由により希望しても高校進学
できない状況が生じており、小中学校を通じた学力保障および高校進学
の促進、高校における学習の支援等を通じた外国人の子どもの経済的・
社会的自立の促進が大きな課題です。

第14講　生徒指導と懲戒・体罰

1　生徒指導と校則

1）生徒指導の意義

　「生徒指導とは、一人一人の児童生徒の人格を尊重し、個性の伸長を図りながら、社会的資質や行動力を高めることを目指して行われる教育活動のことです。すなわち、生徒指導は、すべての児童生徒のそれぞれの人格のより良い発達を目指すとともに、学校生活が全ての児童生徒にとって有意義で…充実したものになることを目指しています」（2010/平成22年文部科学省「生徒指導提要」）

　<u>生徒指導は、学習指導と並んで、学校教育において重要な意義を持っています。生徒指導は、学校の目標を達成する上で重要な機能を果たしており、各学校段階に応じて組織的・体系的な取組みが求められています。</u>

2）学習指導要領における生徒指導の位置付け

　生徒指導は、教育課程における特定の教科等だけで行われるものではなく、学校の教育活動全体を通じて行われるものです。

　小学校および中学校学習指導要領では、総則における「児童生徒の発達支援」において、以下のように定められています。

①　学習や生活の基盤として、教師と児童生徒との信頼関係および児童生徒相互のよりよい人間関係を育てるため、日頃から学級経営の充実を図ること。また、主に集団の場面で必要な指導や援助を行うガイダンスと、個々の児童の多様な実態を踏まえ、一人一人が抱える課題に

　　個別に対応した指導を行うカウンセリングの双方により、児童生徒の
　　発達を支援すること。
　　　あわせて、小学校の低学年、中学年、高学年の学年の時期の特長を
　　生かした指導の工夫を行うこと。
②　　児童生徒が、自己の存在感を実感しながら、よりよい人間関係を形
　　成し、有意義で充実した学校生活を送る中で、現在および将来におけ
　　る自己実現を図っていくことができるよう、児童生徒理解を深め、学
　　習指導と関連付けながら、生徒指導の充実を図ること。

3）学校における生徒指導体制

　　生徒指導体制とは、校長のリーダーシップの下、生徒指導部など校務
分掌組織はもとより、学級担任や学年の連携、教職員の役割分担、学校
全体の協力体制、さらには関係機関との連携など、学校における生徒指
導の全体的な取組みを指します。
　　生徒指導体制の要の役割を果たすのは、「**生徒指導主事**」です。生徒
指導主事は、学校教育法施行規則第70条第4項において、「校長の監督
を受け、生徒指導に関する事項をつかさどり、当該事項について連絡調
整及び指導、助言に当たる」とされています。
　　生徒指導の組織・運営の基本原理としては、①全教職員の一致協力と
役割分担、②学校としての指導方針の明確化、③すべての児童生徒の健
全な成長の促進、④問題行動の発生時の迅速かつ組織的な対応、⑤生徒
指導体制の不断の見直しと適切な評価・改善を挙げることができます。

4）校則の制定

　　学校がその教育目的を達成するために、児童生徒が学校生活を営み、
よりよく成長していくための行動の指針を具体的に示したものとして、
「校則」があります。学校が、校則を定め、これに基づいた指導を行う
ことは、教育目的達成のために行う指導の一環ととらえられます。

　学校においては、法律の根拠によらなくとも、社会通念上合理的な範囲内で、その秩序維持または目的達成の観点から、校則などの規則を定め一定の範囲で児童生徒の権利を制限することができるのです。

　児童生徒が心身の発達過程にあること、学校が集団生活の場であることなどから、小・中・高等学校を通じて学校には一定の決まりが必要であり、その意味で校則それ自体には意義があるといえます。校則等は、ともすると児童生徒に対する取り締まり規範として存在しているかのように受け止められますが、むしろすべての児童生徒が健全に学校生活を営み、よりよく成長・発達していくための方針・指針であるという積極的な意義と機能を有するものであると理解されるべきです。

　校則に基づき指導を行う場合は、一人一人の児童生徒に応じて適切な指導を行うとともに、児童生徒の内面的な自覚を促し、校則を自分のものとしてとらえ、自主的に守るように指導を行っていくことが重要です。教員がいたずらに規則にとらわれて、規則を守らせることのみの指導になっていないか注意を払う必要があります。

　校則に違反した児童生徒に懲戒等の措置をとる場合がありますが、その際には、問題の背景など児童生徒の個々の事情にも十分に留意し、当該措置が単なる制裁的な処分にとどまることなく、その後の指導のあり方も含めて、児童生徒の内省を促し、主体的・自律的に行動することができるようにするなど、教育的効果を持つものとなるよう配慮しなければなりません。

　校則は、経済社会の進展等の時代の進展、地域の実情や児童生徒の発達段階、学校の教育方針や保護者の考え方などを踏まえ、各学校において適切に考えられるべきものであり、校則がその意義を発揮するためには、その内容面において、①絶対守るべきもの、②努力目標というべきもの、③児童生徒の自主性に任せてよいものが混在していることから、点検し見直すことが求められています。また、その指導面において、児童生徒に消極的に校則を守らせるのではなく、児童会、生徒会、学級会

などの場を通じて児童生徒自身に主体的に考えさせる機会を設けること
などにより校則を自分のものとしてとらえ、自主的に守るようにするこ
とが大切であり、この観点から何を校則に盛り込むべきかなど校則の見
直しを行う必要があるとされます。

2　懲戒と体罰

1）懲戒の意義

　学校は、教育目的を達成するために必要な合理的な範囲で児童生徒の
行為に一定の規制を加えることができ、児童生徒の学校利用関係におけ
る規律違反に対して、学校は、教育上の必要からなされる生活・生徒指
導の一手段として「懲戒」を加えることができます。

　学校における懲戒の根拠規定は、学校教育法に明示されています。

　学校教育法第11条では、「校長及び教員は、教育上必要があると認め
るときは、文部科学大臣の定めるところにより、児童、生徒及び学生に
懲戒を加えることができる」と定め、学校における児童生徒等の規律違
反行為に対しての制裁措置としての懲戒権の行使を認めています。

　「懲戒」は、学校における教育目的を達成するために児童生徒等に対
して行われるものであることから、「校長及び教員が児童等に懲戒を加
えるに当っては、児童等の心身の発達に応ずる等教育上必要な配慮をし
なければならない」とされます（学校教育法施行規則第26条第1項）。
懲戒は、学校の規律保持と生徒指導の一環としての児童生徒への教育的
効果という見地から、「教育的配慮」の下に行われる教育上の制裁措置
であるといえます。

2）懲戒の種類とその内容

　懲戒には、「事実行為としての懲戒」と「法的効果を伴う懲戒」の2
種類があります。

　事実行為としての懲戒は、学校教育法上、校長および教員がこれを行うことができるとされていますが（学校教育法第11条）、法的効果を伴う懲戒としての退学、停学、訓告の処分は、校長のみが行うことができる（学校教育法施行規則第26条第2項）とされています。

　事実行為としての懲戒とは、単に子どもを叱ったり、授業中一定の時間立たせたりするなど、法的な効果を伴わない懲戒であるのに対して、法的効果を伴う懲戒とは、退学や停学など、その懲戒の対象となる児童生徒等が学校で授業を受けることができるという、学校と児童生徒との身分関係に法的な変動を及ぼすような、法的効果を伴う懲戒です。

　法的効果を伴う懲戒については、学校教育法施行規則第26条第2項において、「懲戒のうち、退学、停学及び訓告の処分は、校長（大学にあっては、学長の委任を受けた学部長を含む）が行う」と定められています。ここにいう「退学」とは、在学関係にある児童生徒等にその身分を喪失させ、学校における教育を受ける権利をはく奪するものであり、また、「停学」とは、教育を受ける権利を一定期間停止するものです。なお、「訓告」は、児童生徒等の非違を戒め、将来にわたってそのようなことのないように注意することをいうものとされますが、事実行為としての懲戒とは異なり、学校の管理権の発動として行われる懲戒に当たります。ただし、児童生徒等の法的地位に変動を及ぼさない性格のものです。

　退学については、学校教育法施行規則第26条第3項において、「前項の退学は、公立の小学校、中学校（学校教育法第71条の規定により高等学校における教育と一貫した教育を施すもの（以下「併設型中学校」という）を除く）、義務教育学校又は特別支援学校に在学する学齢児童又は学齢生徒を除き、…行うことができる」こととされ、義務教育を保障する観点から、公立の小中学校等に在学する学齢児童生徒については行うことができない取扱いとなっています。また、**停学**についても、義務教育段階の児童生徒の教育を受ける権利を保障するため、国公私立を問

わず、義務教育諸学校の児童生徒については行うことができない（同法施行規則第26条第4項）取扱いとされています。

　退学は、①性行不良で改善の見込みがないと認められる者、②学力劣等で成業の見込みがないと認められる者、③正当の理由がなくて出席常でない者、④学校の秩序を乱し、その他学生または生徒としての本分に反した者の4つの事由に限定されています（同法施行規則第26条第3項）。

　児童生徒等への懲戒処分のうち、退学処分については、特定の学校において児童生徒等が教育を受けることができるという法律上の権利をはく奪する重大な処分であり、学校教育法施行規則においても退学事由が4項目に限定されていることからすると、退学処分の発動にあたっては、当該児童生徒等を学外に排除することが教育上やむを得ないと認められる場合に限って選択すべきであり、その要件の設定につき他の処分の選択に比較して特に慎重な配慮を要するものであるとされています（1996/平成8・3・8高専学生退学処分事件最高裁判決）。

3）性行不良による出席停止処分

　停学に類似したものとして、学校教育法第35条に基づく「出席停止」の制度があります。

　これは、「市町村の教育委員会は、性行不良であって他の児童の教育に妨げがあると認める児童があると認めるときは、その保護者に対して、児童の出席停止を命じることができる」とするものです（同法第49条により中学校等に準用）。この出席停止制度は、児童生徒本人に対する懲戒という観点からではなく、学校の秩序を維持し、他の児童生徒の義務教育を受ける権利を保障するという観点から設けられた秩序維持のための処分であるといえます。この措置は、公立小中学校等では退学処分を行うことは認められておらず、また、国公私立を通じて学齢児童生徒への停学処分が禁じられていることから、学校の秩序を維持し、正常

な教育を確保する観点から、問題行動を繰り返し行う児童生徒に対して
発動するものです。

　学校教育法第35条では、出席停止発動の要件として、

①　他の児童に傷害、心身の苦痛または財産上の損失を与える行為、

②　職員に傷害または心身の苦痛を与える行為、

③　施設または設備を損壊する行為、

④　授業その他の教育活動の実施を妨げる行為

を挙げ、1または2以上を繰り返し行う等の性行不良であって他の児童
の教育を妨げる場合を挙げています。出席停止は、このような行為を行
う児童生徒の保護者に対して発動されるものです。

　出席停止の措置は、国民の就学義務ともかかわる重要な措置であるこ
とから、法律上、市町村教育委員会の権限と責任において行われること
とされます。また、出席停止の適正な運用を図るため、出席停止の措置
の決定の手続きに関する必要な事項は、教育委員会規則で定めるものと
されます。さらに、出席停止の措置の適用の決定にあたっては、事実の
把握に努めるとともに、当該児童生徒や保護者に出席停止について告知
し、弁明を聴く機会をもつことが望ましいとされます（1983/昭和58・
12・5「公立の小学校及び中学校における出席停止等の措置について」
文部省初等中等教育局長通知）。

　さらに、2001（平成13）年の学校教育法の一部改正により、出席停止
制度については、出席停止の命令の手続きに関する規定の整備や出席停
止期間中の学習支援等の措置を講ずることを内容とする改善が図られま
した。特に、①出席停止を保護者に命ずる際には、理由および期間を記
載した文書を交付しなければならず、口頭のみにより命ずることは認め
られないこと（同法第35条第3項）、②出席停止が教育を受ける権利に
かかわる措置であることから、措置の目的を達成するための必要性を踏
まえて、可能なかぎり短い期間となるよう配慮する必要があること、③
市町村教育委員会は、出席停止を措置する場合、自らの責任の下、学校

の協力を得つつ当該児童生徒に関する「個別指導計画」を策定し、出席
停止の期間における学校あるいは学校外における指導体制を整備して、
学習への支援など教育上必要な措置を講じること（同法第35条第4項）
などに留意しつつ運用に当たることとされています（2001/平成13・
11・6「出席停止制度の運用の在り方について」文部科学省初等中等教
育局長通知）。

4）体罰の禁止

（1）体罰の禁止とその定義・範囲

　学校教育法第11条に定める児童生徒等への懲戒にあたっては、「体罰」
を加えることが禁止されています（学校教育法第11条但し書）。

　この取扱いについては、戦前の学校教育においても、たとえば、「小
学校令」（勅令215号明治23・10・7）第63条では、「小学校長及教員ハ児
童ニ体罰ヲ加フルコトヲ得ス」と規定され、わが国の学校教育では一貫
して体罰は禁止されています。

　体罰とは、懲戒の内容が身体的性質のものをいいます。したがって、
児童生徒の非違行為に対し教育指導上の目的で行うものであったとして
も、体罰は一切許されないことが、学校教育法上は明らかです。

　体罰の問題が生じるのは、事実上の懲戒を教員が加える場合であり、
教員が行うどのような事実上の懲戒行為が体罰に該当するのかどうかに
ついては、「法務調査意見長官回答」（1948/昭和23・12・22）が参考と
されています。これによれば、体罰に該当する場合とは、①身体に対す
る侵害を内容とするもの（殴る、蹴るなど）、②児童生徒に肉体的苦痛
を与えるようなもの（正座・直立等特定の姿勢を長時間にわたり保持さ
せる等）の2つです。

　②の場合に関しては、児童等の年齢、健康、心身の発達状況、当該行
為が行われた場所的・時間的環境、懲戒の態様等の諸条件を総合的に考
え、個々の事案ごとに判断する必要があるとしています。

【参考】
「法務調査意見長官回答」
「身体に対する侵害を内容とする懲戒—なぐる・けるの類—がこれに該当すること
はいうまでもないが、さらに被罰者に肉体的苦痛をあたえるような懲戒もまたこ
れに該当する。たとえば、端坐・直立等、特定の姿勢を長時間にわたって保持さ
せるというような懲戒は体罰の一種と解されなければならない」
「しかし、特定の場合が右の『体罰』に該当するかどうかは機械的に判定すること
はできない。…それ故に当該児童の年齢、健康、場所的及び時間的環境等、種々
の条件を考え合わせて肉体的苦痛の有無を判定しなければならない」

(2) 教育再生会議の提言と体罰範囲の見直し

　この「体罰の定義と範囲」をめぐる問題については、2007（平成19）
年1月、政府の**「教育再生会議」**の提言において、「国において、教員
が毅然とした指導ができるよう、学校の指導や懲戒についての昭和20年
代の「体罰の範囲等について」など関連する通知等を、…見直し」（第
1次報告　2007/平成19・1・24）することが提言されました。
　これを受けて、2007（平成19）年2月、文部科学省は、**「問題行動を
起こす児童生徒に対する指導について」**（文部科学省初等中等教育局長
通知）において、「体罰がどのような行為なのか、児童生徒への懲戒が
どの程度まで認められるかについては、機械的に判定することが困難で
ある。また、このことがややもすると教員等が自らの指導に自信を持て
ない状況を生み、実際の指導において過度の委縮を招いているとの指摘
もなされている」との認識を示しつつ、「ただし、教員等は、児童生徒
への指導に当たり、いかなる場合においても、身体に対する侵害（殴
る、蹴る等）、肉体的苦痛をあたえる懲戒（正座・直立等特定の姿勢を
長時間保持させる等）である体罰を行ってはならない」とする体罰に関
する方針を明らかにした上で、「学校教育法第11条に規定する児童生徒
の懲戒・体罰に関する考え方」が示されました。
　しかしながら、この「考え方」では、次のような問題があることが指
摘されています。

① 「教員等が児童生徒に対して行った懲戒の行為が体罰に当たるかどうかは、当該児童生徒の年齢、健康、心身の発達状況、当該行為が行われた場所的及び時間的環境、懲戒の態様等の諸条件を総合的に考え、個々の事案ごとに判断する必要があること」としているが、懲戒の行為のうち、児童生徒への身体的侵害に該当するものまでも、「総合的に考え、個々の事案ごとに判断する必要がある」とするなど懲戒・体罰の判断基準を拡張していること。

② 「個々の懲戒が体罰に該当するか否かは、単に、懲戒を受けた児童生徒や保護者の主観的な言動により判断されるのではなく、上記の諸条件を客観的に考慮して判断されるべき」としているが、体罰の存否とその合・違法性は、もとより、懲戒を受けた児童生徒側の主張にのみ依拠するものではないとしても、他方、学校と教員側の判断だけによるものではないことも明らかであること。

③ 「児童生徒に対する有形力（目に見える物理的な力）の行使により行われた懲戒は、その一切が体罰として許されないというものではなく」としているが、懲戒にあたって、児童生徒への身体的侵害の程度の軽重により、体罰か否かを判定する考え方は、教員側の懲戒に対する許容の範囲と程度についての考え方を曖昧にし、それがかえって体罰を助長するおそれがあること等。

　2007（平成19）年の文部科学省通知は、いかなる場合も体罰を行ってはならないこと等を周知するものであったとされますが、体罰を抑止する効果に欠けるものがあったといわざるをえません。近年の体罰にかかる懲戒処分等を受けた教員の数は、引き続き横ばい傾向となっており、2013（平成25）年1月の大阪市立桜宮高校の顧問教諭による体罰自死事件を受けて、改めて、体罰禁止の徹底を図るため文部科学省は通知を発出することとなりました。

(3) 2013（平成25）年文部科学省通知

　2013（平成25）年1月の文部科学省通知「体罰禁止の徹底及び体罰に係る実態把握について」において、「体罰は、学校教育法で禁止されている、決して許されない行為です。…校長及び教員は、児童生徒への指導に当たり、如何なる場合においても、身体に対する侵害（殴る、蹴る等）、肉体的苦痛を与える懲戒（正座・直立等特定の姿勢を長時間保持させる等）である体罰を行ってはなりません。また、教員等は部活動の指導に当たり、いわゆる勝利至上主義に偏り、体罰を厳しい指導として正当化することは誤りであるという認識をもたなければなりません」との考えが示されました。

　さらに、2013（平成25）年3月には、文部科学省通知「体罰の禁止及び児童生徒理解に基づく指導の徹底について」が出され、「懲戒・体罰に関する解釈・運用については、2007（平成19）年2月に、裁判例の動向等も踏まえ、「問題行動を起こす児童生徒に対する指導について」（文部科学省通知）別紙「学校教育法第11条に規定する児童生徒の懲戒・体罰に関する考え方」を取りまとめましたが、懲戒と体罰の区別等についてよりいっそう適切な理解促進を図るとともに、教育現場において、児童生徒理解に基づく指導が行われるよう、改めて本通知において考え方を示し、別紙において参考事例を示しました。懲戒、体罰に関する解釈・運用については、今後、本通知によるものとします」とされ、2007（平成19）年通知の見直しが行われました。

　この通知では、「体罰は、違法行為であるのみならず、児童生徒の心身に深刻な悪影響を与え、教員等及び学校への信頼を失墜させる行為である」とし、「体罰により正常な倫理観を養うことはできず、むしろ児童生徒に力による解決への志向を助長させ、いじめや暴力行為などの連鎖を生む恐れがある。…懲戒が必要と認める状況においても、決して体罰に依ることなく、児童生徒の規範意識や社会性の育成を図るよう、適切に懲戒を行い、粘り強く指導することが必要である」との基本的な考

え方が示されました。また、この通知では、許される懲戒権の範囲について、「注意、叱責、居残り、別室指導、起立、宿題、清掃、学校当番の割当て、文書指導など」を例示したところです。

　さらに、部活動については、「学校教育の一環であり、体罰が禁止されていることは当然である。成績や結果を残すことのみに固執せず、教育活動として逸脱することなく適切に実施されなければならない」、「運動部活動においては、生徒の技術力・身体的能力、又は精神力の向上を図ることを目的として、肉体的、精神的負荷を伴う指導が行われ…、その指導は学校、部活動顧問、生徒、保護者の相互理解の下、年齢、技能の習熟度や健康状態、場所的・時間的環境等を総合的に考えて、適切に実施しなければならない。指導と称し、部活動顧問の独善的な目的を持って、特定の生徒たちに対して、執拗かつ過度に肉体的・精神的負荷を与える指導は教育的指導とは言えない」と通知しています。

　このように、懲戒が必要と認める状況においても、決して体罰によることなく、児童生徒の規範意識や社会性の育成を図るよう、適切に懲戒を行い、粘り強く指導することが必要といえます。

(4) 違法な体罰と教員の責任

　体罰など違法な懲戒を行った場合、校長・教員は次のような責任を問われることがあります。

①　刑事責任

　正当な懲戒権の行使として許容された限度を超える行為については、刑法第35条により、「法令又は正当な業務による行為」には当たらないことから、暴行罪、傷害罪、監禁罪などの刑罰が科されることがあります。

②　民事責任

　体罰で、児童生徒が身体に傷害を受けた場合や精神的損害を受けた場合、それに対する損害を賠償する責任を負うことがあります。

　国公立学校の場合には、国家賠償法により、国または地方公共団体が賠償責任を負うこととなります。ただし、体罰を行った教員に「故意又は重大な過失」があったときは、国または地方公共団体は、教員に対し求償権を有します。

③　行政上の責任

　体罰については、地方公務員法で定める「法令等の遵守義務」(第32条)、「信用失墜行為の禁止」(第33条)の規定違反により、事案の内容に応じて、「戒告」、「減給」、「停職」、「免職」の懲戒処分が行われます。

体罰発生件数の推移（国公私立計）

	2012	2013	2014	2015	2016	2017	2018	2019	2020
幼稚園	–	–	–	–	–	–	–	–	1
小学校	1,559	1,057	276	205	195	182	183	191	123
中学校	2,805	1,863	466	368	299	258	268	223	147
義務教育学校	–	–	–	–	0	1	2	1	0
高等学校	2,272	1,210	344	294	312	317	287	244	194
中等教育学校	11	6	7	1	3	2	7	4	1
特別支援学校	47	39	33	22	28	13	20	22	19
計	6,694	4,175	1,126	890	837	773	767	685	485

出典：文部科学省調査結果に基づき筆者作成

3　いじめ防止

1）いじめ問題の現状

　いじめについては、「どの子どもにも、どの学校においても起こり得る」ものであり、いじめの認知（発生）件数は、次のグラフのように、増加の一途をたどっており、今日いじめ問題の解決は、学校教育における喫緊の最重要課題の一つといえます。

　いじめの件数調査が始まった1985（昭和60）年度においては、小学校で96,457件、中学校で52,891件、高等学校で5,718件の計155,066件であったものが、その後いじめ問題への取組みにより、1993（平成5）年度には、21,598件まで減少してきたものの、その後増加に転じ、2019（令和元）年度には、小学校484,545件、中学校106,524件、高等学校18,352件、特別支援学校3,075件の計612,496件まで大幅に増加するに至っています。なお、最新のいじめ認知件数では、小学校420,897件、中学校80,877件、高等学校13,126件、特別支援学校2,263件の計517,163件と全校種で認知件数が減少しています。

いじめの認知件数

※ 平成25年度から高等学校通信制課程を調査対象に含めている。また、同年度からいじめの定義を変更している。

年度	H18	H19	H20	H21	H22	H23	H24	H25	H26	H27	H28	H29	H30	R元	R2	認知件数の前年度比較
小学校	60,897	48,896	40,807	34,766	36,909	33,124	117,384	118,748	122,734	151,692	237,256	317,121	425,844	484,545	420,897	《小学校》63,648件（13.1%）減少
	8.5	6.9	5.7	4.9	5.3	4.8	17.4	17.8	18.6	23.2	36.5	49.1	66.0	75.8	66.5	
中学校	51,310	43,505	36,795	32,111	33,323	30,749	63,634	55,248	52,971	59,502	71,309	80,424	97,704	106,524	80,877	《中学校》25,647件（24.1%）減少
	14.2	12.0	10.2	8.9	9.4	8.6	17.8	15.6	15.0	17.1	20.8	24.0	29.8	32.8	24.9	
高等学校	12,307	8,355	6,737	5,642	7,018	6,020	16,274	11,039	11,404	12,664	12,874	14,789	17,709	18,352	13,126	《高等学校》5,226件（28.5%）減少
	3.5	2.5	2.0	1.7	2.1	1.8	4.8	3.2	3.3	3.6	3.7	4.3	5.2	5.4	4.0	
特別支援学校	384	341	309	259	380	338	817	768	963	1,274	1,704	2,044	2,676	3,075	2,263	《特別支援学校》812件（26.4%）減少
	3.7	3.2	2.8	2.2	3.1	2.7	6.4	5.9	7.3	9.4	12.4	14.5	19.0	21.7	15.9	
計	124,898	101,097	84,648	72,778	77,630	70,231	198,109	185,803	188,072	225,132	323,143	414,378	543,933	612,496	517,163	
	6.7	7.1	6.0	5.1	5.5	5.0	14.3	13.4	13.7	16.5	23.6	30.9	40.9	46.5	39.7	

※ 上段は認知件数。下段は1,000人当たりの認知件数。

出典：令和2年度児童生徒の問題行動・不登校等生徒指導上の諸課題に関する調査結果（文部科学省調査）

2）いじめ問題への対応

　いじめ防止等は、すべての学校・教職員が自らの問題として切実に受け止め、徹底して取り組むべき重要な課題です。
　いじめをなくすためには、まずは、日頃から、個に応じたわかりやす

い授業を行うとともに、深い児童生徒理解に立ち、生徒指導の充実を図り、児童生徒が楽しく学びつつ、生き生きとした学校生活を送れるようにすることが重要です。

　また、いじめを含む、児童生徒の様々な問題行動等への対応については、早期発見・早期対応を旨とした対応の充実を図る必要があり、関係機関との連携を図りつつ、問題を抱える児童生徒一人一人に応じた指導・支援を積極的に進めていく必要があります。

　いじめについては、「どの子どもにも、どの学校においても起こり得る」ものであることを十分認識するとともに、特に以下の点を踏まえて適切に対応する必要があります。

① 「弱い者をいじめることは人間として絶対に許されない」との強い認識に立つこと

② いじめられている子どもの立場に立った親身の指導を行うこと

③ いじめは家庭教育のあり方に大きなかかわりを有していること

④ いじめの問題は、教師の児童生徒観や指導のあり方が問われる問題であること

⑤ 家庭・学校・地域社会などすべての関係者がそれぞれの役割を果たし、一体となって真剣に取り組む必要があること

3）いじめ防止対策推進法の制定

　2013（平成25）年6月、わが国初のいじめ防止立法である「いじめ防止対策推進法」が制定されました（2013/平成25年9月から施行）。

　この法律は、いじめの防止、早期発見および対処について、基本理念を定め、国および地方公共団体等の責務を明らかにするなどして、いじめ防止対策を総合的・効果的に推進することを目的としています。この法律では、「いじめ」の定義として、「児童等に対して、…一定の人的関係にある他の児童等が行う心理的または物理的な影響を与える行為（インターネットを通じて行われるものを含む）であって、当該行為の対象

となった児童等が心身の苦痛を感じているものをいう」（第2条）とし
ています。いじめの判断においては、「個々の行為が『いじめ』に当た
るか否かの判断は、表面的・形式的にすることなく、いじめられた児童
生徒の立場に立つことが必要」であり、「『心身の苦痛を感じているも
の』との要件が限定して解釈されることのないよう努めることが必要」
であるとされます（2013/平成25年10月文科大臣決定「いじめの防止等
のための基本方針」）。

4）いじめ防止基本方針の策定

　いじめ防止対策推進法では、いじめ防止基本方針の策定について対
し、次のように定められています。

① 　国…いじめ防止等のための対策を総合的かつ効果的に推進するため
　の基本的な方針（**いじめ防止基本方針**）を定めるものとする（第11
　条）。

② 　地方公共団体…国のいじめ防止基本方針を参酌し、その地域の実情
　に応じ、当該地方公共団体におけるいじめの防止等のための対策を総
　合的かつ効果的に推進するための基本的な方針（**地方いじめ防止基本
　方針**）を定めるよう努めるものとする（第12条）。

③ 　学校…国の「いじめ防止基本方針」、地方公共団体の「地方いじめ
　防止基本方針」を参酌し、その学校の実情に応じ、当該学校における
　いじめの防止等のための対策に関する基本的な方針（**学校いじめ防止
　基本方針**）を定めるものとする（第13条）。

5）学校が講ずべきいじめ防止等の措置

　学校は、学校いじめ防止基本方針に基づき、次のような措置を講ずる
こととされています。

① 　いじめ防止等に関する措置を実効的に行うため、複数の教職員、心
　理、福祉等に関する専門的な知識を有する者その他の関係者により構

成される組織を置くものとする（第22条）とされ、この常設の組織を中核にして、校長のリーダーシップの下、いじめ防止等に組織的に対応することが求められています。

② 個別のいじめに対して、㋐いじめの事実確認、㋑いじめを受けた児童生徒またはその保護者に対する支援、㋒いじめを行った児童生徒に対する指導またはその保護者に対する助言を行い、㋓いじめが犯罪行為として取り扱われるべきものであると認めるときは所轄警察署と連携する（第23条）とされ、<u>いじめの発見・通報を受けた場合、特定の教職員で抱え込まず、速やかに組織的に対応し、被害児童等を守り通すとともに、加害児童等に対して教育的配慮の下、毅然とした態度で指導することとされます。これら対応について、教職員全員の情報共有と共通理解、保護者の協力、関係機関との連携の下で取り組む必要があります。</u>

6）重大事態への対処

　学校の設置者またはその設置する学校は、①いじめにより当該学校に在籍する児童等の生命、心身または財産に重大な被害が生じた疑いがあると認めるとき、②いじめにより当該学校に在籍する児童等が相当の期間学校を欠席することを余儀なくされている疑いがあると認めるとき、当該「**重大事態**」に対処するとともに、同種の重大事態の発生の防止に資するため、速やかに、設置者またはその設置学校の下に組織を設け、重大事態にかかる事実関係を明確にするための調査を行うものとするとされます（第28条）。

　重大事態にかかる調査にあたって、学校が調査主体となる場合には、「いじめ防止等の対策のための組織」を母体として、適切な専門家を加え、調査の公平性・中立性を確保しつつ、迅速な対応を図ることが重要です。重大事態が発生した場合、公立学校は、当該地方公共団体の教育委員会を通じて、当該地方公共団体の長へ事態発生について報告しなけ

ればなりません（第30条第1項）。また、地方公共団体の長による再調査も行うことができます（第30条第2項）。

4　不登校とフリースクール

1）不登校児童生徒の現状

　不登校児童生徒とは、1年度間に連続または断続して30日以上学校を欠席した児童生徒のことを指します。1年度間の欠席日数が30日未満であっても、何らかの心理的、情緒的、身体的もしくは社会的要因または背景によって、児童生徒が出席しないまたはすることができない状況（病気または経済的理由による場合を除く）にある児童生徒についても「不登校児童生徒」と見ることができます。

　このような不登校児童生徒数は、近年増加の一途をたどり、2020年度、小中学校における不登校児童生徒数は19万6,000人を超え、1998年度以降で最多となり、児童生徒数1,000人当たりの不登校児童生徒数は20.5人に上ります。

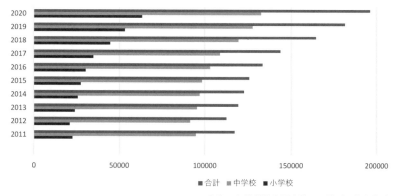

不登校児童生徒数の推移

出典：文部科学省調査結果に基づき筆者作成

　不登校児童生徒に対する教育の機会を確保するため、市町村教育委員会等が設置する「**教育支援センター**」や「**不登校特例校**」が認められています。

２）不登校児童生徒への支援のあり方
① 不登校児童生徒への支援に対する基本的な考え方
　不登校児童生徒への支援は、「学校に登校する」という結果のみを目標とするのではなく、児童生徒が自らの進路を主体的に捉えて、社会的に自立することを目指す必要があります。
② 学校等の取組みの充実
　不登校児童生徒が生じないような魅力あるよりよい学校づくりを目指すほか、児童生徒の学習状況等に応じた指導・配慮を実施するとともに、校長のリーダーシップの下に、教員だけでなく、スクールカウンセラーやスクールソーシャルワーカーとも連携協力し、組織的な支援体制を整えることが重要です。
　不登校児童生徒への効果的な支援のためには、学校および教育支援センターなどの関係機関を中心とした組織的・計画的な取組みが必要であり、また、個々の児童生徒ごとに不登校になったきっかけや継続理由を的確に把握し、その児童生徒に合った支援策を策定することが重要です。その際、学級担任、養護教諭、スクールカウンセラー、スクールソーシャルワーカー等の学校関係者が中心となり、児童生徒や保護者と話し合うなどして、「**児童生徒理解・支援シート**」を作成し、これらの情報を関係者間で共有することにより支援の効果を上げることが期待されます。
　また、個々の状況に応じて、教育支援センター、不登校特例校、フリースクールなどの民間施設、ICTを活用した学習支援など多様な教育機会を確保することが求められます。
③ 教育委員会の取組みの充実

　　研修などの体系化とプログラムのいっそうの充実を図り、不登校に関する知識や理解などを身に付けさせ、教員の資質向上を図る必要があります。また、教育支援センターの整備充実を進めるとともに、教育支援センターを中核とした不登校児童生徒やその保護者を支援するネットワークを整備するとともに、訪問型支援など保護者への支援の充実を図るほか、日頃から民間施設とも積極的に情報交換や連携に努める必要があります。

3）不登校児童生徒にかかる指導要録上の出欠の取扱い

　不登校児童生徒の中には、学校外の施設において相談・指導を受け、社会的な自立に向け懸命の努力を続けている者もおり、このような児童生徒の努力を学校として評価し支援するため、我が国の義務教育制度を前提としつつ、一定の要件を満たす場合に、これらの施設において相談・指導を受けた日数を指導要録上出席扱いとすることができます。

① 　学校外の公的機関や民間施設において相談・指導を受けている場合の取扱い

　　学校外の施設における相談・指導が不登校児童生徒の社会的な自立を目指すものであり、かつ、不登校児童生徒が現在において登校を希望しているか否かにかかわらず、不登校児童生徒が自ら登校を希望した際に、円滑な学校復帰が可能となるような個別指導等の適切な支援を実施していると評価できる場合、下記の要件を満たせば、校長は指導要録上出席扱いとすることができます。

【要件等】

○　保護者と学校との間に十分な連携・協力関係が保たれていること

○ 「学校外の施設」は、教育委員会が設置する教育支援センター等の公的機関とするが、公的機関での指導の機会が得られない場合等で本人や保護者の希望もあり適切と判断される場合は、民間の相談・指導施設も対象とし、民間施設における相談・指導が個々の児

童生徒にとって適切であるかどうかは、「民間施設のガイドライン」を参考に、校長が教育委員会と連携して判断すること
○　当該施設に通所または入所して相談指導を受けること
○　学習成果を評価に反映する場合には、学校外の公的機関や民間施設における学習の計画や内容がその学校の教育課程に照らし適切と判断できること
②　自宅においてICT等を活用した学習活動を行った場合の取扱い
　義務教育段階の不登校児童生徒が自宅においてICT等を活用した学習活動を行うとき、その学習活動が、当該児童生徒が<u>現在において登校を希望しているか否かにかかわらず、自ら登校を希望した際に、円滑な学校復帰が可能となるような学習活動であり、かつ、児童生徒の自立を助けるうえで有効・適切である</u>と判断する場合、下記の要件を満たせば、校長は指導要録上出席扱いとすることができます。
【要件等】
○　保護者と学校との間に十分な連携・協力関係が保たれていること
○　ICTや郵送、FAXなどを活用して提供される学習活動であること
○　訪問等による対面指導が適切に行われること
○　当該児童生徒の学習の理解の程度を踏まえた計画的なプログラムであること
○　校長は、対面指導や学習活動の状況等を十分把握すること
○　学習成果を評価に反映する場合には、学習内容等がその学校の教育課程に照らし適切であると判断できること

4）フリースクールとは
　フリースクールは、学校教育法第1条に定める「正規の学校」ではなく、NPOなどの民間団体によって義務教育段階の不登校児童生徒を受け入れる学校外の教育施設として設置されています。フリースクールに

は、正規の学校にあるような「教育の目的」や「教育の目標」が定められていませんし、修業年限や教育課程等についても共通的なものはありません。フリースクールは、1980年代半ばより、東京シューレをはじめとする学校外の子どもの居場所やオルタナティブな教育の場として誕生し、全国に広がってきており、現在では、数百のフリースクールがあるといわれています。

　学校教育法第17条では、保護者はその子を小学校、中学校等に就学させる義務を負うと定めていますが、保護者がその子を小中学校等に就学させず、フリースクールに通わせることは、保護者に課せられている就学義務を履行しているものとは認められません。また、学齢段階にある不登校の児童生徒が、フリースクールに通っているだけでは、義務教育を修了したこととはならず、中学校卒業資格が認められないこととなります。

　このようなことから、フリースクールに通っている不登校児童生徒は、学校教育法第1条に定める小中学校等に在籍しつつ、一方でフリースクールにも通い、進級・卒業の認定は、在籍校である小中学校で行うという「二重在籍」となっています。

5）「義務教育の教育機会の確保に関する法律」の成立

　2016（平成28）年12月「義務教育の段階における普通教育に相当する教育の機会の確保に関する法律」が公布されました。この法律は、「教育基本法及び児童の権利に関する条約等の趣旨に則り、不登校児童生徒に対する教育機会の確保、夜間等において授業を行う学校における就学機会の提供その他の義務教育の段階における普通教育の機会の確保等を総合的に推進する」ことを目的としています。

　法は、基本理念として、①全児童生徒が豊かな学校生活を送り、安心して教育を受けられるよう、学校における環境の確保、②不登校児童生徒が行う多様な学習活動の実情を踏まえ、個々の状況に応じた必要な支

援、③不登校児童生徒が安心して教育を受けられるよう、学校における
環境の整備などを定めています。

　不登校児童生徒等に対する教育機会の確保等について、法は、①不登
校特例校および教育支援センターの整備並びにそれらにおける教育の充
実等に必要な措置、②学校以外の場における不登校児童生徒の学習活
動、その心身の状況等の継続的な把握に必要な措置、③学校以外の場で
の多様で適切な学習活動の重要性にかんがみ、「個々の休養の必要性」
を踏まえ、不登校児童生徒等に対する情報の提供等の支援に必要な措置
を定めています。また、法では、附則において、「政府は速やかに、教
育機会の確保等のために必要な経済的支援の在り方について、検討を加
え、その結果に基づいて必要な措置を講ずるものとする」等と定められ
ています。

　フリースクールに対する経済的支援のあり方やフリースクールの制度
的位置付け、就学義務のあり方と教育機会の確保については、残された
課題として、法施行後3年以内に検討を加え、それらのあり方を見直す
こととされています。

5　児童虐待防止

(1) 児童相談所への児童虐待相談対応件数は年々増加の一途をたどって
　　おり、子どもの生命が奪われるなど重大な事件も後を絶たないなど依
　　然として深刻な社会問題となっています。

　　　増加する児童虐待に対応するため、学校の教職員は、日常的に子ど
　　もたちと接する機会が多く、子どもたちの変化に気づきやすい立場に
　　あることから、健康観察や健康診断、水泳指導の機会などを捉え、日
　　頃から子どもたちの心身の状況の把握等に努め、児童虐待の早期発
　　見・早期対応や被害を受けた子どもを適切に保護するなど、学校およ
　　びその設置者と市町村・児童相談所が連携した対応が図られるよう、

児童相談所での児童虐待相談対応件数とその推移

1. 令和2年度の児童相談所での児童虐待相談対応件数
　令和2年度中に、全国220か所の児童相談所が児童虐待相談として対応した件数は205,044件で、過去最多。
　※　対前年度比＋5.8%（11,264件の増加）（令和元年度：対前年度比＋21.2%（33,942件の増加））
　※　相談対応件数とは、令和2年度中に児童相談所が相談を受け、援助方針会議の結果により指導や措置等を行った件数。

2. 児童虐待相談対応件数の推移

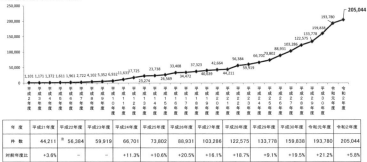

年　度	平成21年度	平成22年度	平成23年度	平成24年度	平成25年度	平成26年度	平成27年度	平成28年度	平成29年度	平成30年度	令和元年度	令和2年度
件　数	44,211	注 56,384	59,919	66,701	73,802	88,931	103,286	122,575	133,778	159,838	193,780	205,044
対前年度比	+3.6%	－	+11.3%	+10.6%	+20.5%	+16.1%	+18.7%	+9.1%	+19.5%	+21.2%	+5.8%	

（注）平成22年度の件数は、東日本大震災の影響により、福島県を除いて集計した数値。

出典：厚生労働省作成資料

　取組みの徹底を図ることが重要です。
(2)　児童虐待防止法では、児童虐待とは、保護者がその監護する児童（18歳に満たない者をいう）に対して行う、①身体的虐待、②性的虐待、③ネグレクト、④心理的虐待の行為をいうとされ（第2条）、これらの虐待をしてはならないとされます（第3条）。
　　同法においては、学校およびその教職員は、職務上、児童虐待を発見しやすい立場にあることを自覚し、児童虐待の早期発見に努める義務が課されています（第5条）。
　　また、児童虐待を受けたと思われる児童を発見した者は、速やかに、市町村や都道府県の設置する福祉事務所または児童相談所に通告しなければならないとされます（第6条）。
　　なお、地方公務員法等の**「守秘義務」**の規定は、教員の行う通告義務の遵守を妨げるものと解釈してはならないとされます（第6条3項）。
(3)　2004（平成16）年の児童虐待防止法改正により、児童虐待に関する

通告の対象が、「児童虐待を受けた児童」から「児童虐待を受けたと思われる児童」に拡大されたことで、虐待の事実が必ずしも明らかでなくとも、一般の人から見れば主観的に児童虐待があったと思うであろう場合であれば、通告義務が生じることとなります。

(4) 2019（平成31）年の児童虐待防止法の改正により、学校や教職員等は、正当な理由がなく、その職務に関して知り得た児童虐待を受けたと思われる児童に関する秘密を漏らしてはならないことが新たに定められました（第5条3項）。学校等およびその設置者においては、保護者から情報元に関する開示の求めがあった場合には、情報元を保護者に伝えないこととするとともに、児童相談所等と連携しながら対応することが求められることとなりました。また、保護者から、学校等およびその設置者に対して威圧的な要求や暴力の行使等が予測される場合には、速やかに市町村・児童相談所・警察等の関係機関や弁護士等の専門家と情報共有することとし、関係機関が連携し対応することが重要です。

【参考】親権者による「体罰」禁止について
　2019年児童虐待防止法および児童福祉法が改正され、児童虐待防止法第14条において、親権者が子どもをしつける際に、以下の2つの行為をしてはならないことが定められました。
① 体罰をすること
② 民法第820条に規定されている、監護および教育に必要な範囲を超えるような行為をすること
　禁止される「体罰」および「体罰以外に用いるべきでない心を傷つける行為」（指針で示されている）の内容についても、明確化されました。たとえ「しつけ」のためだと思っていても、子どもの身体に何らかの苦痛を引き起こし、不快感を意図的にもたらす行為である場合、それがどんなに軽いものであっても体罰に該当するとしています。また、「体罰以外に用いるべきでない心を傷つける行為」とは、怒鳴りつけること、辱めること、笑いものにすること、けなすこと、子どもの心を傷つける暴言などです。

第15講　学校の保健安全管理と学校事故

1　学校保健管理

1）学校保健安全の意義

　学校は、心身の成長発達段階にある子どもたちが集い、人と人との触れ合いにより、人格の形成をしていく場であり、子どもが生き生きと学び、運動等の活動を行うためには、学校という場において、子どもの健康や安全の確保が保障されることが不可欠です。

　このような観点から、児童生徒の健康の保持増進および安全確保を図るため、学校における保健管理および安全管理に関し必要な事項を定め、もって学校教育の円滑な実施とその成果の確保に資することを目的として「学校保健安全法」が制定されています。

2）学校の保健計画の策定

　学校保健安全法では、学校保健計画を策定することを義務付けています（法第5条）。学校においては、児童生徒および職員の心身の健康の保持増進を図るため、児童生徒等および職員の健康診断、環境衛生検査、児童生徒等に対する指導その他保健に関する事項について計画を策定し、これを実行しなければならないと定められています。

　この「学校保健計画」は、学校において必要とされる保健に関する具体的な実施計画であり、毎年度、学校の状況や前年度の学校保健の取組み状況等を踏まえ、作成されるべきものです。「学校保健計画」には、①児童生徒等および職員の健康診断、②環境衛生検査、③児童生徒等に対する指導、その保健に関する事項は必ず盛り込まなければなりません。

3）学校環境衛生基準

　学校保健安全法第6条では、文部科学大臣は、学校における換気、採光、照明、保温、清潔保持その他環境衛生にかかる事項について、児童生徒等および職員の健康を保護する上で維持されることが望ましい基準を定めるものとすると定められています。

　学校の設置者（公立学校の場合、教育委員会）は、学校環境衛生基準に照らして、その設置する学校の適切な環境の維持に努めなければならないとされます。校長は、学校環境衛生基準に照らし、学校の環境衛生に関し適正を欠く事項があると認めた場合には、遅滞なく、その改善のために必要な措置を講じ、または当該措置を講ずることができないときは、当該学校の設置者に対し、その旨を申し出るものとするとされます。

4）健康相談と保健指導

　学校保健安全法第8条では、学校においては、児童生徒の心身の健康に関し、健康相談を行うものとするとされています。また、第9条では、養護教諭その他の職員は、相互に連携して、健康相談または児童生徒等の健康状態の日常的な観察により、児童生徒等の心身の状況を把握し、健康上の問題があると認めるときは、遅滞なく、当該児童生徒等に対して必要な指導を行うとともに、その保護者に対して必要な助言を行うものとするとされます。

　近年、メンタルヘルスに関する課題やアレルギー疾患等の現代的な健康問題が生じるなど、児童生徒等の心身の健康問題が多様化・深刻化している中で、これらの問題に学校が適切に対応することが求められています。そこで、学校保健安全法では、学校の保健室の機能に「健康相談」と「保健指導」を加えて強化を図るとともに、校内の指導体制の充実を求めています。健康相談や保健指導は、養護教諭を中心として、関係教職員の協力の下で、実施することが必要です。

5）児童生徒等の健康診断

　学校保健安全法第13条では、学校においては、毎学年定期に、児童生徒等の健康診断を行わなければならないと定めています。また、必要があるときは、臨時に健康診断を行うものとするとされています。

　学校では、児童生徒等の健康診断の結果に基づき、疾病の予防処置を行い、あるいは治療を指示したり、運動や作業を軽減するなどの適切な措置をとらなければならないとされます（第14条）。

　健康診断については、学校保健安全法施行規則において、児童生徒等の健康診断の方法および技術的基準、時期（毎学年6月30日までに実施）、検査項目などについて定めています。健康診断の結果は、21日以内に保護者に通知し、法第14条の措置をとらなければならないとしています。また、学校は、健康診断を行ったときは、健康診断票を作成しなければならないとされ、児童生徒の進学・転学の場合、進学先等に健康診断票を送付することとされています（健康診断票は5年間の保存期間とされます）。

6）感染症予防のための出席停止

　学校保健安全法第19条では、校長は、感染症にかかっており、かかっている疑いがあり、またはかかるおそれのある児童生徒等があるときは、政令で定めるところにより、出席を停止することができると定められています。

　感染症に関する出席停止は、感染症予防の緊急性にかんがみ、教育の場、集団生活の場として望ましい学校環境を維持するとともに、感染症にかかった本人に速やかに治療させることにより健康な状態で教育を受けられるようにするという見地から行われるものです。

　校長は、児童生徒等の保護者または高等学校の生徒等に対して、出席停止の理由および期間を明らかにして、出席停止の指示をすることができると定められています（学校保健安全法施行令第6条）。出席停止期

間は、感染症の種類に応じて、学校保健安全法施行規則第19条に定める
基準によるとされます。たとえば、インフルエンザにあっては、出席停
止の期間の基準は、発症した後5日を経過し、かつ、解熱した後2日を
経過するまでと規定されています。

　校長は、出席停止の指示をしたときは、その旨を設置者に報告しなけ
ればなりません（施行令第7条）。

7）感染症予防のための臨時休業

　学校保健安全法第20条では、学校の設置者は、感染症の予防上必要が
あるときは、臨時に、学校の全部または一部の休業を行うことができる
と定められています。

　感染症予防のための出席停止が、児童生徒個々の者に対して行われる
措置であるのに対し、臨時休業は、臨時に学校の全部または一部の休業
を行うもので感染症の流行防止のためのより強力な措置です。

　臨時休業は、授業の実施を休止するという重大な措置であることなど
にかんがみ、学校の設置者の責任において行うこととされます。

　児童生徒等の欠席率が通常時に比べ急速に高くなったときや、罹患し
た児童生徒等が急激に多くなったとき、校長は学校医等と相談の上、教
育委員会に連絡し、教育委員会は時期を失することなく、速やかに臨時休
業の措置をとることとなります。学校の設置者が校長に委任している場
合には、校長が臨時休業の措置や保健所との連絡を行うこととなります。

8）学校保健管理と児童虐待防止

　近年、児童虐待の問題が、社会的に大きな問題となっており、児童虐
待の防止をどのように図るか、取組みが進められています。

　児童虐待防止法では、保護者は、その監護する児童（18歳未満の者）
に対して、①身体的虐待、②性的虐待、③ネグレクト、④心理的虐待の
行為を行ってはならないと定めています（第2条、第3条）。

　児童虐待の早期発見について、児童虐待防止法では、学校、児童福祉施設、病院その他児童の福祉に業務上関係のある団体および学校の教職員、児童福祉施設の職員、医師、保健師等は、児童虐待を発見しやすい立場にあることを自覚し、児童虐待の早期発見に努めなければならないと定められています（第5条）。

　また、児童虐待にかかる通告について、児童虐待防止法では、児童虐待を受けたと思われる児童を発見した者は、速やかに、これを市町村、都道府県の設置する福祉事務所もしくは児童相談所等に通告しなければならないと定められています（第6条）。

　学校の教職員は、日常的に子どもたちと接する機会が多く、子どもたちの変化に気づきやすい立場にあることから、日頃から健康相談または児童生徒等の健康状態の日常的な観察により、児童生徒等の心身の状況の把握等に努め、児童虐待を発見した場合には、速やかに児童相談所等に通告する義務があるのです。

　児童虐待に関する通告の対象は、2004（平成16）年の法改正により、「児童虐待を受けた児童」から「児童虐待を受けたと思われる児童」に拡大されました。虐待の事実が必ずしも明らかでなくとも、一般の人から見れば主観的に虐待があったと思うであろう場合であれば、通告義務が生じます。

9）学校保健管理とアレルギー疾患対策

　子どもを取り巻く生活環境の急激な変化を背景として、心と体の両面に関わる様々な健康問題が生じており、特に、今日、食物アレルギーなどのアレルギー疾患への対応など、学校における取組みが求められる課題が顕在化しています。

　アレルギー疾患などの子どもの現代的課題に対応する視点も含め、2008（平成20）年改正の学校保健安全法では、学校保健に関する学校の設置者の責務（第4条）、保健指導（第9条）、地域の医療機関等との連

携（第10条）が新たに規定され、地域の実情や児童生徒等の実態を踏まえつつ、各学校において共通に取り組まれるべき事項について規定の整備が図られました。

　食物アレルギー等のある児童生徒等に対しては、学校におけるアレルギー対応の基本的枠組みとして、「**学校のアレルギー疾患に対する取り組みガイドライン**」（日本学校保健会策定）に基づく対応が求められています。

　また、2014（平成26）年制定の「**アレルギー疾患対策基本法**」に基づき、学校では、アレルギー疾患を有する児童等に対し適切な医療的、福祉的または教育的配慮をするよう努めなければならないこととされています。

　2012（平成24）年、食物アレルギーを有する児童が学校給食終了後に「**アナフィラキシーショック**」の疑いにより亡くなるという事故の発生を受けて、文部科学省は、「**今後の学校給食における食物アレルギー対応について（通知）**」（2014/平成26・3・26付）を発出しました。

　学校給食における食物アレルギー対応に関して、上記の「ガイドライン」に基づく対応の徹底が不可欠であると改めて確認し、学校に以下のような適切な改善・充実の取組みを求めています。

① 　学校給食における食物アレルギー対応においては、「ガイドライン」や「**学校生活管理指導表（アレルギー疾患用）**」に基づく対応が重要であり、このため「ガイドライン」の周知と徹底の措置を講ずること

② 　「ガイドライン」の内容に関する周知徹底や適切な緊急時対応を行うことができるよう、教職員等に対する研修の充実を図る必要があること

③ 　給食提供における事故防止徹底のため、アレルギー対応を踏まえた献立作成の配慮や給食の各段階におけるチェック機能を強化し、継続的に改善するよう取り組むこと

④ 　緊急時対応の充実を図るため、積極的なアドレナリン自己注射薬

「エピペン（登録商標）」の使用を促すための措置を講じるとともに、学校の状況に応じた危機管理マニュアルの整備が必要であること
⑤　教育関係者のみならず医療関係者をはじめ幅広い関係者が共通認識をもって食物アレルギー対応にあたる必要があり、連携体制の構築が必要であること

2　学校安全管理

1）学校安全計画の策定

学校保健安全法では、児童生徒の安全の確保を図るため、当該学校の施設および設備の安全点検、児童生徒等に対する通学を含めた学校生活その他の日常生活における安全に関する指導、職員の研修その他学校における安全に関する事項について計画を策定し、これを実施しなければならないと定められています（第27条）。

学校の設置者は、児童生徒等の安全の確保を図るため、その設置する学校において、事故、加害行為、災害等により児童生徒等に生ずる危険を防止し、危険または危害の発生時に適切に対処することができるよう、学校の施設設備および管理運営体制の整備充実などに努める責務があります（第26条）。それぞれの学校では、①施設設備の安全点検、②児童生徒等に対する通学を含めた学校生活等における安全指導、③教職員に対する研修などに関する総合的な**「学校安全計画」**を策定し、実施しなければなりません。「学校安全計画」は、児童生徒等の安全確保に関する具体的な実施計画であり、毎年度、学校の状況や前年度の取組み状況等を踏まえ、作成されるべきものです。

2）学校安全推進計画

学校保健安全法では、国が**「学校安全推進計画」**を策定することを定めており（第3条第2項）、国の推進計画は、各学校が策定する「学校

安全計画」のガイドラインの役割を持っています。

　国は、2017（平成29）年３月に「第２次学校安全推進計画」（平成29〜33年度の５か年）を策定し、今後の学校安全の推進の方向性として、目指すべき姿や施策目標に基づき、具体的な取組みを推進することが盛り込まれています。

　また、2022（令和４）年には、「第３次学校安全推進計画」（2022/令和４年から2026/令和８年までの５年間）が策定され、５つの推進方策（①学校安全に関する組織的取組みの推進、②家庭、地域、関係機関等との連携・協働による学校安全の推進、③学校における安全に関する教育の充実、④学校における安全管理の取組みの充実、⑤学校安全の推進方策に関する横断的な事項等）が示されました。

３）学校環境の安全確保

　学校保健安全法第28条では、校長は、当該学校の施設または設備について、児童生徒等の安全の確保を図る上で支障となる事項があると認める場合には、遅滞なく、その改善を図るために必要な措置を講じ、または当該措置を講ずることができないときは、当該学校の設置者に対し、その旨を申し出るものとされています。

　学校の施設設備の安全点検については、校舎等からの落下事故、プール事故や学校に設置された遊具による事故などが発生していることや近年の地震から想定される被害等も踏まえて、施設設備の不備や危険個所の点検・確認を行うとともに、必要に応じて補修、修繕等の改善措置を講ずることが求められています。学校の施設設備の安全管理を行うにあたっては、児童生徒等の多様な行動に対応したものとなるよう留意する必要があります。

４）危険等発生時対処要領

　児童生徒等の安全確保のため、突発的に発生し、その後の被害の拡大

が予想される事件・事故の発生時の安全管理については、校長のリーダーシップのもと、学校全体で対応に当たる体制をあらかじめ構築することが重要です。

　このため、学校保健安全法では、危険等発生時において学校の職員がとるべき措置の具体的な内容および手順を定めた「**危険等発生時対処要領**」を作成することが義務付けられています（第29条）。

　校長は、対処要領の職員に対する周知、訓練の実施その他の危険等発生時において職員が適切に対処するために必要な措置を講じるものとされます。

　危険等発生時対処要領は、危険等が発生した際に教職員が円滑かつ的確な対応を図るために作成するものであり、その内容は、不審者の侵入事件や防災をはじめ各学校の実情に応じたものとすることが求められています。

【参考：危険等発生時対処要領作成のポイント】

　文部科学省作成の「学校の危機管理マニュアル作成の手引」（2018/平成30年２月）では、以下のようにマニュアル作成のポイントを示しています。

①　各学校の実情に応じて想定される危険を明確にし、危険等発生時にどう対処し、いかに児童生徒等の生命や身体を守るかについて検討する。

（想定される危険等）

　・日常的な学校管理下における事故等（体育や運動部活動での事故、頭頚部外傷、熱中症、食物アレルギーなど死亡や障害を伴う重篤な事故等）

　・犯罪被害（不審者侵入や略取誘拐など、通学・通園中を含め、児童生徒等の安全を脅かす犯罪被害）

　・交通事故（通学・通園中、校外活動中の交通事故）

・その他の危機事象（学校に対する犯罪予告など）

※　学校の立地等によっては、様々な法令により、避難訓練の実施や避難確保計画等の策定が義務付けられる場合があり、各法令等で必要とされている事項を危機管理マニュアルに反映させることが必要です。また、教育委員会を通じて担当部局とよく相談し、避難確保計画に代えて危機管理マニュアルを活用したり、避難確保計画と危機管理マニュアルを十分に関連付けたりするなど、工夫して対応するようにしてください。

② 事前・発生時・事後の三段階の危機管理を想定して危機管理マニュアルを作成し、安全管理と安全教育の両面から取組みを行う。

※　危機管理マニュアルは、危機管理の3つの段階に応じて対応が必要な事項を具体的に検討し、作成してください。

※　事故等の発生時は、行動中にマニュアルを見る時間的余裕はないことから、役割分担や対応の優先順位を考え、単純で分かりやすいマニュアルにしておくことが重要です。

※　事後の危機管理においては、発生原因の究明や従来の安全対策の検証に加えて、児童生徒等に対する心のケアや保護者への十分な説明、再発防止等の取組みが求められます。これらの対応の詳細は、「学校事故対応に関する指針」に詳しくまとめていますので、参照してください。

③ すべての教職員の役割分担を明確にし、共通理解を図る。

④ 教育委員会等の学校の設置者は、各学校におけるマニュアルの作成・改善等について必要な指導助言を行い、体制整備や事故等発生時に必要に応じて学校をサポートする。

⑤ 事後の危機管理においては、事故等の検証や児童生徒等・保護者への適切な対応等を実施するために、「学校事故対応に関する指針」を参考に危機管理マニュアルの見直し・改善を図る。

危機管理マニュアル作成・見直しの手順例

地域学校安全委員会等で協議
- 自治体の担当部局や研究者等（大学等）の専門家の協力を得る
- 地域の関係行事等との調整を図る
- 修正点について学校内で再度意見聴取したのち、最終的に校長が自校の危機管理マニュアルを決定・周知する
- 全教職員で共通理解を図る

マニュアルを基に実際に訓練
- 目的を明確にし、異なる場面や時間を想定した訓練が必要
- 専門家から指導や助言を受ける
- 訓練等を保護者や自治体と合同で行うことは理解を得ることにもつながる

成果や課題等を明らかにする
- 全ての職員の意見や気付きを反映する
- 児童生徒等や保護者、地域住民からのフィードバックも重要

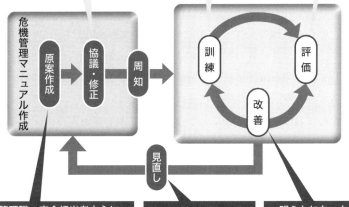

管理職、安全担当者中心に原案を作成
- 各学校の状況や地域の実情等を踏まえる
- 想定される危険を明確にする
- 自治体が作成した地域防災計画や国民保護計画等との整合性に留意する
- 校内会議等を活用して原案への意見聴取を行うなど、全ての職員が関わるよう分担して作業する

見直しを行う
- 教職員の人事異動に伴う学校環境の変化
- 地域の道路状況、その他の環境の変化
- 先進校の事例や社会情勢の変化等から自校に不足している点

明らかになった課題に対策を講じる
- 学校だけで解決できない課題は教育委員会・関係者に協力・支援を要請する

出典：文部科学省作成資料

3　学校の安全管理と学校事故

1）学校事故

　学校においては、事故の要因となる学校環境や児童生徒等の学校生活などにおける行動の危険を早期に発見し、それらを速やかに除去するとともに、万が一事故が発生した場合には、適切な応急措置や安全措置がとれるような体制を確立して児童生徒等の安全の確保を図ることが必要です。

　「学校事故」とは、学校が自らの責任において実施する教育活動中に、①教員など当該教育活動の実施について責任を有する者の故意または過失により発生した事故、②学校の施設設備の設置管理に瑕疵（欠陥）があり、それが原因で発生した事故をいうものとされます。なお、「教育活動中」とは、各教科の授業時間はもとより、放課後の部活動や学校が計画して実施する臨海学校、林間学校等、学校が自らの責任において計画実施する教育活動の時間も含まれるものです。

　学校内における教育活動はいかなる場合においても児童生徒等の人身事故が生じないよう、万全の策を講じて実施される必要がありますが、万一不幸にして学校事故が生じ、それによって児童生徒等が死傷した場合には、通常それに伴い、様々な法律問題が生じることとなります。これを関係者の責任という観点から見れば、①民事責任、②刑事責任、③行政上の責任という３つの類型に分けることができます。

2）民事責任

　民事責任は、学校事故により現実に生じた被害者の損害を補てんさせることによって、加害者と被害者の間の権利利益の均衡を図ろうとするものです。教員の故意または過失により違法に他人に損害を加えたときは、国公立学校の場合、国家賠償法により、国または地方公共団体がこれを賠償することとされています（国家賠償法第１条第１項）。教員自

身が損害賠償の責任を負わない仕組みとなっていますが、教員に故意または重大な過失があったときは、国または公共団体は、その公務員に対して求償権を有することとされています（同法第1条第2項）。

　国家賠償法により国または公共団体が損害賠償責任を負うのは、次のような場合です。

① <u>学校の計画実施する教育活動に当たるという、教員が果たすべき職務を行うについてなされたものであること</u>

　　したがって、たとえば、日曜日などに教職員が学校の児童生徒を連れて海や山に行き事故が発生したような場合には、「職務」に関連する損害とはいえないこととなります。

② <u>事故に至る加害行為が教職員の故意または過失に基づいていること</u>

　　すなわち、通常教職員の「故意」による学校事故は想定しにくいものですが、問題は、教職員の「過失」による事故であって、いかなる場合に過失があったと判断するか個々の事例に即して判断されます。一般的には、教員には、児童生徒等の安全を確保するための「注意義務」が求められており、通常予見される危険への配慮義務、児童生徒等の心身の発達段階に応じた注意義務を欠いた場合には「過失」が問題とされます。

③ <u>加害行為により損害が発生していること</u>

　　すなわち、教職員による加害行為と児童生徒等の損害の発生に「相当因果関係」がなければなりません。たとえば、教員による懲戒行為の結果、生徒が自殺するなどの事例は通常生ずべき結果としては考えられず法律上の相当因果関係はないとされます。

　これら3つの要件が具備されなければ、国または公共団体は損害賠償の責任を負わないこととなります。

　次に、学校事故では、学校の施設設備の管理に不備があったため児童生徒等に生じた事故が問題となる場合があります。

　国家賠償法第2条第1項では、「道路、河川その他の公の営造物の設

　置又は管理に瑕疵があったために他人に損害を生じたときは、国又は公共団体は、これを賠償する責に任ずる」と定められています。ここにいう**「公の営造物」**とは、行政主体により公の目的に供用される有体物ないし物的設備をいうものとされ、学校の校舎、プール、鉄棒、臨海学校の飛び込み台など様々な学校施設・設備がその例に該当します。国家賠償法第２条第１項にいう「設置又は管理の瑕疵」とは、営造物の設定・建造に不完全な点があること、または営造物の維持、修繕、保管に不完全な点があることをいうとされます。どのような場合に「不完全な点」があるとされるかは、個々具体的に判断されるべきですが、一般的には、営造物が通常予想される危険に対して通常備えるべき安全性を備えているかどうかによって判断されます。

　この国家賠償法第２条にいう公の営造物の設置管理の瑕疵に基づく国または公共団体の賠償責任は、その設置管理に当たる公務員の故意または過失の有無は問題とならず、客観的に営造物の設置管理に瑕疵があれば、それだけで国または公共団体は損害賠償責任を負わなければならないというものであり、**「無過失責任」**が課されているのです。

3）刑事責任

　刑事責任は、罪を犯した者に対して刑罰を科するということですから、裁判所の審理を通じて行われることとなります。

　「民事上の責任」については、国家賠償法に基づき、学校の教職員の故意または過失により児童生徒等に違法に損害を生じたときに問われることとなりますが、被害者救済の観点から、教職員の過失の認定が緩やかに行われる傾向があるのに対して、**「刑事上の責任」**の場合には、教職員個人の責任を追及し、場合により刑罰を科するものであることから、教職員の過失の認定は慎重になされる傾向があり、安易に教職員の責任を問うことのないようになっています。

　どのような場合に、どのような刑事責任が課されるかは、刑法をはじ

めとする刑罰法令の定めるところによります。刑法では、「罪を犯す意思がない行為は、罰しない」（第38条第1項）と規定し、犯意ある故意による行為を罰するのが原則ですが、「法律に特別の規定がある場合は、この限りでない」と定めていることから、例外として「過失」で足りる罪があることとなります。この過失による行為としての過失犯が成立するためには、「結果発生の予見可能性と予見義務、及び結果の発生を未然に防止するための措置を取る可能性とその義務が存在しなければならない」（1967/昭和42・5・25最高裁判決）とされています。

　学校事故における教職員の故意または過失により児童生徒に損害が生じた事例では、教職員の故意による児童生徒等の損害は通例想定できませんが、学校教育法第11条で禁じられている教員の違法な体罰により児童生徒等に損害が生じた場合には、教員の体罰は、刑法第35条にいう「正当行為」とはいえず、「故意による行為」として刑法上の罪（たとえば、暴行罪、傷害罪、傷害致死罪など）が問われることとなります。

　また、教職員が尽くすべき注意義務を尽くさず児童生徒等に違法に損害を加えた場合には、業務上過失致死傷等の罪に該当する場合があり、刑法第211条に規定する「業務上必要な注意を怠り、よって人を死傷させた者」として「5年以下の懲役若しくは禁錮又は100万円以下の罰金に処」せられることがあります。

4）行政責任

　行政上の責任とは、教育公務員である公立学校の教職員に対する公務員法上の責任追求です。行政上の責任は、公務員法上、教職員が行った非違行為に対する懲戒処分という形をとりますが、これは、国や地方公共団体が使用者としての立場から独自の判断によって雇用関係にある公務員に対して公務員関係の秩序維持という観点から行われる一種の制裁措置です。

　地方公務員法第29条では、職員が「職務上の義務に違反し、又は職務

を怠った場合」には、懲戒処分が課されることとなり、地方公務員である公立学校の教職員がこれに該当する場合には、免職、停職、減給、戒告のうちいずれかの処分を行うことができるとされています。

　学校事故が発生した場合、関係教職員の処分が問題とされることがありますが、違法な体罰による児童生徒等の損害の発生の場合は別として、一般的には、常識的に妥当な配慮をしてその職務を行っているかぎり、行政上の責任が問われることはありません。

4　災害共済給付制度

　学校管理下において児童生徒等の災害（負傷、疾病、傷害または死亡）が発生したときに、児童生徒等の保護者に対して、医療費、傷害見舞金または死亡見舞金の給付を行う制度として、国の独立行政法人である「日本スポーツ振興センター」が行う災害共済給付の制度が設けられています。

　この災害共済給付制度は、国・学校の設置者・保護者の三者の負担による互助共済の制度であり、独立行政法人日本スポーツ振興センター法（第16条）に基づく公的給付制度です。

　この災害共済給付制度は、学校の設置者が保護者等の同意を得て日本スポーツ振興センターとの間に「災害共済給付契約」を結び、共済掛金を支払うことによって行われる仕組みとなっています。災害共済給付の対象となる学校は、小学校、中学校、義務教育学校、高等学校、中等教育学校、特別支援学校、高等専門学校、幼稚園（保育所を含む）であり、学校種ごとの共済掛金の額は、次ページの表のとおりです。当該共済掛金については、義務教育諸学校では4〜6割の間で、その他の学校では6〜9割の間で学校の設置者が定める額を保護者が負担し、残りを学校の設置者が負担する仕組みとなっています。

　学校管理下における児童生徒等の災害の範囲については、①児童生徒

災害共済給付制度における共済掛金額

令和4年度以降の児童生徒等1人当たりの共済掛金の額(年額)は、次のとおりです。

学校種別		一般児童生徒等	要保護児童生徒
義務教育諸学校		920円　(460円)	40円　(20円)
高等学校 高等専修学校	全日制 昼間学科	2,150円　(1,075円)	-
	定時制 夜間等学科	980円　(490円)	-
	通信制 通信制学科	280円　(140円)	-
高等専門学校		1,930円　(965円)	-
幼稚園		270円　(135円)	-
幼保連携型 認定こども園		270円　(135円)	-
保育所等		350円　(175円)	40円　(20円)

(注)1 ( )内は、沖縄県における共済掛金です。

出典：独立行政法人日本スポーツ振興センター

等が、法令の規定により学校が編成した教育課程に基づく授業を受けている場合、②児童生徒等が学校の教育計画に基づいて行われる課外指導を受けている場合、③児童生徒等が休憩時間中に学校にある場合その他校長の指示または承認に基づいて学校にある場合、④児童生徒等が通常の経路および方法により通学する場合、⑤これらのほか、学校の寄宿舎に居住する児童生徒等が当該寄宿舎にあるときなどが該当します。

　なお、児童生徒等の死亡事故で、その原因である事由が学校の管理下において生じたもののうち、①学校給食に起因することが明らかであると認められる場合、②学校の管理下において生じた一定の疾病に直接起因する死亡、③学校の管理下において発生した事件（いじめ、暴力など）に起因する死亡についても災害共済給付制度の対象となります。

　災害共済給付の給付金額については、「負傷・疾病」については、医療費として健康保険並みの療養に要する費用の額の10分の4とされ、

「傷害」については、傷害見舞金が4,000万円～88万円、「死亡」については、死亡見舞金が3,000万円となっています。

給付の対象となる災害の範囲と給付金額

災害の種類	災害の範囲	給付金額
負傷	その原因である事由が学校の管理下で生じたもので、療養に要する費用の額が5,000円以上のもの	医療費 ・医療保険並の療養に要する費用の額の4/10（そのうち1/10の分は、療養に伴って要する費用として加算される分）。ただし、高額療養費の対象となる場合は、自己負担額（所得区分により限度額が異なる。）に療養に要する費用の額の1/10を加算した額 ・入院時食事療養費の標準負担額がある場合はその額を加算した額
疾病	その原因である事由が学校の管理下で生じたもので、療養に要する費用の額が5,000円以上のもののうち、文部科学省令で定めているもの ・学校給食等による中毒 ・ガス等による中毒 ・熱中症 ・溺水 ・異物の嚥下又は迷入による疾病 ・漆等による皮膚炎 ・外部衝撃等による疾病 ・負傷による疾病	
障害	学校の管理下の負傷又は上欄の疾病が治った後に残った障害（その程度により第1級から第14級に区分される。）	障害見舞金 4,000万円～88万円 (3,770万円～82万円) 〔通学（園）中の災害の場合2,000万円～44万円（1,885万円～41万円）〕
死亡	学校の管理下において発生した事件に起因する死亡及び上欄の疾病に直接起因する死亡	死亡見舞金　3,000万円 (2,800万円) 〔通学（園）中の災害の場合1,500万円(1,400万円)〕
	突然死 運動などの行為に起因する突然死	
	突然死 運動などの行為と関連のない突然死	死亡見舞金　1,500万円 (1,400万円) 〔通学（園）中の災害の場合も同様〕

※給付金額の（　）内の金額は、平成31年3月31日以前に生じた障害・死亡に係る障害見舞金額・死亡見舞金額

出典：独立行政法人日本スポーツ振興センター

災害共済給付における災害（負傷・疾病）発生件数の推移

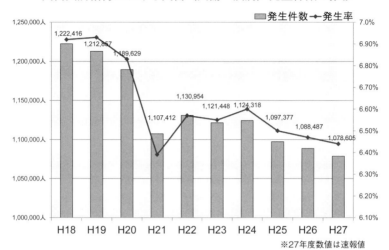

※27年度数値は速報値

独立行政法人日本スポーツ振興センター統計

出典：文部科学省作成資料

著者

樋口修資（ひぐち　のぶもと）

1953（昭和28）年生まれ。東京大学教育学部卒業。放送大学大学院
文化科学研究科修了。

文部科学省初等中等教育局担当審議官、政策評価審議官、スポーツ・青少年局長
を経て、明星大学教授。2023年4月より、明星大学名誉教授。

その他、公益財団法人日本レクリエーション協会理事長、(独)教職員支援機構評
議員、放送大学学園評価委員など。

【著書】

『寄附行為認可審査基準からみた大学新増設の実務』（霞出版）

『教育委員会制度変容過程の政治力学』（明星大学出版部）

『背景と実態から読み解く教育行財政』（明星大学出版部）（共著）

『最新　教育の行政・制度と学校の管理運営』（明星大学出版部）

『現代公教育との対話』（明星大学出版部）

『教育原理』（明星大学出版部）（共著）

『首長主導改革と教育委員会制度』（福村出版）（共著）

『いじめ・体罰防止の新規準と学校の対応』（教育開発研究所）（共著）

『校長・教頭のリーダーシップとマネジメント術』（教育開発研究所）（共著）

『教育法規の要点がよくわかる本』（教育開発研究所）（共著）

『教育法規キーワード90』（教育開発研究所）

『学校をブラックから解放する』（学事出版）（共著）

『教職志望者のための教育法の基礎』（明星大学出版部）

『今さら聞けない！ 日本の教育制度』（武久出版）

など。

第3版　**教育の制度と経営　15講**

2022年11月24日　第3版第1刷
2023年10月17日　第3版第2刷

著　者　樋　口　修　資
発行者　落　合　一　泰
発行所　明星大学出版部

〒191-8506
東京都日野市程久保2-1-1
電話　042-591-9979

ISBN 978-4-89549-232-4　　　©Nobumoto Higuchi 2022
印刷・製本　信濃印刷株式会社